La Dictatrice

Du même auteur

Femmes de dictateur, Perrin, 2011.
Femmes de dictateur 2, Perrin, 2012.
Corpus equi, Perrin, 2013.
La Chair interdite, Albin Michel, 2014.
L'homme idéal existe. Il est québécois, Albin Michel, 2015.
Lady Scarface, Perrin-Plon, 2016.
Les Indésirables, Flammarion, 2017.
La meilleure façon de marcher est celle du flamant rose, Flammarion, 2018.

Diane Ducret

La Dictatrice

roman

Flammarion

ISBN : 978-2-0815-0235-2

Vous est-il déjà arrivé qu'une idée vous trotte dans la tête sans que vous puissiez l'en chasser ? Sitôt nichée dans votre esprit, elle ronfle, mugit, tourne, tel le lion en cage, se gonfle et se fait plus grosse que vous, finissant par dévorer tout ce qui s'y trouve. Si seulement vous pouviez vous en débarrasser, penser à autre chose. Impossible de la fuir, elle vous colle aux flancs, prête à bondir dès que vous vous assoupissez. Autre chose n'existe plus. Elle vous hante au bureau toute la journée, dîne à côté de vous au restaurant, vous attend sur l'oreiller. Vous essayez de sourire pour la chasser, mais elle est toujours là.

Elle n'a pas de nom, cette idée, elle ne se laisse pas attraper. Un pressentiment, une certitude. Quelque chose va se passer. Comme une envie de crier. Mais à quoi bon hurler, quand personne n'écoute ?

Les cris des hommes ne sont que de la paille dans le brasier de l'Histoire. La violence s'y éveille on ne sait comment, et s'éteint sans qu'on sache pourquoi. Je les ai entendus. Ils étaient sourds, puis fracassants. Depuis que j'ai entendu les hommes crier, je ne supporte plus le silence.

Première partie

L'Aurore

Chapitre 1

Au milieu de la foule hurlante, elle se tient immobile, engoncée dans son anorak.

Guère plus grande que son poing, la pierre, entre ses doigts crispés par la peur autant que par le froid, semble contenir toute sa colère.

Elle se fraye un chemin jusqu'à l'estrade. Toute l'injustice du monde telle qu'elle la ressentait, tous les cris qu'elle avait réprimés, toute la douleur de ceux qui finissent par se taire parce qu'on ne les écoute pas, se concentrent dans le morceau de granit qu'elle lance, dans un geste éperdu, en direction de la scène. Était-ce la volonté de la pierre, ou celle de la main qui la tenait, qui l'avait ainsi projetée ? Inconsciente de sa force, elle fend les airs, comme en suspension.

Longtemps la pierre n'avait connu ni le bruit ni la main de l'homme. Immobile dans sa carrière, concentrée sur elle-même, elle ignorait le temps. Puis, coup après coup, le burin l'avait arrachée à son impassibilité. Le métal résonnait à travers elle, faisant jaillir des éclats jusqu'à ce qu'enfin elle soit décrochée, saillante, nue, scintillant à l'endroit de la césure originelle.

La main de l'homme était désormais sur elle. Tirée sur des rondins de bois, elle avait quitté sa terre première pour devenir un temple. Des hommes se prosternaient face à elle pour louer les puissances d'en haut, espérant qu'elles leur procureraient paix et prospérité. D'autres hommes étaient arrivés, armés de bronze et d'épées. Le feu, les cris. À nouveau la pioche l'avait entaillée, on lui faisait traverser les mers, la voilà statue représentant un roi chef de guerre. On s'incline devant elle le jour, on crache à ses pieds la nuit tombée. À cheval d'autres hommes surgissent. Le feu, les cris. La tête du roi roule à terre, la voilà statue d'un poète. On vient à ses pieds se bécoter, se conter fleurette. À nouveau, d'autres hommes fondent sur elle armés de tanks, de balles brûlantes. Le feu, les cris. La figure du poète explose en mille morceaux. Maintenant caillou, la pierre se faufile dans la chaussure d'un homme, entamant sa chair. L'homme secoue son soulier sur le trottoir. Un garçon la ramasse pour la jeter à la fenêtre de son amoureuse, dont il ne veut pas réveiller le père. Des hommes renversent le régime et bâtissent une ville nouvelle. La voilà compactée dans le banc trônant au milieu du parc Marienhof de Munich. Les jeunes filles viennent s'y prendre en photo à la sortie du lycée, ne sachant rien de la guerre ni de la misère. Les hommes, qui autrefois lui demandaient paix et prospérité, viennent désormais la nuit, avinés, uriner à ses pieds. Les saisons avaient passé, la pierre avait fini par retrouver son immobilité première, jusqu'à ce 8 novembre 2023.

À 10 heures du matin, des hommes s'étaient réunis dans le parc pour crier leur mécontentement. La jeune femme à l'anorak prit la parole. « À l'intérieur, ils décident de notre sort, sans nous avoir consultés, tandis que nous sommes là devant eux ! Comment peuvent-ils nous trahir ainsi ? »

Immédiatement, autour d'elle, le silence se fait. Les visages se tournent vers cette voix si sonore qu'elle semble émaner de la bouche d'un géant. Élancée, presque frêle, celle qui a prononcé ces mots a l'air distingué, malgré ses hardes kaki masquant sa féminité. Sa chevelure châtaine est maintenue en arrière par un chignon, seule une large mèche blonde se détache sur le dessus. Ses yeux bleus, extraordinairement brillants, semblent affamés de questions. Ils regardent au-dessus de la foule, comme tournés vers un idéal.

« Et que voudrais-tu faire ? Ils sont tout-puissants », répond un jeune Allemand à l'épaisse moustache impeccablement brossée.

— Ils n'ont le pouvoir que parce que nous le leur donnons ! Nous leur sommes supérieurs en nombre, et en légitimité ! Nous sommes le peuple !

— Tu veux nous faire voter encore et encore ? Plus aucun de nous ne veut voter, cela ne sert plus à rien ! Pour choisir entre la peste et le choléra ? enchérit l'Allemand dont la moustache rousse se hérisse, sous les applaudissements du groupe qui remplit le parc.

— Ne vois-tu pas que nous sommes nos propres élus ? Nous sommes une civilisation, nous sommes une famille. Nous ne sommes pas un marché, une économie dont on se débarrasse lorsqu'elle n'est plus avantageuse ! Ces gouvernements n'ont pas su nous nourrir, alors ils tentent de nous diviser. À nous de nous faire entendre ! L'Europe nous a élevés, c'est notre foyer. Nous serons moins forts si nous nous séparons, et nous nous isolerons dangereusement ! » Soudain galvanisé, un groupe acclame la jeune femme, qui reprend à peine son souffle.

« Sitôt que nous ne serons plus une grande puissance, que penses-tu qu'il se passera ? D'autres s'approprieront nos ressources, puisqu'ils ne nous craindront plus. Nous allons devenir la cible des spéculateurs qui s'enrichiront sur nos dettes. Nos alliés d'hier piétineront nos certitudes et nos lois. La brutalité et le fanatisme entreront dans nos maisons. L'armée viendra pacifier les manifestations et tuer les premiers-nés de l'opposition. L'hiver arrivera et nous aurons froid. Je le dis haut et fort, ceux qui à l'intérieur signent autour d'un dîner la fin de l'Union sont des criminels inconscients qui dévorent notre avenir et nous laisseront payer la note ! » Les esprits s'échauffent.

La voici qui monte sur le banc de pierre, se dressant sur la pointe des pieds comme une danseuse. « Tu dis que nous ne pouvons rien ? Mais un seul suffit à faire basculer un pays ! »

Téléphones portables à la main, tous filment la scène.

« C'est pas toi qui paies nos factures ! Ni qui empêches ces putain d'islamistes de s'incruster chez nous ! » gronde un Italien. La moustache rousse lui décoche un coup de poing.

Sautant du banc, elle sépare les deux hommes prêts à se rosser. « Il y a quatre-vingts ans, ici même, nos pays se battaient ! Pour les empêcher de recommencer, nous n'avons rien trouvé de mieux que la démocratie, le libre-échange, le droit à l'autodétermination des peuples. Nous sentons tous le réveil de la haine dans nos pays. Voulons-nous réellement prendre le risque de lui laisser le champ libre ? Honte à ceux qui veulent mettre fin à plusieurs décennies de paix ! »

L'échauffourée vire au pugilat. Le mouvement de foule renverse le banc, qui se brise dans sa chute. Un morceau de granit semble scintiller parmi l'amas de pierres inanimées. La fille à l'anorak le ramasse et serre la pierre dans son poing de toutes ses forces. Cela faisait des centaines d'années que personne ne l'avait empoignée avec une telle intensité. Mais qui se soucie de l'avis d'une pierre ? À quoi bon convaincre les hommes de s'entendre quand ils ne veulent que se battre ?

Chapitre 2

Le cœur de Munich bat d'un rythme saccadé ce 8 novembre 2023. Depuis 10 heures du matin, les vingt-sept s'entretiennent en session extraordinaire dans le Neues Rathaus, le nouvel hôtel de ville. La foule progresse difficilement sur Marienplatz, plus de cinq mille personnes se tiennent là. Dans cet océan de têtes, des visages tordus par l'incrédulité. « Ils ne sont pas fous, quand même, ils n'iront pas jusqu'au bout ! » On ne veut pas y croire. La police contient les vagues d'emportement. Sous la visière de leur casque, les agents échangent des regards nerveux. Des forces de l'ordre ou des contestataires, on ne sait pas qui encercle qui, tout mouvement brusque entraînerait une catastrophe.

Le soleil disparaît derrière les toits gothiques sans rien laisser filtrer de ce qui se dit à l'intérieur. Sous les dernières lueurs, la façade dentelée du palais semble menacer quiconque s'en approcherait. Des centaines de briquets, de bougies, s'allument spontanément, formant des constellations de feux follets sur l'ombre grandissante. Chacun espère empêcher l'obscurité de s'abattre. Une bourrasque de vent de nord-est traverse la place, pique les joues et attise un grondement de révolte. Vingt heures, le carillon de la tour, de ses quatre-vingts mètres de haut, sonne la fin de la session. Des cris, des pleurs, tout est fini.

Les chefs d'État et les membres de leurs cabinets sortent du palais dans une nuée de pardessus sombres. Les journalistes se ruent sur les services de sécurité qui les repoussent comme autant de nuisibles. Le Premier ministre espagnol s'avance, hagard, fixe les milliers de regards en suspens avant que s'ouvre sur lui un immense parapluie noir. Les Premiers ministres polonais et hongrois gravissent les cinq marches de l'estrade à la moquette bleue imbibée de pluie, et se donnent l'accolade. Le Premier ministre italien bondit à son tour sur la scène, suivi de son homologue autrichien. Une satisfaction triomphale sur leur visage, ils lèvent leurs poings pour un cliché historique.

Le Premier ministre italien s'approche du pupitre et s'empare du micro. « L'Europe est efficace quand les moineaux crient, non quand les aigles attaquent ! Et qui sont ces aigles qui nous dévorent ? L'immigration non régulée à laquelle l'Union européenne nous a contraints ! Un pacte énergétique qui a ruiné nos concitoyens en rendant l'essence hors de prix ! Et surtout, un ensemble de taxes et de dettes qui a pris l'argent de nos ménages pour le donner à une gabegie administrative donneuse de leçons ! » La foule commence à se mouvoir telle la mer avant la tempête. « Rassurez-vous, c'en est fini de tout cela ! Depuis deux décennies, l'Europe nous a aliénés, l'euro nous a rendus pauvres ! L'Union européenne a pris le meilleur de nous et nous a donné l'immigration et l'insécurité ! Elle a détruit nos industries et nos valeurs ! Et pour quels bienfaits ? Je ne les ai pas vus ! » Les bras des partisans se lèvent, les opposants crient leur mécontentement.

L'Italien cède la place au Hongrois qui, après presque dix ans au pouvoir à flatter le génie national, se voit enfin offrir la tribune internationale qu'il espérait tant. « L'Europe était une idéologie des élites ! L'idéologie de George Soros et sa clique ! Elle n'a fait qu'appauvrir nos économies et nous soumettre à des lois étrangères tandis qu'il enrichissait ses amis. Jamais plus nous ne serons les esclaves de cette folie ! Nous en avons enfin terminé avec cette mascarade d'Europe qui dictait nos lois sans rien connaître de nos traditions, de notre culture ! Nos pays ont retrouvé la liberté, celle de décider pour eux-mêmes ! Le souverainisme d'abord, les globalistes dehors ! »

À droite de la place, on scande son nom à pleins poumons. Les mercis, les bravos couvrent les sifflets et les huées.

Ils sont allés au bout. Les vingt-sept dirigeants viennent de décider du démantèlement de l'Union européenne, derrière les vitres blindées du Neues Rathaus de Munich. Ils n'ont pas eu pour cela à se perdre en d'interminables tractations, comme l'Angleterre et sa laborieuse tentative de sortie. Ce qui a été décidé par la volonté des États peut être défait par la seule volonté de ces mêmes États. Le plus terrible et le plus paradoxal pour l'Europe est qu'il a été plus aisé de faire sortir tous les États à la fois plutôt qu'un seul. Le droit prévoyait l'annihilation, mais pas l'amputation. Une simple réunion extraordinaire a suffi à défaire des liens que l'on pensait indéfectibles.

Au début du XXIe siècle, les espoirs d'une génération se sont mués peu à peu en un sentiment de rejet. L'Europe perçue comme la garantie de la paix est devenue une aliénation subie. Le fol espoir de vivre ensemble s'est changé en obligation de supporter l'autre. Quand le vent a-t-il tourné exactement ? Difficile à dire. Les premiers symptômes sont apparus vingt ans auparavant. Une mondialisation accélératrice de concentration des richesses, l'impression pour beaucoup de ne plus décider de grand-chose, d'avoir été débarqué du progrès. Les gouvernements ont d'abord adopté des politiques d'austérité, faisant peser sur le peuple le poids de leurs dépenses, puis la machine s'est emballée. Le sentiment de spoliation s'est généralisé, que l'on fût pauvre ou fortuné. La réponse était toute trouvée. Des plans de restructuration frappaient-ils les administrations ? C'était la faute de Bruxelles. Des licenciements dans une usine ? Bruxelles. Une baisse du salaire minimum ? La concurrence de travailleurs détachés d'autres pays ? Bruxelles encore. Des obligations écologiques ? Bruxelles ! Des réglementations ? Bruxelles l'horrible, la ville des réglementations et des diktats. Alors l'arrivée en nombre de migrants et de réfugiés, que les violences ou la nécessité poussaient sur les routes de la Méditerranée, a fini d'échauffer les esprits. Bruxelles incitait les populations à les intégrer. De nombreux défilés au cours desquels on hurle sa haine ont commencé à agiter les capitales de l'Union. Les politiques opportunistes n'avaient eu qu'à souffler sur les braises pour raviver des foyers jamais vraiment éteints. Le populisme et le nationalisme renaissaient de leurs cendres.

Ceux qui croient encore en la paix et au partage des richesses pour un avenir meilleur se trouvent si désemparés qu'ils espèrent encore, sur Marienplatz, un miracle.

Chaque dirigeant craignant plus que son ombre l'opinion publique, aucun ne s'est opposé à l'ordre du jour. À main levée, la dissolution et l'abrogation des traités de Rome et de Maastricht ont été votées. Seuls trois pays se sont exprimés contre, la France, l'Espagne et l'Allemagne. Le nouveau chancelier allemand, élu depuis quelques mois seulement, éreinte son noviciat sous le feu nourri de la politique internationale et promet à ses deux alliés l'élaboration prochaine de nouveaux traités d'entente. À chaque pays, désormais, de gérer l'après.

« Qu'avez-vous fait ? Honte à vous ! lance un homme portant sa fille sur ses épaules. Dans quel monde nos enfants vont-ils grandir ? » hurle-t-il encore au pied de l'estrade avant d'être stoppé net par les services de sécurité. La fillette, désarçonnée par le brusque mouvement de son père, chute de toute sa hauteur. La panique et la rogne finissent d'électriser la place. L'homme, au sol, est traîné par les bras et roué de coups tandis que la petite silhouette disparaît sous le piétinement furieux des jambes qui étouffent ses cris à l'aide.

Immobile au milieu de l'agitation, la femme à l'anorak observe la scène, horrifiée. Les hommes sont devenus fous. Impuissante, tenant fermement la pierre dans sa main, elle cherche des yeux la petite fille.

Le morceau de granit s'échappe de ses doigts et se lance à folle allure vers l'estrade sans qu'elle s'en rende vraiment compte.

L'arcade sourcilière du Premier ministre se brise comme un morceau de verre, il s'effondre. Les services de sécurité jaillissent de l'estrade à la recherche du coupable. Les matraques pleuvent, les sirènes hurlent. Le feu, les cris. Tout le monde avait oublié qu'une simple pierre peut détruire une cité.

Chapitre 3

Sa capuche enfoncée sur la tête, elle parvient à sortir du centre de Munich juste avant que celui-ci ne soit bouclé. Elle aperçoit au loin un poids lourd transportant des voitures flambant neuves vers l'Espagne, se précipite vers lui et supplie le chauffeur de la conduire jusqu'à Paris. Le trajet durera deux jours, l'avertit José, une médaille de la Vierge Marie luisant sur sa chemise à carreaux.

José aime à s'amuser de ce que le contenu de son camion vaut plus cher que tout ce qu'il gagnera dans sa vie, et peut-être plus que sa vie elle-même. Avec la crise économique et la récession, l'Espagne n'achète plus de voitures de luxe, les concessions mettent la clé sous la porte les unes après les autres. Mais l'Allemagne continue de les exporter. José a dû arrêter les travaux de construction de sa maison de la Costa Brava où il pensait prendre sa retraite avec sa femme. Le gouvernement espagnol vient de voter le gel des retraites, alors il a repris du service sur les trajets internationaux, les plus rentables. Elle lui demande son âge. « Moi, je compte pas ma vie en années, mais en kilomètres, répond José en riant. Ah, l'Europe, ça nous a bien mis dedans ! Au début, tout le monde voulait travailler avec nous, on était moins chers que les Français ! Puis les Roumains et les Bulgares sont arrivés et là, il a fallu rouler deux fois plus pour deux fois moins, se lamente-t-il, projetant un jet de salive par le trou qui siège dans sa bouche à la place de deux dents. Je vais aller faire mes dents en République tchèque. Il paraît que les implants, tout ça, c'est bien moins cher là-bas ! » se réjouit-il en s'essuyant.

Elle a envie de le secouer, de lui dire que c'est à cause de types comme lui que tout cela vient d'arriver, mais se contente de regarder la route défiler. À travers la vitre du camion s'enchaînent les périphéries de villes autrefois belles, aujourd'hui des zones industrielles bâties à l'économie et à la hâte, identiques de l'Allemagne à la France. Des hangars, des publicités, comme si le paysage avait disparu sous le bitume et la tôle. Et dire qu'il n'y a pas si longtemps, les Grecs et les Romains construisaient leurs édifices selon le principe de la beauté, songe-t-elle. Certains tiennent encore debout avec une certaine grâce. Que restera-t-il de tout cela dans mille ans ? « Je vais adresser une prière pour toi à la Vierge Marie ! » lui dit José en la laissant sur le parking d'une station-service aux abords de la capitale, après lui avoir donné sa dernière tasse de café pour la réchauffer.

Les voitures de police tournent dans Paris, elles débordent de la Seine aux faubourgs. Son cœur se contracte au passage de chacune d'elles. Dissimulant son visage sous ses cheveux, elle gagne son immeuble, gravit l'escalier grinçant, ouvre la porte de son deux pièces et saisit machinalement des objets dont elle bourre un sac à dos.

Son intérieur ressemble à celui d'une étudiante, plus de livres que de vêtements. Empilés sur des caisses de vin, des ouvrages, de Arendt à Xénophon. Au sol, un tapis persan. Les motifs compliqués laissent apparaître des formes, véritables taches de Rorschach pour celui qui les contemple.

Sur cette laine râpeuse, elle aimait lire ou dîner, essayant de connaître un peu mieux l'âme qui en noua les fils.

Chaque bruit dans le couloir la fait sursauter, elle ne distingue plus les craquements de l'escalier de ceux de ses propres pas. Tout semble suspect quand on se sent traqué. Comme si elle allait revenir l'instant d'après, elle pose en évidence son portable sur la table basse ainsi que sa carte d'identité. Elle regarde les lettres inscrites comme des vestiges d'une vie passée. Aurore Henri, née le 20 avril 1989 à Strasbourg, taille : 1,75 mètre, yeux : bleus, cheveux : châtains. Déjà cette identité lui semble étrangère.

Tenant son sac à dos à deux mains, elle marche à grandes enjambées, déterminée à fouler une dernière fois l'avenue qui l'avait décidée à venir étudier à Paris, les Champs-Élysées. Mais sitôt traversé le pont Alexandre III, longeant le Grand Palais, elle se trouve face à une situation qu'elle n'avait pas anticipée. Les commémorations de l'armistice du 11 Novembre mettent le quartier sous tension. Les contrôles filtrant les abords du passage des convois transportant les Présidents et ministres invités à se recueillir sur la tombe du Soldat inconnu sont renforcés. Voter la destruction de l'Europe et commémorer deux jours après plus de 18 millions de morts entre voisins, peut-on faire plus grossier ? Elle doit les voir, droits dans leurs costumes et leur morgue, se congratuler mutuellement et se gargariser de beaux discours écrits par de jeunes diplômés d'écoles de sciences politiques, répétés comme un catéchisme que l'on sait par cœur, mais dont on ne connaît pas le sens.

Au premier rang, le Président américain, plus relâché encore durant son second mandat, somnole sur l'épaule de sa nouvelle épouse habillée d'un tailleur haute couture français.

Vêtus de noir autour de la flamme qui ressemble à une tombe, les chefs d'État affichent une componction, une gravité feinte cachant mal un profond ennui sur leurs visages de cire. Ils parlent de patrie quand ils ne supporteraient pas de passer une heure dans une tranchée, ou d'être défigurés pour défendre leur terre chérie.

Il lui semble assister à la veillée funèbre d'une époque où ceux qui dirigeaient avaient encore le souvenir de la guerre pour se tenir éloignés des extrêmes, où la flamme du Soldat inconnu empêchait d'autres feux follets de se déclarer. Les pales des hélicoptères militaires en vol stationnaire couvrent leurs mots. Un spasme s'empare de sa gorge, il n'y a plus rien à faire que pleurer.

Tourner les talons, fuir. Deux hommes de carrure imposante se plantent devant elle. Elle tente de les contourner, mais deux autres se postent dans son dos. Elle se trouve encerclée au milieu de la foule. Pas de feu, pas de cri.

Chapitre 4

La voiture s'arrête devant le nouveau tribunal criminel de Munich. Les abords du bâtiment sont gardés par des sentinelles toutes armes dehors juchées sur des rouleaux de barbelés. Comment peut-on être extradée et jugée pour le jet d'une simple pierre quand la violence est à tous les coins de rue ? Des armes, il y a encore quelques années, elle n'en voyait que dans les pays en guerre où ses reportages la conduisaient. Elles ont insidieusement fait irruption dans les aéroports, les gares, puis dans les centres commerciaux, les écoles enfin. Menottée, mains dans le dos, la tête couverte par la veste d'un des policiers chargés de l'escorter, Aurore Henri pose pied à terre en songeant à la fable de la grenouille.

Si l'on plonge subitement une grenouille dans une marmite d'eau bouillante, elle s'échappe d'un bond. Mais si l'on plonge la même grenouille dans une marmite remplie d'eau froide, elle s'y trouve à son aise. On allume un feu, l'eau chauffe doucement. Le batracien, enchanté, continue à nager. La température augmente, la grenouille ne s'affole pas pour autant. L'eau commence à bouillir, engourdie par la chaleur, elle ne réagit pas, et finit de cuire sans qu'elle se soit vu mourir. Les changements qui s'opèrent le plus lentement sont les plus dangereux. Ils échappent à la conscience et ne suscitent aucune réaction. On s'habitue à supporter, on s'engourdit.

Elle passe les contrôles de sécurité sous la harangue de militants nationalistes.

Plus une seule place libre dans la salle d'audience ce 26 février 2024. Nombreux sont ceux venus assister au procès de celle que les journalistes ont baptisée « La main ». Elle évolue à pas lents, presque suspendus, dans le long couloir, vers le banc des accusés. Les photographes font cliqueter leurs appareils. Les sympathisants, portables en l'air, immortalisent l'instant.

Deux gouttes de sueur perlent du front de l'avocat commis d'office, un Bavarois baragouinant le français.

La cour prend place, Aurore Henri reste debout pour observer attentivement ceux qui lui font face. Enveloppée d'un pull sombre trop ample, ses cheveux disciplinés en chignon, on ne voit d'elle que son visage diaphane. Le juge fait retentir son marteau. L'instant d'avant elle ressemblait à un animal traqué, son regard, vif, perçant, polarise à présent l'attention. Ses prunelles si claires ont la rapidité de celles du loup. Son sourcil gauche est étrangement plus court, comme amputé de sa queue. Ses yeux emplissent la salle, le public n'est plus que pupille, comme prisonnier de leurs orbites.

La lecture du chef d'accusation par le juge Neithardt provoque un murmure dans la salle : coups et blessures, violence aggravée, tentative d'homicide volontaire.

Le front de l'avocat commis d'office disparaît sous les gouttes de sueur. Sa ligne de défense est celle de l'instabilité mentale de sa cliente, pour laquelle il invoque des circonstances atténuantes. Assise, Aurore Henri l'écoute, à grands effets de manche, décrire son enfance. Il raconte comment sa naissance sous X l'avait sans doute affectée, combien le couple qui l'avait adoptée, les Henri, était des gens bien qui l'avaient élevée dans la rigueur et la probité. Il appelle à la barre son ancienne professeure du cours élémentaire, Mme Mittermaier, qui se souvient de ses affaires de classe toujours impeccablement rangées sur son bureau, et de ses devoirs consciencieusement faits. Il parle enfin de la journaliste engagée qu'elle fut, allant toujours tremper la plume dans le sang pour témoigner des maux de son temps, au Darfour, en Crimée ou en Irak. Le voilà tel un acteur, gesticulant au milieu de la salle, décrivant comment, en juin 2016, couvrant la seconde guerre civile que connaissait le pays, le convoi qui la transportait avait été la cible d'une attaque. Ce n'est pas elle qui a jeté la pierre, c'est le traumatisme de la guerre ! Il tend au juge les rapports médicaux des deux ans de rééducation durant lesquels elle avait été hospitalisée comme des preuves irréfutables, si ce n'est de son innocence, de sa non-culpabilité. Le clou de sa plaidoirie : des études américaines sur le syndrome de stress post-traumatique pouvant atteindre les personnes victimes d'attentats, l'anxiété profonde, les amnésies parcellaires et les accès de violence incontrôlables qui en sont le lot. Il conclut sur les difficultés qu'éprouve sa cliente, depuis, à retrouver une vie normale. Avec un suivi médical adapté, assure-t-il, elle ne représentera plus un danger ni une menace pour la société. Il retombe dans son siège, harassé, la dernière goutte de salive dans sa gorge évaporée.

L'accusation brandit l'historique informatique de la prévenue. Aurore Henri anime un blog intitulé *L'observatrice sans filtre*, dans lequel elle appelle à « se dresser contre les ennemis de la démocratie », à agir contre les « partisans de la haine », les « vieux autolâtres avides de plaisirs, de pétrole et de profits, héritiers des années 1980 durant lesquelles ils étaient rois, qui pleurent aujourd'hui de n'être plus que les serviteurs de l'Histoire». Sur les réseaux sociaux, elle poste nombre de sujets relatifs à la politique internationale accompagnés de commentaires appelant à la destitution du Président américain, « tuberculose verbale de notre époque #nofilter», ou du Président polonais, « machiste rétrograde #nofilter». Plus qu'un geste irréfléchi, conséquence d'une pathologie héritée d'un traumatisme, il y a selon le procureur une préméditation évidente, une réflexion nourrie chez la prévenue qui a longuement mûri son acte. L'accusation enfonce le clou en produisant les vidéos des caméras de surveillance identifiant Aurore Henri par reconnaissance faciale, et demande donc la plus grande fermeté au juge Neithardt. L'avocat commis d'office ne fait plus qu'un avec son siège.

Aurore Henri écarquille ses grands yeux. Ce doit être d'une autre dont il s'agit. La vie narrée dans ce tribunal résonne comme un double familier, mais ne la concerne pas.

À écouter l'avocaillon et ce procureur borné hululer, on la penserait le jouet d'un destin malheureux, la victime d'une causalité ayant fait d'elle une ratée à la marge de la société. Ils parlent de justice, mais ne savent pas ce que c'est. Aurore voudrait crier sa vérité. Depuis l'attentat, elle a les yeux grands ouverts sur ce que l'homme est, et ce qu'il faut l'empêcher d'être.

Chapitre 5

Ce matin du 16 juin 2016, le convoi des Forces armées irakiennes dans lequel elle a embarqué patrouille aux abords de la partie ouest de Falloujah, une succession de mosquées aux dômes bleus éventrés et de maisons à genoux. Après une offensive foudroyante, l'État islamique a proclamé le califat en Irak deux ans auparavant, et a pris possession de la ville. L'eau comme la nourriture manquent cruellement. Entre le Tigre et l'Euphrate, qui avaient vu éclore la civilisation, on s'adonne chaque jour à la barbarie. L'État islamique impose un code de conduite des plus stricts à la population. Tout ou presque est interdit. À aucune condition une femme ne doit sortir de chez elle sans être accompagnée d'un homme de sa famille ni montrer une once de peau, sous peine des pires châtiments. Une longue tenue noire, accompagnée de gants et de chaussettes, doit couvrir tout son être pour le soustraire aux regards.

Le soleil, levé depuis quelques heures à peine, est déjà de plomb. Aurore étouffe sous son gilet pare-balles. Elle ouvre la fenêtre et retire son casque militaire quelques instants. En jean délavé, les cheveux à l'air libre mêlé de poussière, son œil planté dans sa caméra, elle suit ces femmes anonymes se rendant en hâte au marché, suivies par l'ombre des soldats de l'État islamique. Pourquoi, sitôt qu'une idéologie s'empare d'une population, la femme en est-elle la première victime ? s'interroge-t-elle.

Quelques jours auparavant, la police de l'État islamique avait fondu sur l'une de ces femmes qui achetait de l'eau de rose, dont les veuves parfument les tombes de leurs défunts. Hélas, elle ne portait pas ses gants. Ses mains se mouvaient, nues, tandis qu'elle payait son dû. La frêle silhouette était tombée au sol sous les coups de poing et de pied des soldats. Une dizaine d'hommes s'étaient interposés pour les empêcher de l'achever, les armes automatiques les avaient fait taire. Le lendemain, des centaines d'Irakiens avaient manifesté dans le centre de la ville, décidés à chasser l'oppresseur. La ville, depuis, est en état de siège.

Le convoi progresse à la recherche des soldats du califat qui se sont repliés dans les quartiers ouest. La sentinelle, sur le toit du véhicule, pousse un cri. D'où était venu le tir, elle ne saurait le dire. Aurore, à la fenêtre, est éjectée par le souffle. Étendue au sol, son corps lui semble si engourdi qu'elle se demande s'il est encore entier. Un morceau de sa caméra s'est fiché dans son arcade gauche. Le véhicule militaire, à deux mètres de là, s'est embrasé. La poudre, le sable, le sang coulant le long de son visage, tout avait une étrange odeur d'orange à peine cueillie. À sa droite, sous ses doigts, elle sent une forme, trouve la force de pencher la tête en sa direction. À côté d'elle, le corps d'une fillette tenant dans ses mains un panier tressé avec, répandues au sol, les oranges qu'elle vendait aux soldats sur le bord de la route. Elle essaya de lui prendre la main, elle était encore chaude, tendre. Le ciel se mit à tournoyer violemment, puis elle ne vit plus rien. Le feu, les cris.

Les combattants des forces libres qui l'accompagnaient avaient été tués sur le coup. Ils voulaient libérer leur pays de ceux qui font vivre le peuple dans la misère et l'ignorance, de ceux qui battent des femmes pour avoir montré une main en achetant de l'eau de rose. Une simple main. Quelques jours plus tard, depuis l'hôpital militaire où elle avait été transportée, elle avait appris la libération de la ville, la bataille de Falloujah avait été remportée.

L'attentat l'avait comme réveillée. Il y avait tant d'autres batailles à mener ! Et ce jeune avocat n'en savait rien. Comment pouvait-il prétendre la défendre sans la comprendre ? Son geste n'était pas un acte de colère incontrôlable. Il avait un sens. Et tous ceux qui souffraient comprenaient ce sens.

« Votre Honneur, puisque mon avocat autant que la partie adverse n'ont qu'une connaissance limitée du contexte qui m'a conduite à cet acte et que personne d'autre que moi ne peut vous renseigner sur ce point, permettez-moi de prendre la parole. Il est, je crois, du droit et du devoir de tout citoyen d'assurer sa propre défense lorsque sa vie et son honneur sont en jeu. » Il semble au juge Neithardt qu'Aurore Henri s'est perchée sur son nez tant ses yeux lui semblent proches. Dans toute l'assemblée, il ne voit plus qu'elle.

« Il peut paraître incompréhensible qu'une journaliste de guerre française qui n'a jamais manqué à l'éthique soudainement commet un acte de violence tel que le mien. Car oui, Votre Honneur, j'ai jeté cette pierre. Et l'homme que j'ai atteint est bien celui que je visais. J'en reconnais la responsabilité et ne souhaite pas me soustraire à ses conséquences. Mais si je suis condamnée, je veux l'être pour les véritables raisons, et non après avoir laissé dire qu'il s'agit d'un moment de faiblesse d'une femme déséquilibrée. Notre époque est malade du mensonge de certains et du manque de vérité des autres. Souhaitais-je sa mort ? Non. Souhaitais-je lui faire du mal ? Non plus. Quelle était ma motivation ?

Provoquer un sursaut. Quelqu'un devait faire quelque chose, quelque chose devait se passer pour que nous sortions de la stupeur. Je fus la première surprise lorsque cette pierre quitta ma main. Jusqu'au dernier instant, j'ai pensé la retenir.

« Quand j'ai eu dix-sept ans je suis venue à Paris pour étudier la philosophie. J'ai appris dans les livres que la guerre est une constante chez l'homme, une part d'ombre à laquelle il ne peut se soustraire que dans les rares moments où il vit en harmonie. Je me suis engagée comme journaliste de terrain. Je suis allée partout où la guerre était, pour en rapporter des images. J'ai vu des choses bien plus terribles que l'opinion, les sondages ou le pouvoir d'achat qui occupent nos débats.

« J'ai vu des hommes se hisser au pouvoir en promettant une richesse nouvelle, et s'y maintenir en limitant la liberté individuelle. Excitant la colère des masses, détruisant la vie culturelle, ils font de chacun l'ennemi de son propre frère. J'ai failli perdre la vie d'avoir voulu témoigner de cette vérité.

« Depuis ma chambre d'hôpital, j'ai vu à la télévision, lentement, la réalité de ces pays que je pensais lointains se dessiner en Europe. J'ai vu la Pologne retirer aux femmes le droit de ne pas enfanter du fruit d'un viol ou d'un inceste. J'ai vu l'Autriche basculer vers l'extrême droite, l'Italie fermer ses frontières. J'ai vu notre environnement chaque jour un peu plus saccagé. J'ai vu des dirigeants promettre de meilleures cabines aux passagers de troisième classe du *Titanic* pour se faire élire. J'ai entendu un glissement peu à peu s'opérer, celui des mots. La distorsion de la réalité, à travers les intox, les faits alternatifs, les post-vérités. Et là seulement, Votre Honneur, j'ai commencé à avoir peur. Car si nous n'avons plus de valeurs, plus de sacré, plus de mots sur lesquels nous appuyer, nous vacillons.

« Ma tolérance à l'hypocrisie, à la diplomatie en costume, aux phrases toutes faites, a disparu avec l'explosion de ma voiture en Irak. Quelque chose en moi s'est réveillé. Je ne saurais le nommer tout à fait, un besoin de vérité. Et je pense que tous ces gens venus assister aujourd'hui à cette audience sont ici pour cette même raison. Parce qu'ils ont senti, comme moi, que mon geste, lui, ne mentait pas. La pierre ne ment pas, Votre Honneur. »

Le juge Neithardt jette un œil à la salle. Des centaines de têtes dressées, des bouches tétanisées, des mains tremblant d'envie d'applaudir. Ils ont chaud, ils ont froid, un homme au deuxième rang déboutonne le col de sa chemise qui soudain l'étouffe. Ils ne savent pas ce qui leur arrive, mais ils sont comme transportés. Les mots d'Aurore Henri sont les leurs. Pour la première fois depuis longtemps, ils n'ont plus besoin de faire semblant.

Personne jusqu'alors n'avait exprimé si simplement les angoisses qui les traversent chaque fois qu'ils allument leur poste de télévision, qu'ils découvrent le titre d'un article apparu sur les réseaux sociaux. Cette même angoisse qui les réveille la nuit, avec cette question en forme de bête noire : « Comment tout cela va-t-il finir ? »

Le juge perçoit une lueur nouvelle sur les visages gris et ternes.

« La décision des vingt-sept de réduire à néant notre Union, en l'absence de référendum, est une violation de la démocratie. On nous a aveuglés de fausses nouvelles, engourdis de discours trompeurs, on a orienté notre colère vers des boucs émissaires.

« Permettez-moi d'ajouter une dernière chose. Je crois que les privations sont le germe des révolutions. Nous venons d'assister à une révolution. Mais nous avons oublié que les révolutions engendrent des années de terreur.

« Voulons-nous continuer à vivre ensemble, ou voulons-nous des années de terreur ? Les hommes les uns contre les autres, les hommes contre les femmes, l'humanité contre la nature ? L'homme enfin contre sa propre essence, celle de bâtir pour sa descendance une vie meilleure ? Les juges de cet État peuvent me condamner pour ce que j'ai fait, l'Histoire, qui personnifie une vérité supérieure et un droit plus haut, n'en déchirera pas moins un jour leur sentence et elle citera devant son tribunal les véritables coupables, ceux qui, au milieu des malheurs de notre époque, ont mis leurs intérêts égoïstes au-dessus du bien de tous. Et je préfère être emprisonnée que voir ces ministres détruire l'harmonie du monde. »

Elle plonge la main dans sa poche, y cherche un objet. Les policiers se tiennent sur le qui-vive.

« Je ne suis pas la seule à avoir fait couler le sang ce jour de novembre. Voici l'écharpe d'une petite fille, sur les épaules de son père, battu par les services de sécurité, tombée au sol, certainement morte piétinée par la foule et la bêtise. Je me suis promis de toujours regarder cette écharpe quand je trouverai mon sort difficile, en signe de la fragilité de ce qu'on appelle la paix. »

Elle brandit l'écharpe comme un étendard au-dessus de sa tête. « Il suffit que les hommes de bien ne fassent rien pour que le mal triomphe. » Les coups de marteau ne suffisent pas à faire taire le public que les mots d'Aurore Henri ont fini d'emporter. Le juge Neithardt fait évacuer la salle, et ordonne le placement en détention de la prévenue en attente du verdict.

Chapitre 6

Entre chien et loup, dans la brume ondulant sur le sol, apparaît la prison de Landsberg, une forteresse flanquée de deux tourelles coiffées de ces clochers à bulbe qui ressemblent à des pâtisseries, comme on en trouve posés sur les toits des églises des pays de l'Est.

Les quatre allées de cellules sont disposées en croix. L'aile réservée aux femmes se trouve au deuxième étage. Du carrelage blanc, un lit, des toilettes, quelques mètres carrés dont la porte se referme sur Aurore Henri. Le tour de clé dans l'épaisse serrure de fer verrouille sa cage thoracique tandis qu'un sentiment de vide, une dangereuse béance la saisit.

Et si tout ne se déroulait pas comme elle l'envisageait ? Ne pas flancher, se montrer à la hauteur des regards pleins d'espoir qu'elle a croisés au tribunal. Tellement de vacarme à l'intérieur de sa tête. « Parlez-moi de l'écharpe que vous avez brandie pendant l'audience ? Que représente-t-elle pour vous ? »

Aurore Henri se retourne dans un sursaut vers la voix de l'homme. Elle reste mutique face à cette question impudique.

« Mademoiselle Henri, je suis le docteur Edmund Forster, le psychiatre expert auprès des tribunaux. Je suis chargé par la cour d'évaluer votre état mental. Vous vous souvenez ? » Aurore écarquille les yeux.

« J'ai conservé l'écharpe pour ne pas oublier.

— Que craignez-vous d'oublier ?

— L'innocence de celle qui la portait. Elle souriait, sur les épaules de son père, tenant fièrement son drapeau européen… Je l'ai entendue crier, je l'ai vue à quelques mètres de moi… J'aurais voulu l'atteindre, mais je n'ai pas pu.

— Pourquoi est-elle si importante, cette petite fille ?

— Parce que tout le monde l'oubliera sitôt le prochain buzz médiatique. Pas moi. C'est comme si les hommes avaient foulé aux pieds la pureté elle-même. Ils doivent prendre garde à ce qu'on ne leur marche pas dessus à leur tour.

— Avez-vous l'intention de blesser ou d'attenter à la vie d'autres personnes ?

— Docteur Forster, n'avez-vous jamais l'impression que le monde est devenu fou, et que ses dirigeants sont les plus fous de l'asile ? Ils reproduisent les mêmes erreurs, les mêmes mensonges, les mêmes affaires que les médias répètent en boucle. Chacun continue de mener sa vie comme si de rien n'était tandis que nous dansons au-dessus d'un gouffre. Et même si nous sommes nombreux à le voir, nous ne savons plus comment faire marche arrière.

— Il est noté dans votre dossier que vous avez tenté d'intégrer l'Institut de sciences politiques de Paris, duquel vous avez été refusée. En avez-vous nourri un ressentiment envers la société ?

— Je l'ai accepté.

— Vous avez apparemment renversé une des tables de la salle d'examen avant de sortir.

— Je devais être pressée !

— Après cela, vous avez résidé dans des foyers pour femmes ? Cela n'a pas dû être facile ?

— Je préfère être auprès d'une misère qui ne ment pas que d'une bourgeoisie qui se pince le nez et prétend que cela ne pue pas.

— Est-ce à cause de vos parents adoptifs que vous détestez la bourgeoisie ? »

Aurore Henri marque une longue pause, puis regarde le sol. Le docteur Forster poursuit.

« Qu'est-il arrivé à vos parents ?

— Vous serez gentil de m'éclairer si vous l'apprenez. Je suis née sous X, je n'ai donc d'autres informations que celles figurant sur mon extrait de naissance. Ma mère biologique avait explicitement demandé que l'on me nommât Anna, mais on m'a appelée Aurore. »

Le docteur Forster s'étonne du changement d'attitude de sa patiente. Les fières envolées politiques laissent place à une femme hésitante, perdue dans ses pensées. On avait refusé à Aurore Henri le prénom choisi par celle qui lui avait donné la vie, elle portait le nom de ceux qui l'avaient élevée sans vraiment l'aimer. Ce hiatus originel avait fait naître en elle le sentiment d'être la fille de personne, l'idée qu'il lui faudrait inventer son propre patronyme pour exister.

« Revenons à vos parents adoptifs. Quelle relation avez-vous avec eux ? »

Aurore avait été adoptée par les Henri, un couple de commerçants strasbourgeois qui, passé l'âge de cinquante ans, n'avait jamais réussi à concevoir d'enfants. Alain Henri avait une quincaillerie qui le tenait éloigné du foyer chaque jour que Dieu faisait, et sa femme pestait chaque soir contre l'indigence de son échoppe. Clara Henri s'imaginait épouse de notable ou de bijoutier, elle rêvait secrètement de s'affranchir de son statut de madame Tout-le-monde. Alain Henri fut emporté par une maladie tandis qu'Aurore fêtait ses dix ans. Dès lors, quoi qu'elle fît, elle sentit toujours sur elle le regard plein de désapprobation de Clara Henri, l'expression silencieuse d'une déception.

« Le meilleur bagage que l'on puisse donner à une jeune fille, c'est de savoir se tenir », lui disait-elle chaque fois qu'Aurore souhaitait un jouet ou une friandise qu'elle avait vus dans un magasin, avant de lui faire la leçon devant l'armoire aux plaisirs.

Dans sa chambre, Clara Henri possédait une immense armoire en bois, dont elle gardait toujours la clé sur elle. À l'intérieur, plusieurs rangées de pots à confiture en verre, vides. Sur leur flanc, une étiquette avec la mention « gourmandise », « chair » ou « jalousie ». Dès que Clara Henri avait envie d'un plaisir qu'elle ne maîtrisait pas, que le désir la tiraillait, elle ouvrait le bocal correspondant et l'enfermait dedans, avant de verrouiller l'armoire à double tour. Elle imposait le même régime à Aurore. Ayant surpris la jeune adolescente en pleine exploration sensorielle de son corps, elle l'avait prise par la main fautive et lui avait demandé de placer sa pulsion lubrique dans le pot, puis de bien le refermer. Aurore avait d'abord argumenté que les plaisirs sont une des raisons de notre vie sur Terre, qu'ils n'ont rien de mauvais. « Je ne les interdis pas, avait répondu Clara. Je veille simplement à ce qu'ils ne prennent pas le contrôle sur toi. Dès que tu en ressens un, tu le places dans le pot de verre de l'armoire aux plaisirs, ainsi il y sera en sécurité, loin de toi, bien rangé. »

En arrivant à Paris pour ses études, le premier achat d'Aurore fut une dizaine de pots de confiture dont elle vida le contenu dans l'évier. Elle plaça soigneusement son envie de les manger dans le premier bocal, à l'intérieur d'un des placards de la cuisine. Elle en avait éprouvé un sentiment d'ordre et d'apaisement. Tout était alors en harmonie.

« Il est normal, à la suite de traumatismes ou de manques profonds, d'éprouver un certain mal-être.

— Sans doute. Docteur Forster, je ne récuse pas votre discipline. Serais-je différente si j'avais eu une mère, un père plus aimants ? Mais je refuse de me cacher derrière mon passé. Je veux croire qu'aucun déterminisme ne peut être dépassé par la volonté. Il ne dépend que de moi de décider de celle que je serai, je l'ai compris très tôt. »

Edmund Forster pose son cahier de notes et regarde sa patiente pour la première fois dans les yeux. La petite pièce dans la pénombre disparaît derrière ces deux billes qui lui semblent brûler d'un feu intérieur révélant une volonté indomptable.

« Vous sentez-vous comme en permanence sur le qui-vive, irritée ou en colère ? Avez-vous l'impression que quelque chose de terrible pourrait se produire à nouveau ? Vous sentez-vous engourdie, détachée, déconnectée de vos amis ? »

Aurore Henri ne s'était jamais sentie proche des gens de son âge. La légèreté, en elle, n'avait jamais éclos. À son endroit grandissait la conscience qu'elle n'avait pas le temps de s'étourdir, qu'il y avait dans le monde tant à sauver, sans qu'elle sût exactement quoi.

« Souffrez-vous de cauchemars, de souvenirs incontrôlables ? »

Le docteur Forster s'attarde sur l'étude de ses traits. Immobile, concentrée, mystérieuse, elle transmet une passion, une sincérité par laquelle il se sent inexplicablement touché. Il la voit tour à tour grave, ironique ou tragique. Elle lui semble mille femmes à la fois tandis qu'elle ne dévoile en réalité rien d'elle. Seules les idées semblent l'intéresser.

« Vous savez que nombre de troubles tels que les vôtres sont le résultat d'un traumatisme psychique ? L'hypnose permet dans ces cas-là d'obtenir de très bons résultats. Nous pourrions essayer de traiter les séquelles traumatiques de votre accident en attendant votre jugement. »

Les yeux d'Aurore Henri lui semblent à présent si scintillants qu'il ne peut s'en détacher. Impossible de dire ce qu'ils cachent, mais il se sent à leur contact comme face à un de ces fauves sublimes et rares, dont on suit la piste des heures durant pour l'entrevoir, et dont on ne sait plus, une fois face à lui, si nous sommes le traqueur ou le traqué tant sa force s'impose à nous.

Chapitre 7

« Savez-vous, mademoiselle Henri, comment se dit “rêve” en allemand ? *Traum.* Alors plutôt que d’ouvrir la porte de vos traumas, je vous propose d’ouvrir celle de vos *Traüme.* Qu’en dites-vous ? Laissez votre esprit associer librement des idées, n’essayez pas de les contrôler. »

Les cris de la petite fille sur Marienplatz. Le sol mouillé par la pluie, les jambes immenses, sourdes à son appel, derrière lesquelles elle disparaît. Attablés devant elle, en costume foncé, les jurés du concours de l’École de sciences politiques lui assènent avec un sourire nonchalant qu’elle n’a pas les qualités souhaitées pour intégrer leur établissement. « N’ayez pas peur, accueillez les souvenirs qui viennent, sans les juger. » La voix du docteur Forster est comme le fil d’Ariane des images qui défilent dans son esprit et semblent ne faire aucun sens. Elle ne veut pas lui céder. C’est si effrayant de laisser ses pensées se promener seules, sans surveillance. Est-elle toujours éveillée, ou rêve-t-elle ?

Des salles en enfilade. Ses pieds avancent timidement dans une pièce sans toit écrasée par l’obscurité. Le ciel est constellé de flammèches dansantes qui, à mieux y regarder, ne sont guère des étoiles, mais des papillons battant lentement des ailes autour d’elle. Quelle affreuse vision, lorsque l'on est seule, et que l'on ne sait pas où l'on est ! « Continuez d'avancer. » La voix lointaine semble le seul point de repère dans cet univers limbique et primaire. La myriade de papillons se fait nuée. Des centaines d'ailes bleu et noir réfléchissent une lumière qui vient de nulle part. Dans un ballet improvisé, les papillons tournoient autour d'elle. Ses mains s'agitent pour les éloigner, mais rien n'y fait, c'est elle qu'ils veulent. « Pour les Grecs, les papillons symbolisent la psyché. Ils transportent le message des âmes, et représentent une transformation. Ne les craignez pas. »

À bien la regarder, sa main lui semble minuscule. Lisse et charnue, aux doigts potelés finis par de petits ongles encore malléables, comme celle d'un jeune enfant. Aurore se débat. Les papillons s'approchent. L'un d'eux, immense et pourtant léger, se pose sur son doigt. Sa couleur est hypnotique, jamais elle n'a vu de si intenses nuances de bleu. Les nervures de ses ailes sont comme autant de veines parcourant sa frêle voilure. Le papillon s'immobilise. Elle avance dans cet intérieur qui semble familier à son esprit, étranger à sa mémoire. La pièce s'étire, s'allonge. Elle voudrait crier, mais le papillon sur son doigt l'en empêche. Si elle l'effraie et qu'il s'envole, tout sera perdu. Elle essaie de toucher les murs, à la recherche d'une porte, d'une fenêtre. Se sentant piégée, Aurore ferme sa main sur le papillon, et tape de son poing contre le mur. Les papillons autour d'elle deviennent des yeux, ils battent des cils pour mieux l'observer. Des gouttes d'eau tombent de leurs cils. En leur centre, une tache noire semble la suivre du regard. Les yeux pleurent, et les larmes dessinent un visage autour d'eux. Elle le connaît. Impossible de le fixer, de le lire tout à fait. L'apparition est là, devant elle, ceinte par une chevelure d'or. Elle avance sa main vers le visage, sa bouche chaude s'entrouvre : « *Pillangók már elrepültek.* » Elle ne comprend pas, pourvu qu'elle répète encore. « *Pillangók már elrepültek.* » Les mots tourbillonnent dans le siphon de son oreille. Le visage se brouille, il bat des ailes. Les papillons deviennent frénétiques puis s'envolent, les murs de la pièce s'effondrent. Aurore Henri revient à elle dans un hurlement.

« Qu'avez-vous vu, mademoiselle Henri ? »

Aurore ne répond pas.

Le docteur Forster ne souhaite pas forcer sa patiente à lui révéler le contenu de son hypnose mais, il en est persuadé, quelque chose de terrible hante la jeune femme.

« Quand doit être rendu le verdict ?

— Demain. »

Chapitre 8

Quittant enfin sa cellule pour se rendre au tribunal entendre le verdict, Aurore détaille les feuilles de lierre saisies par le givre sur les murs de la prison de Landsberg. La nature, pense-t-elle, échappe au temps des hommes, elle n'est qu'une harmonie en perpétuel renouvellement. Il y a là quelque chose d'immuable et rassurant, comme un refus de se soumettre.

Lorsqu'elle était reporter de guerre, Aurore voulait témoigner de la vérité. La faire éclater au grand jour. La voilà à présent menottée à l'arrière d'une voiture de police roulant sirènes hurlantes. La vérité, l'âpre vérité.

Le convoi s'arrête à quelques dizaines de mètres du tribunal. Impossible de se frayer un chemin jusqu'à l'entrée du bâtiment, pris d'assaut par les partisans de la jeune femme. Les vidéos du procès filmé sous le manteau battent tous les records sur le Net. En un mois et demi, elles totalisent 40 millions de vues, avec des sous-titres en espagnol, russe, italien, roumain ou hongrois. Au travail, au lycée, dans les quartiers, les hôpitaux, les casernes, sur les marchés au petit matin ou aux sorties des bars de nuit lorsque l'alcool se prend pour la bouche de la vérité, on ne parle que de cela. De son caractère, de sa tenue face aux accusateurs. De son ton et de son maintien, qui inspirent force et respect. Du fait qu'enfin tous ceux qui n'avaient pas de voix se sont sentis entendus.

Les sentinelles, dépassées par l'ampleur de la vague, ont disposé trois rangées de herses pensant contenir le flot de curieux. Sur leurs pancartes, leurs tee-shirts, une main rouge, symbolisant le geste d'Aurore Henri.

Habituée aux subtilités de la communication, une immense partie de sa génération n'est plus dupe de la rhétorique des politiciens. La jeunesse ne s'accommode pas encore du mensonge, elle ne réagit qu'à la vérité. Elle n'a pas envie de subir passivement la destruction de son monde.

Le juge Neithardt peste jusqu'à son pupitre, se demandant s'il juge aujourd'hui une criminelle de droit commun ou une star de téléréalité. À peine est-il assis que des sympathisants déplient une immense banderole à l'effigie de la jeune femme. Sous les flashs et les perches à selfie, Aurore se présente face au magistrat, ses cheveux châtains foudroyés de leur mèche blonde attachés plus bas que d'habitude en signe d'humilité. Le son du marteau de bois transforme Aurore Henri en icône d'un genre nouveau, une terroriste de trente-quatre ans pour le pouvoir en place, une résistante pour des millions de personnes devant leur écran. À l'annonce du verdict, la foule enjambe les barrières des rangées réservées au public. Aurore Henri est emmenée sous les acclamations d'une jeunesse tout sauf frivole.

Chapitre 9

« Madrid, 1er avril 2024.

« Chère Aurore Henri,

« Le verdict de votre condamnation vient de tomber, et je suis folle de rage ! Avec mes amies, nous avons suivi votre procès en live sur les réseaux. Cela nous a donné envie de vous connaître. Nous avons trouvé d'autres vidéos de vous en ligne, celle de Marienplatz surtout. Je ne suis pas une personne violente, mais je trouve que vous avez bien fait ! Nous ne faisons que parler de vous depuis que je vous ai vue vous défendre au tribunal. Nous défendre ! Alors, vous condamner à cinq ans de prison pour cela, c'est impensable, je suis choquée ! Nous sommes toutes choquées ! Vous n'avez rien fait de mal, ce sont eux les coupables ! Si j'avais de l'argent, j'irais à Munich et je manifesterais devant votre prison jusqu'à ce qu'on vous libère ! Mais je n'en ai pas, et je ne peux pas quitter mon travail, j'ai déjà eu du mal à l'avoir ! J'enchaîne les jobs en attendant de savoir ce que je veux faire, je n'ai pas encore trouvé. J'ai l'impression que le monde est plein de possibilités, mais qu'elles ne sont pas pour moi. Pardon, je vous raconte ma vie, je ne sais même pas pourquoi. Continuez à vous battre !

Clara Ortiz. »

« Rouen, 2 avril 2024.

« Aurore, je vous ai découverte lors de votre tumultueux procès. Devant mon écran, je vous ai dit mon admiration, ma dévotion. C'était comme si vous me répondiez chaque fois que vous parliez. J'ai toujours eu l'impression que quoi que je puisse dire ou faire, je ne peux rien changer, que je ne compte pas. Jusqu'à ce jour, j'étais la femme la plus malheureuse du monde. Mal mariée à un homme froid, j'ai comme une corde serrée autour du cou chaque fin de mois. Je ne peux pas le quitter, car je n'en ai pas les moyens. Je craignais de ne jamais connaître autre chose que mon quotidien. Mais en vous écoutant, je me suis sentie vivante. Comme si on m'enlevait un poids. Aujourd'hui, je sais que vous êtes là. Moi, j'ai un vrai cœur qui bat, et pas une espèce d'éponge ramollie comme ces juges et ces politiques qui vous font subir cela. Comme je les déteste ! Puisque vous êtes en prison, je vais lutter moi aussi. Je demande le divorce ! Vive Aurore Henri !

Michèle B. »

« Gênes, 3 avril 2024.

« *Signorina*, je n'ai qu'un mot à vous dire : *brava !* Vous êtes si belle ! Voici une enveloppe sur laquelle est inscrite mon adresse. Ayez la gentillesse de m'envoyer une photo dédicacée de vous, que je la mette au-dessus de mon lit, à côté de La Madonna. Mille baisers,

Claudio Roberto Graziano. »

« Leeds, 3 avril 2024.

« J'espère que tu te feras bien mettre en prison, sale gouine ! Les gueulardes comme toi, ça mérite que ça. *Fuck you*.

Dany Boris. »

Le préposé au courrier ne sait où poser les plis. La cellule d'Aurore Henri ressemble à un centre de tri postal, tant elle reçoit de bouquets, lettres et colis. L'un d'eux regorge de pots de miel. Aurore décachette la petite enveloppe contenant un papier bristol traversé d'une écriture soignée.

« Mon cher petit, je suis comblée que vous receviez mon miel... Je voudrais encore vous en envoyer de temps en temps, afin de participer ainsi un peu à votre santé... Une belle jeune femme aux idées vigoureuses comme les vôtres ne doit pas prendre froid durant l'hiver allemand. Puisque mon peuple vous enferme, je me fais un devoir de vous montrer que nous savons aussi être accueillants. Quel plaisir que ce produit naturel récolté dans mon jardin contribue à entretenir votre énergie ! Mon cher petit, vous pourriez être ma fille. Hélas, je n'ai jamais trouvé à me marier. Lorsque j'étais plus jeune, je voulais être indépendante et travailler, mais les hommes de ma génération ne voyaient pas cela d'un bon œil. À part les communistes. Mais en RFA il n'était pas convenable d'en épouser un ! Moi aussi j'avais des idéaux, j'ai même un jour porté un brassard en signe de mécontentement dans le cabinet où j'étais secrétaire afin de réclamer un traitement plus équitable ! Je ne l'ai jamais obtenu. Mais aujourd'hui je reprends espoir. J'ai la chance d'être jeune à nouveau grâce à vous ! Avec admiration et sentiments,

Mme von Heyden, de Plötz. »

Le garde fait des allers-retours incessants du rez-de-chaussée au deuxième étage, si bien qu'au bout d'une semaine d'internement, il semble être devenu l'assistant personnel d'Aurore Henri.

La demande de transfert déposée par son avocat afin qu'elle puisse purger le reste de sa peine en France est restée sans réponse. Le Quai d'Orsay joue à cache-cache avec l'ambassade allemande, et préfère laisser la requête lettre morte. Loin des yeux, loin de l'opinion. Le nouveau Président français n'a nullement envie d'une révolutionnaire de plus sur le territoire, prête à faire descendre les Français dans la rue.

« Rome, 20 avril 2024.

« Chère Aurore Henri,

« Aujourd'hui, c'est votre anniversaire. Lorsque mon papa était encore en vie, à chaque anniversaire je lui préparais une belle petite lettre, et je faisais en sorte qu'il la trouve cachée sous son bol, ou sous sa serviette. Alors il me regardait, il souriait et ses yeux devenaient tout rouges, il se levait et m'embrassait. Aujourd'hui, papa n'est plus là. Des voleurs l'ont tué pour prendre son portable. Maman dit que c'est parce qu'il avait la peau foncée. Grand-mère me dit souvent que j'ai de la chance de ne pas lui ressembler, qu'un ange veille sur moi. Je vous ai vue à la télévision, et j'ai vu ces gens parler de vous. Est-ce que vous voulez bien être mon ange ? Je promets de vous écrire à chacun de vos anniversaires. Vous aussi, vous n'avez pas de famille dans cette prison, alors je sais que vous me comprenez.

Filippo, douze ans. »

« Rotterdam, 20 avril 2024.

« Acclamons tous Aurore,
Qui nous donne l'espérance,
Ô toi, notre sauveuse !

Heureux anniversaire, Aurore Henri !
Henri Héros, crie le monde entier.
Nous t'aimons, ta loyauté est nôtre.
Levons les bras et crions réunis
"Heureux anniversaire, Henri Héros."
Robert C. »

À l'arrivée du printemps fleurissent dans les médias internationaux d'autres sujets de unes que le cas Aurore Henri. Rares sont les brèves qui durent plus d'une saison. Les spécialistes politiques de plateaux de télévision ne font guère cas de cette rebelle qui, à la faveur de l'emballement des réseaux sociaux, pensent-ils, s'est offert une fugace notoriété qui sera vite oubliée.

Les préparatifs des jeux Olympiques d'été de Paris, le prix du brut, la mousson précoce transformant le Colorado et le Nouveau-Mexique en torrents de boue, la campagne pour les prochaines élections municipales polarisent l'attention. Mais à la fin de sa première année de détention, Aurore Henri a reçu plus de deux cent mille lettres à la prison de Landsberg qui doit en hâte engager un second préposé au courrier.

« Poznań, 7 décembre 2024.

« Madame Henri,

« Je ne sais pas trop bien comment commencer cette lettre. Depuis un an maintenant, je vis terré chez moi. Dans mon pays, ce que je suis est reconnu comme une déviance coupable, un crime… À vous je peux le dire. Je suis homosexuel. Mais le gouvernement l'a interdit, et mes parents m'ont chassé. Toute ma souffrance prend fin en un instant, quand je pense à vous, madame Henri. Je sais que vous avez une personnalité grande et puissante, et que je suis un garçon insignifiant qui vit dans un pays lointain, mais vous devez m'écouter. Ne nous abandonnez pas ! Sinon je me laisserai mourir !

Stefan W. »

« Bruxelles, 20 décembre 2024.

« Chère Aurore Henri !

« Un homme de Wallonie aimerait beaucoup avoir un enfant de vous. C'est pour sûr un fort désir très particulier que j'ai mûrement réfléchi. Aucune femme dans notre monde n'est plus digne que vous de porter la vie. Mes désirs se mêlent à mes craintes. La lettre pourrait ne pas vous parvenir ! Vous n'auriez pas le temps pour un enfant. Vous vous sentiriez trop âgée à votre sortie de prison. Malgré tout, un enfant de vous devrait vraiment voir le jour. Cela est mon plus grand souhait, que j'aspire à accomplir avec toute la force de mon cœur.

Dimitri V.S. »

À la lecture de ces mots, Aurore prend conscience qu'à sa libération, elle aura quarante ans. L'idée d'enfanter lui semblait incongrue. Comme si elle n'était pas concernée par cette partie de la féminité, être ensemencée, parturiente. Elle était encore prise d'une fureur adolescente, elle se sentait trop jeune pour ces choses-là, et dans la lettre de cet inconnu elle se découvrait déjà bientôt trop âgée. Elle n'avait jamais songé à ce que l'emprisonnement signifiait pour une femme. Elle n'avait pas renoncé qu'à sa simple liberté, mais aussi, avec ces années, à la possibilité d'être mère.

Peut-être n'était-ce là que son destin, on l'avait privée de bras maternels pour que la réalisation de son devoir fût moins douloureuse. Contemplant l'ensemble des lettres punaisées sur les murs de sa cellule, sa poitrine s'emplit d'une détermination plus grande encore qu'avant. Elle est résolue à donner toute son attention et son ardeur à ces anonymes.

Chapitre 10

« Fussy, 1er janvier 2026.

« Chère Aurore Henri,

« Je vous souhaite une belle année, et la santé ! Sur Internet, je lis que même en prison vous vous donnez tout entière à notre combat. Vous ne mangez pas beaucoup, vous ne dormez pas, vous travaillez nuit et jour à écrire un programme qui changera notre vie à tous. Continuez ! J'espère que vous sortirez bientôt pour remplacer les voyous qui nous dirigent et se moquent bien de nous. Depuis ce mois-ci, l'État ne nous verse plus de retraite. Imaginez, moi qui ai travaillé toute ma vie comme enseignante ! Je ne sais pas ce que je vais devenir, c'est la soupe populaire qui m'attend. Le pire, c'est pour les jeunes. Plus de travail, mais plus de chômage à toucher non plus. Mes deux grands sont revenus à la maison, mais je n'ose pas leur dire que je ne peux plus la payer. Ils vont nous la prendre ! Je prie tous les soirs pour que quelqu'un comme vous nous gouverne.

Christine H. »

Deux ans après le début de son incarcération, les seules apparitions d'Aurore Henri sont virtuelles. Chaque semaine, un unique post sur Twitter lui permet de conserver le lien avec ses partisans. Toujours le même jour, le dimanche, à

13 heures. Des millions de personnes se détournent alors des journaux télévisés pour découvrir la parole de sagesse, de courage qu'elle dispense. Un simple tweet lapidaire, liké par plus de 6 millions de personnes.

« Katowice, 25 janvier 2026.

« Chère Aurore,

« Je dois t'écrire. Chez moi, les garçons sont tous deux partis de la maison. Adrian est allé chercher du travail en Angleterre, il paraît que là-bas on en trouve encore, et Denis a rejoint une milice armée proche du pouvoir. Ils paient 300 euros par mois des gamins pour surveiller les frontières et faire la chasse aux musulmans. Heureusement, j'ai encore mes collègues de l'usine pour me tenir compagnie. Le soir, je regarde la télévision et je suis toujours bien contente lorsqu'on parle de toi, des gens qui continuent à venir devant la prison manifester pour qu'on te relâche. Je ne te connais pas et je suis loin de toi, mais c'est comme si j'étais moi aussi dans la prison avec toi. J'y suis depuis… je ne sais plus compter. Quand ça devient trop dur, que j'ai envie de flancher, je regarde des vidéos de toi, et je retrouve le courage de continuer encore un peu. Je me dis que tout n'est pas perdu, il y a encore quelqu'un qui souffre pour nous. C'est une chienne de vie, Aurore, toi au moins tu le sais, et t'aboies plus fort que les loups. Nous laisse pas tomber.

Anastajia B. »

« Timişoara, 7 février 2027.

« Ça t'excite de savoir que je me touche en pensant à toi ? De toute façon on n'a plus d'argent pour faire quoi que ce soit d'autre, et il fait trop froid pour sortir sans avoir bu.

Marius. »

« Sofia, 10 février 2027.

« Chère mademoiselle Henri,

« Je m'appelle Valko, j'ai neuf ans et je vis en Bulgarie. Mon père est malade. C'est son sang qui ne veut plus se nettoyer, alors il est sale. Il faudrait une machine pour pouvoir le nettoyer, mais depuis que nous avons quitté l'Europe, les hôpitaux ont fermé, il n'en reste qu'un pour toute la ville. Et nous n'avons pas l'argent pour en acheter une dans notre hôpital. Est-ce que tu pourrais faire en sorte que son sang ne soit plus malade, comme cela il pourrait recommencer à travailler un peu, pour nous acheter des jouets, et à manger. Merci.

Valko V. »

« Prison de Regina Cœli, Rome, 20 mai 2028.

« *Bella* Aurora,

« Admiration pour toi depuis le fatidique 8 novembre. Tu connaissais les dangers qui nous guettaient. Nous ne t'avons pas écoutée et maintenant ils sont là. Je purge une peine de dix-huit mois de prison pour avoir eu recours à l'avortement. C'est vrai ce qu'on dit, que la terre ne tremble jamais qu'une fois. Ma vie s'est écroulée trois fois. L'homme avec lequel j'étais m'a quittée après cinq ans de vie commune, puis j'ai découvert que j'étais enceinte de lui. Je suis encore étudiante, et mes parents ont refusé que je revienne habiter chez eux. Et lorsque j'ai réussi à trouver en Suisse une clinique pour avorter, la *polizia* m'attendait à la frontière. J'ai été dénoncée. Te rends-tu compte Aurore, on dénonce ce qu'il y a dans le ventre des femmes, voilà où nous sommes tombés. Toi, tu le savais. Tu as essayé de nous prévenir. Ce sont les femmes qui paient pour les erreurs des hommes. C'est toujours à nous de souffrir. Écris-moi, je t'en supplie, pour m'aider à tenir, je me sens désespérée.

Paola M. »

Le sang d'Aurore bouillonne. Elle a un haut-le-cœur en pensant à la vague de nationalisme viril, au souverainisme membré qui a emporté l'Italie, l'Espagne et le Portugal, les pays de l'Est, puis est remonté jusqu'à l'Irlande. Elle enrage d'être retenue dans cette cellule, elle a l'impression de trahir des millions de femmes laissées aux mains sales de leurs dirigeants.

À 13 heures, le dimanche suivant, Aurore pianote sur le clavier poussiéreux de l'ordinateur de la prison de Landsberg. « Femmes d'Europe, je vous appelle à vous refuser aux hommes. Ne leur donnez plus votre sexe s'ils vous privent d'en disposer. Ne portez plus les enfants des nations qui ne vous considèrent pas comme leurs égales. Vous êtes la vie, vous êtes le pouvoir. » Pour des millions de femmes, le message sonne comme une mission. Il semble à chacune d'entre elles, découvrant ses mots, devant son écran, seule dans sa chambre, devant son téléphone, à table en famille, qu'enfin quelqu'un les a appelées, avec l'autorité d'une mère, la complicité d'une sœur, la compréhension d'une amie. « Si l'on vous séduit, résistez. Si l'on veut vous prendre de force, résistez. Si l'on vous bat, résistez. Répétez ces mots comme un serment. Il en va de nos droits. »

Un dernier pli s'échappe des mains du préposé au courrier. Pas de tampon ni de cachet. Juste une ligne :

« 20 avril 2029.

« *Pillangók már elrepültek.*
Y. »

Des mots au sens étranger, mais à la sonorité familière, comme le battement d'ailes d'un papillon.

Chapitre 11

« Direction de la prison de Landsberg,
Otto Leybold, directeur en chef.
À l'attention de la cour de justice de Bavière
Objet : libération de la détenue n° 69385

Munich, 2 décembre 2029.

La condamnée n° 69385 Aurore Henri a été internée à la forteresse de Landsberg du 1er avril 2024 à ce jour et aura bientôt complété sa peine de cinq ans et huit mois. La détenue s'est montrée ordonnée, coopérative, disciplinée. Elle a assumé les tâches de la vie en communauté sans heurt avec les autres prisonnières, provoquant même une sympathie et un attachement sans précédent des autres prisonnières à son égard. Nous observons depuis sa présence une plus grande assiduité de ces dernières aux classes et ateliers professionnels.

Un seul épisode est mentionné dans son dossier, la demande, répétée et poussée, à la suite de la réception d'une lettre anonyme, d'engager une enquête. La prisonnière a tenté de corrompre un garde afin de pouvoir accéder à notre centre de tri, ce qui lui a été refusé. Le ton serait monté avec le préposé au courrier chargé de lui remettre ses communications, mais un simple rappel à l'ordre a suffi à la ramener à la raison.

En dehors de cet épisode isolé, la prisonnière a observé les règles de politesse envers les membres du personnel. Son activité s'est résumée à la rédaction de ses mémoires, et à répondre à ses très nombreuses lettres, dont la quantité nous est également inédite.

Mademoiselle Henri retournera indubitablement à la vie politique, mais souhaite le faire par les voies légales et démocratiques de son pays où elle compte repartir sitôt libérée. Elle ne semble plus une menace pour la société civile ni ne compte séjourner de nouveau en Allemagne.

Au vu de ces éléments, nous déclarons la prisonnière apte à la libération, que nous recommandons avant la fin de l'année administrative.

Otto Leybold. »

Deuxième partie

Le Monde d'hier

Chapitre 1

La liberté n'est ni un état ni un sentiment, encore moins un droit, elle est une respiration. Une bouffée d'air à pleins poumons. Sitôt un pas fait en dehors de la forteresse de Landsberg, Aurore Henri sent une multitude d'alvéoles se déployer à l'intérieur d'elle, ses côtes s'écarter pour inspirer avec plus d'intensité. Elle exhale une fumée blanche qui épouse la brume de cette fin d'après-midi du 5 décembre 2029.

La neige a recouvert le sol. Elle ne peut s'empêcher de la toucher. Elle l'effleure d'abord timidement, de la pulpe du doigt, comme un enfant cherchant à résister à la tentation de se saisir d'un objet qu'il sait interdit, y imprime ensuite la marque de sa paume avant d'y plonger la main tout entière.

Deux chaussures d'homme se plantent devant elle. En cuir, de fabrication italienne, guère les souliers d'un surveillant de prison. Aurore se relève d'un bond découvrant la silhouette au bout de ces pieds inquisiteurs. Un homme d'une cinquantaine d'années se tient là, un épais pardessus noir sur d'épaisses épaules, un feutre sur un crâne qu'elle devine dégarni, des lunettes marron sur un nez trop élargi.

Ses joues sont criblées de petits cratères, comme les signes d'une acné virulente ou d'une vérole inavouable.

« Je vous attendais. Beaucoup de gens veulent vous voir, mademoiselle Henri.

— C'est fâcheux car moi je ne veux voir personne », lui répond Aurore, fixant la Mercedes noire flambant neuve qui s'impatiente sur la neige immaculée. Le chauffeur à l'uniforme impeccable tient la portière arrière ouverte.

« Comme je vous l'ai dit, beaucoup de gens souhaitent faire votre connaissance.

— Qui sont ces gens ?

— Des personnes très bien. Le genre d'amis dont vous allez avoir besoin à présent.

— Je n'ai besoin de personne.

— Tous les débutants en politique le pensent, tous se trompent. Vous devez vous entourer de gens qui partagent vos idées et, comment dire, ont les moyens de vos ambitions.

— Si j'en juge par vos chaussures et votre tacot, je doute que nous ayons les mêmes idées, monsieur…

— Appelez-moi Nicolas, nous sommes entre amis. Il se trouve justement que j'ai quelques alliés fort impressionnés par vos talents d'oratrice, qui ont organisé une petite fête en votre honneur. Vous ne voudriez pas les décevoir ? » Sa nonchalance pique la curiosité d'Aurore. « Auriez-vous quelque chose d'autre de prévu ? Je serais ravi de vous déposer. »

Elle avait tant attendu sa sortie de prison qu'Aurore Henri n'avait pas songé à un endroit où aller. Une des conditions de sa libération émises par le gouvernement allemand était qu'elle quittât le territoire dans les plus brefs délais. Hélas, le gouvernement français avait fait savoir, par voie d'ambassade, que son retour embarrassait les autorités.

Retourner chez sa mère adoptive était exclu. Pas une fois, en cinq ans, elle ne lui avait écrit. Le lien avait été rompu bien avant son emprisonnement, un abîme créé par la tectonique du ressentiment les séparait. Face à ce parfait inconnu à la joue glabre et crevassée, Aurore prend conscience qu'à quarante ans, elle n'a aucun lieu que l'on appelle chez soi. L'homme l'invite à prendre place dans la berline et lance au chauffeur une adresse résonnant comme une formule incantatoire : « Pienzenauerstrasse. Chez Helen. »

Chapitre 2

« Alors, mademoiselle Henri, vous aimez l'Allemagne ? demande Nicolas.

— Le service carcéral y est excellent, faites-moi penser à laisser un commentaire positif sur Internet, répond-elle sans prendre la peine de le regarder.

— L'ancien ministre de la Justice sera présent ce soir, vous pourrez le féliciter directement. »

La neige défile devant les mains gantées du chauffeur tandis qu'ils traversent le centre. Aucun éclairage public, seuls les phares de la berline irradient l'obscurité. Les feux de signalisation ont été remplacés par des stops, mais aucune autre voiture ne les pousse à s'arrêter. Les publicités lumineuses, les enseignes des magasins ont cessé de scintiller. Les métros ne circulent pas, on n'entend plus sous les pieds la terre trembler à leur passage. Dans les appartements, on ne distingue aucune lumière, les fenêtres sont plus sombres encore que la rue.

Par les vitres fumées, Aurore découvre une ville blanc et noir, comme si celle-ci avait perdu ses couleurs. Les bâtiments sont couverts d'une suie crasseuse, leurs portes ont été éventrées, celles qui restent sont barricadées et gardées par des hommes en armes. De nombreuses formes humaines jonchent le sol, sous des couvertures ou des cartons. D'autres tentent de se réchauffer autour de feux de poubelles. La nouvelle droite nationaliste au pouvoir avait décidé de rouvrir les centrales à charbon pour continuer à s'alimenter en énergie, créant autour des mines des kilomètres d'étouffants nuages bruns, et des milliers de mineurs.

Aurore entrevoit, pétrifiée, un monde qu'elle ne reconnaît pas. Bien sûr, elle avait lu des articles sur l'appauvrissement de l'Allemagne depuis sa sortie de l'Europe. Dans la cour de la prison, certaines détenues parlaient de membres de leur famille ayant perdu leur emploi, leur maison, quittant la ville pour la campagne. Mais elle avait toujours connu des brèves alarmistes parlant de « crise économique sans précédent », si bien que le mot était dissocié de toute réalité. Celle qui se dessine sous ses yeux est sans commune mesure avec tout ce qu'elle s'était imaginé. Le tableau de bord indique une température de -13 °.

« Ils vont mourir de froid !

— Pas tous. La nature choisira de garder les plus forts.

— Votre cynisme me glace le sang.

— Je préfère réalisme. Quand la société échoue, la sélection naturelle reprend ses droits. C'est fascinant ! s'amuse-t-il, contemplant les rues.

— Terriblement injuste ! s'insurge Aurore.

— La nature a sa propre forme de justice. Elle se débarrasse de ce qui l'encombre. Un peu de champagne ? »

De quelle nationalité peut bien être ce type, qui parle un français parfait, avec un accent qui n'a rien d'allemand ? Il lui semble soudain le plus perspicace et le plus énervant des hommes. Nicolas soulève l'accoudoir en cuir, en sort une petite bouteille de champagne frais, et s'en sert une coupe dont la moitié finit sur ses genoux, tandis que la voiture pile pour éviter une mère poussant trois enfants dans un caddie de supermarché recouvert d'une bâche bleue. « À votre santé, mademoiselle Henri. Nous avons de grands projets pour vous. »

Chapitre 3

Quelques semaines auparavant, le 24 octobre 2029, Helen dîne avec des amis fortunés au Searcys.

Helen Bauer, femme d'affaires et mondaine, était la veuve d'un industriel allemand tué par une grue tandis qu'il visitait le chantier de construction de sa nouvelle usine, et vivait depuis ce tragique accident entre la Suisse et les États-Unis. Elle avait trouvé un viatique à son chagrin dans la philanthropie. Ainsi, la Fondation Bauer aidait-elle à financer les projets culturels innovants sur le Vieux Continent.

Le restaurant culminant au trente-neuvième étage de l'ogive de verre et de métal plantée au milieu de la City, baptisée « *The Gherkin* », le Cornichon, par les Anglais, le Suppositoire par les Français, se dresse là où en 1992 l'IRA avait commis un attentat. Depuis la dissociation de l'Union, de première place financière du monde, Londres est passée à la quatrième derrière New York, Hong Kong et Singapour. De là-haut, la ville semble plongée dans l'obscurité. On ne distingue que la Tamise, reflétant la pleine lune, Kensington et Westminster, illuminés, comme si seuls les monuments ayant prouvé leur fidélité aux hommes turbulents méritaient d'être éclairés. Au Searcys on peut encore se faire servir un pavé de chevreuil truffé digne de ce nom. Un lord conservateur prêche le besoin urgent de déréguler ; privatiser ce qu'il reste de services publics afin de relancer l'économie du pays, faire jouer la concurrence pour attirer les investissements étrangers. L'eau, les hôpitaux, les services postaux et ceux des chemins de fer, tout ou presque, sous l'impulsion de Margaret Thatcher, avait déjà été dénationalisé. « Il n'y a que ton cul qui ne soit pas encore privatisé, Henry », le rabroue un des convives, provoquant l'hilarité. À travers la baie vitrée, derrière le visage rubicond du lord s'étouffant de rire la bouche pleine de chevreuil, Helen voit chuter une ombre. La silhouette d'un homme en costume sombre.

Un gentleman quittant son bureau du quinzième étage est monté au quarantième pour prendre un whisky sec au bar, avant de sauter dans le vide. Treize millions de titres viennent d'être liquidés à vil prix, soufflés par l'explosion soudaine du marché. Le London Stock Exchange vient de dévisser de 92 milliards de livres sterling. Traders et banquiers, hagards, errent dans les rues de la City, assommés par la déflagration sourde, sans prêter attention au corps brisé du jeune agent de change qui a vu dans la mort un remède au naufrage. La nouvelle n'est pas encore parvenue à la rieuse tablée du trente-neuvième étage. « Pourquoi l'Angleterre s'en sort mieux que les autres depuis la dissolution de l'Europe ? Grâce au Stock Exchange. La récession nous frappe moins durement que nos voisins grâce à la dynamique de marché. Si vous investissez massivement, vous relancerez la machine », argumente le lord. Les portables des convives vibrent de tous côtés avant l'arrivée du baba au rhum flambé. Comprenant la gravité du krach boursier, Helen sait d'instinct qu'il faut faire émerger de nouveaux leaders d'opinion capables de couvrir les cris de haine qui se déchaîneront sitôt que l'argent viendra à manquer. À chaque crise ses coupables et ses héros. Mais lorsque ces derniers tardent à apparaître, les monstres surviennent et dévorent tout ce qu'ils trouvent d'humanité.

Les banques anglaises tentèrent d'abord de se maintenir à flot en ponctionnant les comptes de leurs clients. Les assurances vie, les actions, les portefeuilles sont vidés, avec pour obligation légale de laisser 10 000 livres disponibles par tête. Ceux qui en ont les moyens s'enfuient en direction des États-Unis, du Golfe ou de l'Asie, les autres voient partir en fumée le travail de toute une vie. Les maisons achetées à crédit sont saisies, si bien qu'à la fin de l'année, Londres compte cinq cent mille personnes sans foyer.

Un mal plus insidieux, plus pervers encore, s'était emparé des Britanniques. La Grande-Bretagne ne savait, seule, se sustenter. Depuis bientôt deux siècles, les politiques britanniques pensaient, privilège des anciens empires coloniaux, que le reste du monde les nourrirait. Il suffisait que l'argent soit pour que l'importation fût. Soixante-dix pour cent du système alimentaire de l'Angleterre dépendait des importations, rendues impossible, hélas, par l'effondrement de l'économie. Les anciens alliés européens, peinant eux-mêmes à produire les denrées nécessaires à leurs populations, limitèrent leurs exportations. Plus aucun traité ne les obligeait à tenir leurs engagements. Les rayons des supermarchés se dégarnirent, les quelques containers arrivant sur les côtes britanniques furent pillés à même les ports. L'île s'amaigrit à vue d'œil. La situation devint telle que l'on vit des chasses aux écureuils dans Hyde Park. Armés de frondes ou de tasers, des habitants guettaient les petits rongeurs qui faisaient la joie des touristes. Dans les égouts de Londres, on traquait les rats. Les jeunes des quartiers défavorisés s'en étaient approprié la juridiction. À chaque station de métro, les bêtes écorchées dansaient pendues au bout de ficelles. Tout ce qui vole, ronge, rampe se vendait au marché noir.

Les mouvements rebelles s'épanouissent dans l'adversité. La nouvelle IRA, rebaptisée IRA véritable, reprit les armes pour mettre fin à l'autorité britannique en Irlande du Nord. Intimidations et harcèlements devinrent quotidiens. Trente mille Britanniques manifestaient devant le Parlement afin de demander aux lords de rétablir la sécurité dans le pays quand un groupe de paramilitaires irlandais avait fait irruption dans le cortège et commis l'attentat le plus meurtrier de la lutte armée, faisant tomber sous leurs balles quatre-vingt-trois personnes. L'attentat avait signé la renaissance du mouvement dans les médias internationaux. Dans la brume de l'hiver 2029, il semblait que l'Angleterre s'enfonçait dans la mer du Nord sous le poids de la misère. Nul ne songeait alors qu'elle entraînait dans son sillon l'Europe tout entière.

Chapitre 4

Les lois des hommes ne sont rien face à celles de la nature. L'hiver 2029 s'annonce comme le plus froid jamais enregistré dans l'hémisphère nord depuis trois cents ans. La Seine se fige de Paris jusqu'au Havre, tuant tout ce qu'elle abrite de vie. Des tourbillons de neige se forment dans les plaines arrachant les arbres, emportant les fermes, tuant le bétail en une nuit. Le territoire français est touché de plein fouet. Les oliviers de Provence, les vignes du Bordelais, les forêts de châtaigniers, les rizières de Camargue, les cultures du Nord-Pas-de-Calais, en quelques semaines tout périt. Le Rhône en dehors de son lit inonde sa vallée et gèle sur pied toutes les cultures. Le premier producteur de blé du continent s'effondre, condamnant ceux qui dépendent de ses champs.

Les céréales sont les premières à manquer, brisant la chaîne alimentaire tout entière. Les troupeaux tombent comme des fétus de paille, harassés par le froid, le manque de nourriture. Les vaches dévorent les brebis, les brebis leurs petits. On tente de récupérer sur chaque carcasse gelée tout ce que l'on peut trouver, on mâche la peau des moutons, on fait tremper leurs os dans de l'eau chaude pour soutenir les enfants. Un seul espoir, rejoindre la mer pour pêcher. Un exode massif vers la Méditerranée pousse sur les routes plusieurs millions de Français. Les plus déterminés font route en direction de l'Espagne. Sur les hauteurs de l'Andalousie, les villages aux immenses éoliennes et au climat doux semblent une terre promise. Mais le peu de poissons laissés aux océans par les décennies de surpêche est vite décimé par cet afflux sans précédent. Les morts commencent à se compter par centaines, par milliers.

Le Président français déclare l'état d'urgence. D'immenses turbines chauffantes sont installées dans les serres des exploitations aux abords de Paris, mais elles sont en quelques heures pillées. La politique de réduction des terres agricoles et l'industrialisation du territoire a affaibli l'indépendance alimentaire du pays. Quand bien même la nature promettrait un redoux afin de laisser le blé pousser, on ne pourrait hélas guère nourrir l'ensemble de la population. Il faut importer. Seule l'Afrique, au sud, est épargnée par cette vague polaire sans précédent. Mais les États vendent à prix d'or les précieuses récoltes de millet et les réservent aux plus offrants. Des émeutes éclatent. Des feux par intermittence, d'abord isolés, qui s'éteignent d'eux-mêmes, puis se transforment en brasier.

Le gouvernement, espérant endiguer la situation, fait voter de nouvelles lois. La voiture du Premier ministre sortant de l'Assemblée nationale est arrêtée par une foule crispée. « Ça se mange comment, une loi ? Comment tu veux qu'on nourrisse nos gosses, avec tes lois ? » haranguent des hommes en secouant la voiture jusqu'à la désosser. S'emparant de la grille métallique entourant un arbre, un autre transperce la vitre arrière. Des bras s'engouffrent dans l'espace ouvert comme des tentacules, cherchant à l'aveugle le passager. Le Premier ministre, attrapé par ces bras, est tiré jusqu'au sol. Son costume déchiré, il tente de reculer, mais la foule l'encercle. La disette exacerbe toutes les passions populaires et les fait convulser. La police ne peut rien. On n'entend de cet énarque au parcours exemplaire que les cris. Quand la foule se disperse enfin, il ne reste plus rien qu'une de ses semelles.

Ce que l'on pensait avoir éradiqué à tout jamais fit son apparition. La famine. Après l'Angleterre et la France, le continent entier se tord dans les affres de la faim. Seuls les pays ayant un accès à la Méditerranée parviennent à survivre. À l'est, pour éviter le pire, l'Estonie, la Lituanie, la Lettonie, la Biélorussie, l'Ukraine et la Moldavie rejoignent le giron russe et cèdent leur souveraineté à l'ancienne mère patrie, qui leur donne la becquée.

Dans les pays d'Europe centrale prisonniers de leurs frontières, partout, des êtres décharnés aux yeux agrandis et exorbités se laissent tomber au sol que jonchent bientôt deux millions de morts. Le plus saisissant n'est ni l'odeur de mort omniprésente ni les immeubles transformés en chambre froide de fortune tant il est dur de creuser des sépultures dans la terre gelée, mais le silence des oiseaux. La nature s'est repliée dans son mutisme, laissant l'homme, seul, crier son désespoir.

Chapitre 5

La berline ralentit aux abords d'une rue éclairée. Les lampadaires semblent soudain d'un luxe inouï. En bordure de rivière, une allée coiffée d'arbres, des maisons cossues Art déco et de folies XIXe. « Helen nous attend », dit Nicolas, décrottant ses chaussures sur le paillasson.

Aurore Henri se présente chez les Bauer, flottant dans sa veste de serge bleue dont un des boutons dorés menace de céder à chaque mouvement. Au milieu du salon de réception circulaire trône un piano de concert dont la laque blanche luit sous l'immense lustre en cristal de Bohême. D'innombrables pièces sont desservies de part et d'autre, des hommes en veste blanche s'affairent avec des plateaux parmi les invités qui s'écoutent parler en hochant la tête, guettant du coin de l'œil le passage d'un autre convive plus intéressant. Les femmes prennent des pauses informelles, les hommes prennent l'air de ceux qui traitent d'affaires sérieuses. Aurore Henri, une main sur le piano, est aux aguets. Une femme à la sophistication naturelle rehaussée d'un tailleur de couturier s'approche.

« Je suis bien contente de vous avoir ce soir, très chère. Tout le monde est très excité de vous rencontrer. » Aurore tressaille et, jetant un regard agressif par-dessus son épaule, plante ses ongles dans l'avant-bras de l'importune.

« Un héritage de la prison, s'excuse-t-elle, comprenant qu'il s'agit là de l'hôtesse. On y a constamment l'impression d'être traqué. Personne ne peut mesurer l'effet d'un judas ouvert par lequel on peut avoir en permanence accès à votre intimité, ajoute-t-elle, regrettant immédiatement cet excès de confidence.

— Cela doit être une expérience affreuse, très chère. Eh bien, ce soir, vous êtes en effet observée de près par nos nombreux amis, puisque vous êtes notre invitée d'honneur ! Mais ils ne vous veulent que du bien ! » poursuit Helen, arborant un sourire à l'émail parfaitement travaillé.

Prenant Aurore par le bras, elle l'entraîne dans un ballet sur le parquet en point de Hongrie, orchestré par le rubis serti s'agitant sur son annulaire, à la rencontre des convives. Il y a là des industriels, des présidents de multinationales, l'ambassadeur des États-Unis, un milliardaire philanthrope américain ayant fait fortune dans l'Internet, des banquiers suisses et anglais, un célèbre hacker ainsi que des membres de partis politiques agonisants. Jamais l'expression « faiseurs d'opinion » ne fut plus à propos pour définir l'assemblée.

« Aucune femme n'a jamais conçu de bombe atomique, perpétré d'attentat ni commis de massacres, et encore moins conduit à la destruction de notre environnement. Ah, je vous le dis, le monde sera parfaitement en paix lorsque les femmes le gouverneront ! Trinquons !

— Très chère, laissez-moi vous présenter notre cher ami Artur Krotinsky. Artur possède nombre des quotidiens, hebdomadaires et féminins les plus importants d'Europe.

— Vous avez le don de fasciner les médias, mademoiselle Henri ! renchérit le magnat. Votre style est d'une telle fraîcheur ! Votre ton, inimitable. Cela faisait longtemps qu'aucune personnalité n'avait fait vendre autant de papier ! » Artur Krotinsky, la quarantaine, les cheveux plaqués en arrière, est un homme d'affaires tchèque qui, après avoir fait fortune dans les hydrocarbures, a racheté un à un les organes de presse en difficulté financière. Imposant ses méthodes de vente combatives et un système de vacation des employés payés au salaire minimum tchèque, il possède un tiers des journaux et magazines du continent, après avoir avalé les géants du milieu. « Je serais honoré que vous donniez votre première interview à l'un de mes titres. *El Mundo*, *Das Welt*... Bien sûr, il faudrait commencer par la langue anglaise. Préférez-vous *The Times* ou le *Daily Telegraph* ? Je me ferai un plaisir d'organiser le rendez-vous dès demain.

— Est-ce donc pour vendre du papier que vous vous intéressez à moi, monsieur Krotinsky ? Si j'en crois la richesse de votre catalogue, vous n'avez pas besoin de moi pour satisfaire vos actionnaires.

— Allons, pas du tout ! Nous sommes tous ici très inquiets du sort de nos pays respectifs. Nous fournissons des milliers, des millions d'emplois, et garantissons un semblant d'équilibre dans l'économie. Beaucoup de choses ont changé en cinq ans, mademoiselle Henri, vous le verrez. Nous ne sommes plus très aimés. Et les jours qui nous attendent, à la vue des chiffres et des projections économiques, seront terribles. Nous devons absolument réagir. Or, personne n'a le charisme ni l'ardeur pour fédérer. Quel autre politique peut se targuer d'avoir été emprisonné pour ses idées ? Vous tenez un storytelling du tonnerre. »

Un peu abasourdie par ce déluge d'informations, Aurore prend la remarque de Krotinsky au sérieux.

« Oui, c'est mon combat. Je crois que trop longtemps les politiques n'ont fait qu'élaborer de palliatives propositions économiques supposées ramener cette créature mythique après laquelle tout le monde court, la croissance. Chaque échec d'un nouveau gouvernement nous a enfoncés un peu plus gravement. »

Artur Krotinsky avait vu des vidéos d'Aurore Henri. Il avait ressenti sa fougue, mais était resté hermétique à ses propos, une rhétorique populaire tout au plus. À présent, face à elle, ses yeux lui semblent deux minuscules judas ouverts sur lui, il ne peut plus faire semblant.

« Je crains que nous ne soyons plus dans une crise politique, très chère. Nos pays sont en banqueroute, on ne peut plus s'éclairer, se chauffer, la nourriture manque, enchérit Helen Bauer.

— Vous avez conscience que je ne sais pas produire d'électricité ni faire pousser le blé ?

— Il y a besoin d'une nouvelle source d'espoir. D'un leader qui montre le chemin. Nous pensons que cela peut être vous. Et nous avons les moyens de vous aider à le devenir. Nous pouvons nous occuper de tout.

— Je refuse d'être le produit de l'élite qui a profité du système avant qu'il ne commence à s'effondrer.

— Vous ne seriez pas notre produit, nous serions vos obligés, mettant à profit tout ce que nous avons pour que vous puissiez émerger comme une voix forte dans le tumulte. Vous avez réellement une aisance naturelle qui, avec un léger travail, pourrait devenir incontournable. »

Un claquement de mains se fait entendre, la maîtresse de maison invite les convives à s'asseoir. L'immense table en marbre est bientôt couverte de dindes truffées et de pâtisseries. Remarquant qu'Aurore ne touche au contenu de son assiette que du bout des lèvres, Helen s'inquiète.

« Cela ne vous plaît pas, très chère ? Voulez-vous autre chose ?

— Je sens que la viande et l'alcool ne me valent rien, et j'ai appris en prison à m'en passer. Je crois ne m'en porter que mieux. Mon corps est plus léger et mon esprit plus alerte. Je souhaite conserver cette habitude. Nous devrions tous suivre cet exemple. L'homme occidental a pris l'habitude de manger sans limite, il dévorerait la Terre entière s'il le pouvait. Sa gloutonnerie est la cause de nombreuses maladies, de déforestations et de pollutions. »

Plus personne n'ose manger, sauf Nicolas, assis à la gauche d'Aurore, dont la fourchette virevolte dans les airs. Face à elle, petit, discret derrière son nœud papillon à pois, David Dunnet, le directeur d'une importante maison d'édition anglaise.

« Comment analysez-vous la vague de nationalisme qui a englouti l'Europe ? Que pensez-vous de cette situation inédite ?

— Elle n'a rien d'inédit, maugrée Aurore. Le nationalisme ne s'est pas abattu sur l'Europe, il la constitue depuis toujours. Derrière l'établissement de chaque frontière, derrière chaque traité, il y a la confrontation de deux nationalismes qui se sont rencontrés et dont le choc fut si brutal qu'il naquit une montagne entre eux. Le nationalisme a émaillé notre histoire de guerres incessantes. Il ne se tait que face à une idée plus grande, plus englobante que lui, telle que le communisme ou le libéralisme. Mais sitôt soustrait à l'obligation de se soumettre à plus grand que lui, il se réveille sans attendre, car en vérité il ne dormait pas, il guettait.

— Intéressant. Et que proposez-vous pour sortir de cette situation ?

— De rappeler aux peuples que de grandes valeurs, dépassant leur intérêt personnel, les unissent.

— Et quelles sont-elles, ces valeurs ?

— Une seule humanité, une seule Terre, une seule vie. Il faut oser repenser la transcendance, et privilégier comme valeurs maîtresses de nos sociétés celles qui nous unissent et donnent sens à nos vies. Le collectif et l'individuel ne feront alors plus qu'un, ils ne s'opposeront plus, puisque chacun, en se réalisant lui-même, réalisera les valeurs de tous.

— Il faut absolument que vous transmettiez aux lecteurs votre point de vue original. Il paraît que vous avez mis votre temps d'incarcération à bon escient et que vous avez rédigé vos mémoires, n'est-ce pas ?

— La première partie est dédiée à mon parcours, à ma formation, à ce qui m'a conduite à prendre position comme je l'ai fait. La seconde, la plus importante, est en réalité une présentation de mes idées pour l'Europe.

— Encore mieux ! Helen ! As-tu entendu cela ? Mademoiselle Henri a profité de son séjour en prison pour écrire les bases de son futur programme.

— Quelle heureuse nouvelle ! Cette jeune femme n'a nullement besoin de nous, mes chers amis ! David, tu pourrais publier son livre au début de l'année, et nous organiserions une grande tournée promotionnelle à travers l'Europe », s'extasie la maîtresse de maison en battant des mains. La situation d'Aurore ne lui permettant pas de regagner la France sereinement ni de séjourner en Allemagne, un tel voyage serait le bienvenu. Il lui permettrait de se faire oublier des autorités.

« Elle est une célébrité d'Internet, voyons si le passage à la réalité confirme l'enthousiasme des gens à son sujet, conclut l'éditeur.

— Je n'ai hélas pas les moyens de pérégriner à loisir, ironise Aurore, quelque peu sur ses gardes face à tant d'âmes charitables.

— Ne vous en faites pas, très chère, David vous versera un à-valoir dès demain, et notre ami John Klugsman que vous voyez ici dirige une importante banque genevoise. Il vous allouera un prêt couvrant l'ensemble de vos frais, dont nous honorerons les mensualités.

— Pourquoi donc faites-vous cela ? Aurore plante dans les yeux de chacun d'eux son regard d'acier.

— Vous êtes notre meilleur atout pour ramener la stabilité en Europe. Nous y avons nos fortunes, nos investissements, nos usines. Mais vous devez savoir, très chère, que le capital n'exclut pas d'avoir à cœur de se soucier du sort d'autrui. Comment ne pas être mortifiés devant les journaux télévisés nous montrant un peu partout ces gens morts de froid, de faim ? Ces femmes noyant leurs enfants dans les rivières, incapables de les nourrir ou de les soigner ? Vous êtes vierge de toute affaire de corruption. Vous avez un sens de la justice et de la vérité rare, et on ne peut tromper les peuples qui ont faim avec des mots vides de sens. »

La posture aristocratique et le long cou d'Helene Bauer la rendraient hautaine et détestable tant ils rappellent à Aurore la rigidité de sa mère adoptive. Mais comment douter de la sincérité de cette femme ayant réuni toutes ces personnes pour lui mettre le pied à l'étrier ?

« Nous acceptons. Helen, comment souhaites-tu procéder ? » répond sans la consulter celui qui l'avait amenée à cette soirée, Nicolas.

« Je viendrai vous voir demain matin, nous nous occuperons des détails. Nous lancerons une série d'interviews afin que tout le monde sache qu'un nouveau visage vient d'apparaître. »

Le chauffeur attend Aurore au pied de la résidence. Il ne faut pas tarder, passé une certaine heure, sa sécurité ne serait plus garantie. Des groupes armés se postent en faction sur les routes non éclairées dans l'espoir d'intercepter un véhicule à détrousser.

« Je n'avais pas conscience de vous avoir engagé comme agent. Comment osez-vous parler en mon nom ? » lance Aurore Henri sèchement à Nicolas dans la voiture.

« Rassurez-vous, mes services sont gratuits, rétorque-t-il avec son indécrottable nonchalance. Hôtel des Quatre Saisons, fais vite, je suis fatigué, ordonne-t-il au chauffeur. Pensiez-vous que l'on arrive au pouvoir par destin, par irrésistible hasard ?

— Je crois que la vérité se suffit à elle-même, et qu'elle finit par triompher si on lui en donne les moyens. »

Nicolas éclate d'un rire gras.

« Pour arriver au pouvoir, il faut faire marcher dans un même but les très riches et les très pauvres. Et pour réussir ce miracle, la vérité ne suffit pas. Il faut une vérité qu'on puisse répéter, communiquer, mettre en scène, vendre. C'est notre métier. Prendre les coups à ta place et faire le sale boulot. »

La berline disparaît dans la nuit, Aurore Henri ressent comme un vertige, les idées évoquées ce soir mêlées au vin l'entraînent dans un tourbillon de doute et d'excitation.

Chapitre 6

Jamais draps ne furent plus soyeux que ceux de la suite Ludwig de l'hôtel Quatre Saisons de Munich, un cinq étoiles entouré des boutiques Hermès, Chanel et Cartier où les empereurs et les rois du XIXe siècle venaient danser. Aurore s'enfonce, sitôt étendue, dans l'immense lit de l'appartement privé de 120 mètres carrés. Le plafond est si blanc qu'on dirait un nuage, mieux, une feuille de papier dentelée aux extrémités en une corniche. Aucun poste de télévision, Helen l'a fait enlever, elle n'est pas prête, selon elle, à voir tout ce qui a changé. La traversée de Munich jusqu'à l'hôtel lui a déjà donné un aperçu de l'abîme dans lequel l'Europe est tombée. Pense-t-elle qu'elle est de constitution mentale si faible ? Elle n'a aucune idée des images terribles qui, la nuit, ont hanté ses pensées durant ces cinq années.

Le sommeil n'est pas pour Aurore Henri un lieu sûr. Dormir est un abandon effrayant, une perte de contrôle sur la réalité, sa raison n'y consent que par nécessité. Il y a dans cette métaphorisation nocturne comme un renoncement, une séparation d'avec le monde, sans certitude de le retrouver. Aurore craint toujours que durant son sommeil, on s'empare d'elle pour l'emmener dans un pays lointain.

Au réveil, tout le monde parlerait une langue étrangère, plus aucun visage, aucune odeur ne lui seraient familiers.

Elle repousse chaque soir le moment fatidique de l'endormissement, se relevant au moindre signe d'engourdissement. Sa raison capitulant enfin, s'ouvre alors le royaume des monstres. Les images hypnagogiques produisent sous ses yeux les pires craintes de son esprit. Jamais elle ne se réveille sans avoir été poursuivie par de protéiformes dangers, le feu, les cris.

Aurore pose le pied par terre. Il lui semble que le liseré crème de l'épaisse moquette anthracite tremble. Il frétille. Elle saute à genoux sur le lit et se penche pour observer cette diablerie de plus près. Les motifs floraux ornant les murs de la chambre bruissent. Ils ondulent à présent, d'un bout à l'autre de la pièce. Soudain certains éléments semblent se détacher et, en quelques cillements, prennent la forme de papillons. Les voilà qui éclosent partout autour du lit. Une oscillation s'empare de la suite, les papillons battent des ailes en mesure, tournoient, virevoltent, dansant sur d'invisibles courants d'air. Leurs ailes bleues, traversées de fines lignes blanches, prennent des tons d'argent lorsqu'ils passent devant la fenêtre et que la Lune s'y reflète.

Aurore appuie avec insistance sur le bouton de l'ascenseur, enfin la réception, fuir ! Personne. Le marbre blanc veiné de gris lui glace la plante des pieds. Elle s'avance jusqu'au milieu de la salle de restaurant, vide. Un même bruissement semble venir du plafond. Le dôme en vitraux d'ambre, orné de symboles représentant les quatre saisons, se met à respirer, les vitraux se froissent et forment un gigantesque papillon. Sur ses ailes, un cercle bleu aux reliefs formant un iris percé d'une bille noire. Les ailes par leur battement soulèvent sa chemise de nuit. Elles s'approchent, immenses, et se referment autour d'elle, l'enlaçant doucement. Elles sont chaudes, plus douces encore que le plus soyeux des pétales. Dans un souffle, quelques syllabes prononcées par une voix de femme, « *Pillangók már elrepültek* ». Puis un bruit sourd et répété, comme des coups de marteau sur le dôme. Les vitraux d'ambre se fissurent, les coups continuent, sonores, puissants, la coupole se brise, les morceaux de verre éclatent, le papillon s'envole, emportant avec lui sa chaleur.

« Très chère, êtes-vous là ? Cela fait dix minutes que je tape à votre porte ! »

Chapitre 7

« C'est très bien, mais essayons autre chose. » Helen tapote sa lèvre supérieure en observant Aurore, droite, devant elle. Son éternel jean délavé, ses épaisses chaussettes de laine, sa courte veste de serge bleue aux boutons dorés chancelants ne sont pas à son goût.

« Il faut que nous songions à l'image que nous souhaitons donner. Elle doit inspirer le respect et la force, sans apparaître excluante. Elle doit être féminine, mais ne pas susciter le désir des hommes ni la jalousie des femmes. Oh non, surtout pas la jalousie des femmes, vous ne voulez pas de cela, croyez-moi. » D'un claquement de doigts énergique, elle fait entrer une armada de jeunes gens traînant sur des roulettes d'énormes portants, suivis de deux autres à l'air studieux qu'Aurore Henri imagine la tête farcie de pourcentages.

« Je compte être ce que je suis, authentiquement. Un fil d'Ariane pour trouver son chemin dans une époque perdue pleine de non-sens et de peurs.

— Très chère, c'est tout à fait admirable. L'image du fil d'Ariane empreint d'humilité, c'est ça ! Vous le tenez ! James, notez-vous cela ? Notez ! » Un des garçons en costume hoche la tête et tapote sur son Minipad. « James est un jeune communicant prometteur qui va nous suivre aujourd'hui, afin de mieux vous connaître et de rédiger une petite biographie de vous que nous diffuserons.

— N'est-ce pas aux journalistes de me décrire telle qu'ils me voient ?

— Bien sûr, très chère, cela va de soi, mais vous ne voulez pas être éborgnée par la plume de celui qui aurait une mauvaise vue.

— Je souhaite que l'on écoute mes mots bien plus que l'on ne regarde ma tenue. Je veux être une impulsion. Je veux être un guide, pas une égérie. Ne trouvez-vous pas cela terriblement réducteur pour les femmes, que nous en soyons encore à nous demander de quelle robe m'attifer, de quel maquillage me farder pour être digne d'être regardée ? Le monde s'effondre autour de nous, Helen, faut-il que nous parlions chaussures et chiffons ? »

La jeune femme qui s'approchait d'elle des robes plein les bras fait demi-tour, l'air dépité.

« Certaines modes changent, pas l'essentiel. Il n'y a rien de plus effrayant pour un homme que d'être gouverné par une femme, répond Helen, passant en revue les tenues sur les portants. Ne vous attendez pas à ce que l'une d'elles se présente à la magistrature suprême sans recevoir des torrents de merde, très chère. Et je pèse mes mots. La politique n'est pas un repaire d'agneaux, je sais de quoi je parle, cela fait trente ans que j'en reçois, des acteurs dans mon salon. Mais pour une femme, c'est un nid de vipères. L'idée d'une femme à la tête d'un État réveille chez les hommes de bien sordides instincts. Votre génération ne s'est pas posé la question de l'égalité entre les sexes, elle a grandi dans l'illusion de la disparition du genre, et le souhait de voir mourir les vieux dinosaures de l'Ancien Monde tels que moi. Mais cette égalité n'existe que dans la tête de ceux qui la souhaitent, très chère. Regardez comme les traditionalistes ont vite fait de chasser les femmes des perchoirs, des assemblées et des ministères sitôt au pouvoir. Vous voulez prendre la parole en tant que leader, ne pas être jugée sur votre sexe, mais c'est bien une femme qu'ils vont voir. Alors, faites-moi plaisir, si vous voulez faire avancer la cause des femmes, acceptez d'en être une. »

Un assistant sort un *mood board* de tenues, ainsi que des statistiques sur les coloris les plus appropriés par tendance politique et par âge de population, qu'il recoupe avec un diagramme d'intentions de vote. Des aliénés, Aurore en avait vu en prison, mais aucun de semblable, songe-t-elle. Tous semblent concorder dans une même folie, faite de chiffres et de prédictions. C'est à cause de ces calculs qui éloignent des réalités premières que les dirigeants de la classe politique ont fini par être haïs. Helen a raison, le Vieux Monde refuse de mourir.

« Il nous faut du rouge ! Ce sera votre couleur, cela va de soi. Mais, très chère, pas d'épaules nues, je ne céderai pas là-dessus. Vous enterrerez peut-être le Vieux Monde, mais je vous souhaite d'en garder le chic. »

Chapitre 8

« Vous allez voir, Hoffmann est un génie de l'image. Les plus grands comédiens veulent se faire tirer le portrait par "le Hoff". Son atelier est à quelques pas d'ici, au 50, rue Schilling. »

Aurore et Helen, flanquées de leur essaim d'assistants, traversent le hall de l'hôtel des Quatre Saisons devant lequel la Mercedes les attend.

Un projectile atterrit sur le mur à quelques centimètres du visage d'Aurore au moment où elle met un pied dehors. Un préservatif rempli de peinture rouge macule la pierre claire. Un groupe d'une dizaine de personnes fait irruption. « Tiens, sale pute ! Puisque tu aimes tellement ça, les voilà, tes avortements ! » Une femme portant un tee-shirt orné d'un Christ en croix ouvre une glacière et déverse aux pieds d'Aurore Henri son contenu, une sorte de liquide rouge et visqueux dans lequel elle devine trois fœtus morts. Attirés par les hurlements, des passants, portable à la main, filment l'esclandre. « Tu mériterais de tomber enceinte pour que tu deviennes une vraie femme ! Mais tu ne mérites pas de porter la vie ! » Un torrent de haine s'échappe de la bouche de la femme au tee-shirt, tandis que son cou tendu vers Aurore semble prêt à exploser. « Ouais, tu mériterais qu'on te viole, salope ! » ajoute un de ses acolytes. La sécurité de l'hôtel tente de ramener Aurore à l'intérieur, mais celle-ci refuse. En silence, elle dévisage son attaquante. Prise dans le regard d'Aurore Henri comme dans celui d'un prédateur, la militante s'immobilise. Se faisant face, l'une hiératique, l'autre pétrifiée, elles semblent se parler sans mot dire. Aurore ouvre ses deux bras comme deux ailes prêtes à l'envelopper et enlace celle qui vient de l'agresser. « Je sais que tu souffres. Je sais que tu as peur. Je ne sais pas ce que l'on t'a fait pour que tu aies tant de haine, mais je suis là désormais. Tu peux me la confier. Je la vengerai », lui dit-elle. Celle qui l'instant d'avant défiait Aurore Henri couvre son sein de larmes. Jamais elle n'avait connu telle étreinte. Dans les bras d'Aurore Henri, elle revoit tous les drames de sa vie, comme s'ils étaient lavés de leur douleur. Elle les sent enfin la quitter un à un.

La moitié des attaquants décampent avant l'arrivée de la police, ceux restés sur place ne savent plus quelle attitude adopter, maintenant que celle que l'on prenait pour l'ennemie a révélé sa compassion. Ils laissent tomber au sol leurs bombes artisanales pleines de peinture, un autre sanglote lui aussi sans savoir pourquoi. « Trop de temps pour haïr, pas assez pour aimer », déclare laconiquement Aurore Henri à ceux qui la filment, avant de monter en voiture.

Helen prend place sur le siège avant et donne l'ordre au chauffeur de les conduire au 50, rue Schilling. Sur le siège passager, Nicolas n'en revient pas de l'aplomb de sa nouvelle protégée. Cette femme-là dépasse, et de loin, tout ce qu'il a connu jusqu'alors.

« Je ne savais pas que vous veniez aussi, commente Aurore, visiblement ébranlée par la scène.

— Partout où vous allez, je vais désormais.

— J'ai bien assez d'une ombre, je n'ai pas besoin de deux.

— Vous avez besoin de moi, ma jolie. C'était une vraie connerie, votre tweet disant aux femmes de faire la grève du sexe. Une erreur de débutante. Il y a deux sujets auxquels faut pas toucher : les frontières et l'utérus. L'immigration et la reproduction, ça excite tout le monde. Ils ont besoin d'avoir la maîtrise des deux, c'est la seule chose qui les rassure. Faut pas s'y attaquer, sinon on se fait lyncher. »

La joue esquintée du conseiller se tourne vers elle, tandis qu'il semble la regarder différemment, comme s'il découvrait ses attraits. Il l'ausculte, la soupèse, Aurore Henri referme sa veste sur sa robe.

« Très chère, vous allez bien ? s'inquiète Helen.

— Je crois que je vais finalement changer de chaussures », répond Aurore avec malice, montrant ses souliers poisseux et tachés de sang.

Chapitre 9

Les portes du grand monde ne s'ouvrent pas au premier venu. Il faut en maîtriser les codes et les usages, donner des signes extérieurs d'appartenance. Il faut surtout faire parler de soi, pour avoir accès à ceux qui font ce dont on parle.

« Le Hoff » règle ses éclairages en cherchant à capter l'essence du visage d'Aurore Henri. Il peine à lui donner un âge. Sa structure osseuse saillante épouse la lumière. Son port de tête et ses traits ont l'audace des jeunes années, mais son expression, sa mèche presque blanche traversant sa chevelure la font paraître centenaire.

Un peu absente, Aurore prend les poses avantageuses dictées par le Hoff. Elle a remarqué son assistant qui, du haut de l'escabeau sur lequel il est perché, ne cesse de se retourner pour la regarder. Il la dévisage, lorgne ses jambes, au point de faire tomber un des albums qu'il classe. Le bellâtre, vingt-cinq ans à tout casser, descend de son échelle et ajuste sa coiffure, embarrassé.

Le Hoff bouge autour de son modèle, cherchant comment faire éclore à l'image l'intensité d'Aurore Henri. Mais quelque chose manque.

Il délaisse un instant l'objectif pour questionner Aurore, espérant lui délier les traits.

« Une bonne photo est celle qui a un but. J'ai besoin de magie. Quel est votre message, quel sentiment voulez-vous provoquer ? »

Aurore marque un temps, semblant chercher à condenser l'essence du monde en un seul mot.

« L'espoir… Que la force de l'espoir l'emporte sur la noirceur des jours que nous traversons.

— La force de l'espoir… C'est bien, ça. Dites-le et regardez-moi. Oui ! Avec conviction, encore ! »

Le Hoff, enfiévré par son modèle, la saisit sous tous les angles. Il lui semble que les yeux d'Aurore Henri, phosphorescents, capturent la lumière des projecteurs pour la garder prisonnière afin que l'on ne puisse plus se détacher d'eux.

Helen observe le jeune assistant lorgner Aurore.

« Très chère, vous devriez vous marier, lui conseille-t-elle dans la voiture les ramenant à l'hôtel. Il est important pour les hommes d'avoir la compagne adéquate pour se lancer en politique, sans cela l'opinion ne leur offre que peu de confiance. On les prend pour des loups solitaires. Une fois mariés, ils apparaissent en chef de famille digne de prendre des responsabilités. Cela donne une image de stabilité. Pour une femme, n'en parlons pas. Cela assiéra votre aura. Vous ne seriez plus une créature à convoiter, mais une mère de famille à écouter.

— Jamais je ne me marierai.

— Je vois que vous plaisez aisément, nous n'aurons pas de mal à trouver le bon partenaire. Il faudrait un homme du peuple, mais avec de l'éducation. Un homme ayant réussi par lui-même, avec un solide bagage.

— Helen, jamais je ne me marierai. Je suis mariée à l'Europe. Je lui dois fidélité et dévotion. C'est la mission que je me suis donnée.

— Ça n'empêche pas de se faire plaisir », commente Nicolas, qui avait attendu dans la voiture pour ne pas perturber la séance photo.

« Comment songer à prendre du plaisir quand tant de gens souffrent ? Si vous prétendez me conseiller, j'attends de votre part mieux que cela, lui répond-elle.

— Comme vous voudrez, très chère », conclut Helen, prenant la critique pour elle.

Chapitre 10

Saluer les journalistes d'une main distante et affectée quoique inébranlable, ne lâcher la leur qu'une fois que vous avez capté leur regard, proposer à boire et à manger, ne jamais manger soi-même afin d'éviter toute salissure intempestive qui donnerait une impression de maladresse, ne pas utiliser de formules négatives, être dans l'affirmation, ne pas transmettre vos propres doutes, ne jamais refuser de répondre à une question tout en ne répondant que ce qui vous sert, se saisir du verbe comme étendard, le porter haut, le faire résonner de tout votre être afin qu'on n'entende de vos détracteurs plus qu'un babillage informe.

Dans la suite Ludwig de l'hôtel des Quatre Saisons, les journalistes se succèdent pour s'entretenir avec Aurore Henri. « Comment avez-vous fait pour supporter la solitude, durant toutes ces années de prison ? » Aurore applique le principe chuchoté à son oreille par Nicolas, qui ne la quitte pas d'une semelle, « toujours la vérité, mais pas toute la vérité ». Elle leur tait que seule, elle l'a toujours été, intrinsèquement. Souvent Aurore s'était demandé d'où lui venait sa difficulté de s'attacher au monde et à ses habitants ; pourquoi ni l'amour ni l'amitié ne la gratifiaient de leurs joies. Clara Henri lui interdisait de s'amuser avec les autres enfants, des vauriens qui auraient risqué de salir les vêtements qu'elle se donnait du mal à laver. Les mercredis après-midi, elle sortait la petite au parc, lui donnait une poupée aussi propre qu'elle, s'asseyait sur un banc, et la regardait jouer, seule, au milieu des autres. Jamais un sourire d'encouragement ne s'était dessiné sur son visage durant toutes ces années. Elle la regardait fixement, sans qu'aucune émotion paraisse jamais. Alors Aurore avait cessé de se retourner vers elle pour guetter un signe de complicité. Elle s'était faite à l'idée de sa solitude, et avait développé face à autrui une posture solipsiste qui avait accru son sens critique. Mais était-ce la faute de Clara Henri, ou était-ce une prédestination ?

Le seul moment d'une vie où l'homme n'est jamais seul est celui de sa naissance. On peut mourir seul mais on naît à deux, mère et enfant liés dans un même cri. Aurore Henri s'était toujours imaginé être née seule. Sa mère biologique, en choisissant d'accoucher sous X et n'ayant laissé aucun élément pour être retrouvée, avait fait le choix de gommer cet événement de sa vie. Aurore avait déchiré seule la membrane l'entourant à la naissance, de son poing déjà rosi par la détermination. Elle s'étonnait d'ailleurs d'avoir un nombril, puisque personne n'y avait été attaché.

Mais de tout cela, elle ne dit qu'une partie. « La solitude est une chose difficile à supporter. Je n'étais pas seule, heureusement. J'étais accompagnée par les lettres de milliers de personnes, par leurs mots, par leur attente. Et lorsque la solitude me faisait souffrir, je me disais : "Le monde entier souffre aussi." Alors nous ne faisions plus qu'un, et je n'étais plus seule.

— Ainsi vous prétendez changer le monde ? » s'esclaffe à demi un journaliste français qui vient d'engloutir une partie du buffet installé sur la nappe blanche d'une longue table, en attendant son tour. Toujours la vérité, mais pas toute la vérité, se répète Aurore Henri, prenant soin d'expirer profondément avant de répondre, comme pour vider toute trace d'agacement. « Seule, je ne peux pas changer le monde, mais je peux jeter une pierre dans l'eau pour créer de nombreuses vagues. Or, qui peut prétendre contenir la force d'une vague ? » Le journaliste français fronce les sourcils, le style métaphorique le rase.

La chambre bourdonne comme une ruche. Des journalistes attendant leur entretien s'asseyent sur un coin du lit, d'autres bientôt à même le sol, afin d'écouter Aurore Henri. La suite Ludwig devient une sorte d'école platonicienne, chacun pose des questions allant au-delà de ses affectations, et Aurore leur répond patiemment.

Profitant d'un moment de répit, Aurore sort de sa veste la lettre anonyme qu'elle avait reçue en prison et qui n'a cessé de l'obséder. « *Pillangók már elrepültek.* » Trois mots, dans une langue étrangère, qui ressemblent à ceux qu'elle entend parfois dans des rêves absurdes depuis la séance d'hypnose du docteur Forster. Nicolas s'en saisit, gratte sa joue glabre lardée de cicatrices, parcourt le papier, puis s'allume un cigare. Comment cet homme peut-il être si incommodant pour tous les sens ? Après avoir amorcé la fumée en pompant sur le cigare, gonflant ses joues comme un tisonnier : « C'est du hongrois, finit-il par cracher.

— Et avec un peu de chance, vous parlez le hongrois ? le tance-t-elle.

— Les papillons se sont déjà tous envolés », répond-il, magnanime. Aurore le regarde, saisie de stupeur. « La phrase. Ça veut dire, les papillons se sont déjà tous envolés », explicite-t-il. Aurore habille son visage du nouveau masque de maintien et de neutralité qu'Helen lui a conseillé de prendre.

« Encore un fou », commente-t-elle, lui arrachant la feuille des mains et la replaçant dans sa veste.

Chapitre 11

À Genève, les institutions bancaires semblent de vieux sages immuablement rassemblés autour du Léman, que gardent des cygnes capricieux. Helen a fixé un rendez-vous avec John Klugsman, le directeur d'une de ces banques discrètes sans enseigne. Le contrat du crédit octroyé à Aurore Henri pour sa campagne détaille l'inventaire des donations à la suite du dîner de présentation chez les Bauer. Des actions, des dons en or et même une propriété sur le lac de Garde. La somme proposée par Klugsman comporte huit chiffres, 12 millions de francs suisses.

« Pour commencer, prend soin de préciser Nicolas.

— Helen m'a demandé de prendre toutes les dispositions nécessaires pour que vous remportiez les prochaines législatives. »

Aurore enrage. Devoir parler le langage des banquiers lui fait tourner la tête, comme si tout son sang venait se concentrer sous son crâne. Une valeur marchande, voilà ce que vaut l'espoir de tout un peuple ? Elle ne veut qu'une chose, se libérer des stratégies et des conseillers, regarder les foules en face, se dresser devant elles et leur dire qu'elles valent bien plus que les millions de tous les banquiers.

« 742 millions, articule-t-elle lentement, distinctement.

— Vous perdez le sens ! s'étouffe Klugsman.

— 742 millions d'âmes, voilà de quoi est faite l'Europe. Le seul chiffre qui a mon respect, et qu'il m'importe de sauver.

— Ça fait 0,016 franc suisse par tête de pipe, ce n'est pas cher payé ! » ironise Nicolas en prenant congé. Aurore, le contrat signé, monte en voiture, bien décidée à quitter ce pays de planqués.

« Avant de filer à l'anglaise, le dalaï-lama donne une conférence à la Maison de la paix. Il te faudrait faire quelques photos avec lui, histoire de légitimer ton image. »

Découvert par les moines de Tashilhunpo, à Bylakuppe en Inde, le quinzième dalaï-lama avait été reconnu comme la réincarnation de son prédécesseur à l'âge de trente ans. Cet homme au visage d'enfant, né la même année qu'Aurore Henri, a grandi en exil dans un camp de réfugiés tibétains. Face à la chute de l'Empire européen et à la course à la domination mondiale du gouvernement chinois, le dalaï-lama est devenu le représentant des aspirations des peuples à la libération de l'autoritarisme comme du matérialisme.

La conférence est organisée par des philanthropes américains, comme une provocation ouverte envers Pékin, qui avait par voie de communiqué courtoisement demandé l'annulation de la rencontre. Aurore, suivie de Nicolas, prend place dans l'édifice de verre de la Maison de la paix.

Presque trois mille personnes emplissent l'auditorium, composant une masse compacte de visages de toutes origines. « Cette place est libre ? » demande une grande Africaine en vêtement traditionnel coloré, s'installant sur le siège à côté d'Aurore. « Je suis désolée, mon ami y est assis », répond-elle montrant Nicolas. La femme regarde Aurore Henri avec une mine déconcertée, tandis que le lama monte sur scène. Drapé d'ocre et de pourpre, le jeune homme s'exprime avec calme. Les baies vitrées de l'immense structure se couvrent de buée.

« Nos mères jouent le premier rôle dans notre enfance. Cela est vrai pour les 9 milliards d'êtres humains vivant sur cette planète. Telle est la loi de la nature. Elle est celle qui donne son corps, son cœur et son esprit à son enfant. Je suis né dans un camp de réfugiés, mais je me suis toujours senti riche, car entouré de l'amour maternel. Ma mère est celle qui, la première, m'a enseigné la compassion. » Aurore prend personnellement les propos du lama. « J'appelle la prochaine génération de femmes à devenir les mères d'une révolution de la compassion. Vous avez un rôle particulier à jouer dans la création d'un monde meilleur. Vous êtes le modèle de l'humanité que nous devons tous suivre pour créer une société en paix. Je rêve qu'un jour les femmes gouvernent deux cents nations de notre monde. Il y aura ainsi moins de guerres, de violence et d'injustice sociale », professe-t-il sous des applaudissements nourris. « Les Occidentaux, ça adore voir des basanés parler d'émancipation des femmes, ça leur donne l'impression d'être progressistes. Regarde-moi tous ces culs-bénits », ironise Nicolas.

Contemplant ces femmes aux mines concentrées, Aurore Henri ne peut s'empêcher d'être frappée par leur extrême écoute, leur dévotion, tandis que les quelques hommes présents pianotent sur leur téléphone. Quelle force inexploitée que celle des femmes ! Jamais on ne les avait mobilisées comme un seul corps. Si l'on guidait leur force de vie vers l'enfantement d'une force politique tournée vers le bien, quel miracle se produirait ?

« Tu dois monter sur scène », lui glisse à l'oreille Nicolas. Aurore Henri le regarde, stupéfaite. « Tu crois qu'on est venus pour mater cet eunuque faire la leçon à des ménagères ? Monte sur scène, prends le micro et captive cet auditoire. Fais tienne cette salle. »

Comme animée d'un feu intérieur, Aurore repousse son siège et s'avance vers l'estrade sur laquelle elle se dresse, comme une montagne. Mains jointes, la montagne s'incline face au dalaï-lama qui lui rend la politesse. Le chef spirituel dévisage cette apparition magnétique. La foule fait trembler les baies vitrées de ses acclamations. L'homme tenant tête à la première puissance mondiale rejoint par la femme tenant tête aux gouvernements européens. Le symbole est si fort qu'ils semblent soudain unis par une même cause, une même force. Aurore s'empare du micro.

« Oui, les hommes ont bâti des sociétés qui n'ont pas érigé comme leur pilier le pouvoir du féminin. Des sociétés qui prônent les valeurs de l'avarice et de l'avidité portent en elles la guerre comme le nuage porte l'orage, qui partagent le monde à coup de sabres, de traités, de dividendes et ont, depuis des siècles, mené l'Europe à la destruction. Chaque fois qu'une guerre éclate, les hommes meurent et les femmes pleurent. Ce sont elles qui reconstruisent le monde de leurs mains, de leur cœur. Pourquoi attendre qu'ils le détruisent à nouveau ? À nous de le reconstruire ! N'attendons pas la guerre pour décider la paix ! Vous avez en vous ce qu'il faut d'espoir ! Je serai votre fille, je serai votre mère. Femmes de tous pays, unissons notre puissance qu'ils ont osé dénigrer, rejoignez-moi pour libérer l'Europe des mains de ceux qui l'ont enlevée ! »

Sa voix saisit le sage. Dans un corps si frêle, elle semble effilée comme une lame.

Nicolas a l'air satisfait. Aurore Henri, qui passait encore pour une agitatrice aux yeux de l'intelligentsia, se voit auréolée d'une légitimité nouvelle par sa proximité avec le dalaï-lama. Elle est prête à se lancer sur les routes, et à affronter ce qu'elle y trouvera. « Tu dois monter sur chaque scène et prendre le micro, partout où il y en aura un. Sur chaque barricade, tu devras te dresser. Chaque colère tu devras partager. Chaque souffrance tu devras consoler. »

Chapitre 12

Aux abords de la frontière suisse, un cortège sans fin. Des centaines de véhicules de toutes sortes, plus étranges les uns que les autres. Des berlines dont le chargement dépasse la hauteur, poussées par une famille entière, des roulottes tractées par des autobus, des motos transformées en side-car pour transporter un parent, des chevaux attelés à des carcasses d'utilitaires dont on a gardé la direction, mais dont on s'est débarrassé du moteur, n'ayant plus de quoi le faire tourner. Il faut prendre son mal en patience, la morne file s'étale sur des kilomètres. Ceux qui ont encore de l'essence passent sur le bas-côté, une file spéciale de contrôle a été ouverte par les autorités pour ces privilégiés. On grelotte dans son véhicule, ceux qui n'en ont pas bivouaquent à même la neige. Des mines exténuées évoluent à pied, parmi les voitures arrêtées, les chaussures couvertes de bouts de couverture ou de sac en plastique attachés aux jambes avec de la ficelle. Il faut cinq jours en moyenne pour passer la frontière en venant d'Allemagne, dix jours depuis la France, quatre depuis l'Italie. Quelques peluches d'enfants disposées sur de petits monticules de neige, à droite de la route, désignent l'endroit où l'on a dû ensevelir les plus faibles qui n'ont pas tenu le coup, dans l'espoir de venir chercher les corps plus tard, quand enfin le printemps arriverait et que l'essence aurait réapparu.

L'Agence mondiale de l'énergie avait annoncé pour 2025 l'épuisement de nombre de gisements et la chute du marché pétrolier. Mais face à la demande mondiale croissante en énergie, personne n'en avait fait cas. Tant que les Occidentaux achèteraient, les Arabes produiraient.

L'arrivée des populistes au pouvoir au début des années 2020 dans nombre de pays de l'Union européenne a changé la donne mondiale. Leurs politiques protectionnistes visaient à rétablir leur souveraineté économique en limitant les importations pour relancer les productions nationales. Hélas, leurs exportations se mirent à chuter. Des biens trop chers à produire et des savoir-faire souvent oubliés. L'économie commença à s'effondrer. La monnaie fut dévaluée pour tenter d'équilibrer les comptes des États. Mais rien ne put arrêter l'engrenage. Les gouvernements tombèrent à genoux.

Les États européens les plus riches continuèrent à acheter du pétrole brut, augmentant leur dette sans compter. L'Arabie Saoudite, suivie des autres pays de l'OPEP décidèrent lors d'historiques « accords de Riyad » de réduire de 30 % leur production, la limitant à 300 000 barils par jour, faisant ainsi flamber, par la raréfaction, le prix du brut. Le Président américain avait monté le ton, un accord avait été trouvé, le pétrole en provenance des pays arabes serait désormais réservé aux Américains et aux Chinois dont le marché était, lui, en pleine expansion. Les Européens n'avaient plus de quoi payer. Les souverains d'Arabie avaient fermé la vanne de l'or noir, sonnant le glas du Vieux Continent.

Sans pétrole, en six mois, il n'y eut plus une seule goutte d'essence dans aucun pays d'Europe. En France, les raffineries furent prises d'assaut et pillées, on siphonnait tout ce que l'on pouvait, même les ambulances. Seuls les véhicules gardés par des hommes armés pouvaient encore circuler.

L'hiver venu, l'électricité vint à manquer. De l'Estonie jusqu'à la Roumanie, de l'Irlande jusqu'à l'Autriche, on ne pouvait plus se chauffer. Le monde moderne découvrait des affres dont il se pensait débarrassé. On tremblait de froid dans son foyer, on cherchait du bois pour faire chauffer un peu de lait. Partout on se mit à déboiser sauvagement les forêts, qui bientôt furent gardées par des miliciens demandant un « permis d'abattage » à ceux qui voulaient couper du bois, louant haches et scies pour maximiser leurs profits. À Paris, on vit des hommes attaquer les arbres du jardin du Luxembourg. Bientôt tous les parcs de la capitale eurent le ventre nu, la tête rasée.

Le coup de grâce fut porté par les Russes. Jusqu'alors, l'acheminement de gaz en Europe *via* le gazoduc germano-russe Nord Stream 2 permettait de fournir les capitales des quinze pays les plus riches de l'ancienne Union européenne. Mais profitant de voir leur ancien allié à terre, les Russes exigèrent le retour des États baltes dans leur giron pour continuer à disposer leur gaz. Le Kremlin voulut former un nouveau bloc face au géant américain. La diplomatie française avait supplié son allié historique américain de faire pression sur le Kremlin. Mais le Président américain était resté sourd, voyant là une occasion de revanche. Ceux qui avaient voulu contraindre ses émissions de gaz à effet de serre allaient à présent subir une « guerre du gaz ». « C'est pour leur bien que je fais cela, avait tweeté Donald Trump, ils ont si peur des émissions de gaz en Europe, que je leur rends service ! » Les Russes avaient ainsi construit un gazoduc vers l'est, en direction de la Chine.

Les deux premières années, la France avait continué à s'approvisionner en énergie grâce au nucléaire. Mais la situation insurrectionnelle ne permettait plus de maintenir en activité l'ensemble des centrales qui garantissaient 50 % de l'énergie du pays. Nombre de groupuscules tentèrent d'y pénétrer afin de dérober tout ce qui pouvait se vendre, et, le Graal, mettre la main sur de l'uranium pour le vendre au plus offrant, même si l'on ne savait pas le manipuler et que l'on risquait de s'empoisonner. À cause de problèmes de sécurité, seuls les réacteurs de Nogent près de Paris, et de Flamanville en Normandie, le plus puissant de tout le territoire, furent maintenus en activité, fournissant services publics, bâtiments officiels, hôpitaux et banques. En Allemagne, les mines de lignite à ciel ouvert ne parvinrent à maintenir à flot que certains quartiers de Berlin, Hambourg, Francfort et Munich. Le gouvernement décida de préserver les centres économiques du pays, laissant des régions entières sans énergie.

Prise entre les deux géants vacillants, la Belgique, exsangue, désespérait. Le roi des Belges, dans une terrible allocution télévisée, annonça que le royaume, au nom de ses concitoyens, serait prêt à renoncer à sa souveraineté pourvu qu'on l'approvisionnât en énergie.

Isolés, les pays de l'ancienne Union ne représentaient plus rien aux yeux des grandes puissances qui n'intervinrent pas pour les sauver de la pénurie énergétique. L'Europe ne représentait plus cet eldorado de culture et de raffinement, son aura avait disparu. Elle n'était plus le continent de la raison, des Lumières ou de la Renaissance, mais un continent morcelé qui n'avait plus aucun poids sur la scène internationale. Les États-Unis, la Russie et la Chine se partageaient l'énergie et les richesses du monde. Le rêve européen s'était éteint.

La Suisse avait tiré son épingle du jeu en maintenant des relations diplomatiques cordiales avec les Russes et les pays membres de l'OPEP, renforçant sa neutralité à l'égard de ses voisins. Face à l'effondrement du capital et aux dévaluations pratiquées par de nombreux pays, l'étalon or était plus fort que jamais. Les grandes fortunes comme les États préfèrent la valeur sûre du précieux métal. Le prix du lingot s'envola. Et quels lieux plus appropriés pour le stocker que les coffres des établissements bancaires de la Confédération helvétique ? L'hiver énergétique de l'Europe fut l'âge d'or de la Suisse.

Face à l'afflux de réfugiés et de tentatives forcées d'intrusion sur le territoire, le gouvernement suisse s'est doté pour chacune de ses frontières d'un arsenal digne de refroidir les plus téméraires. La frontière est bordée de deux rangées de militaires, dressés sur des chars d'assaut. Aurore s'étonne de la présence d'équipements qu'elle connaît pour les avoir observés dans les pays en guerre. Des Mowag Piranha et des chars Léopard aux chenilles desquels aucun terrain ne résiste. Un homme est armé d'un Matador, un modèle de lance-roquettes anti-intrusion conçu par les forces armées singapouriennes et israéliennes en vue de s'attaquer à n'importe quel blindé.

La veille, un homme désespéré avait cherché à créer une brèche en lançant son véhicule en flammes sur le poste-frontière. Le véhicule fut intercepté par le Matador à une dizaine de mètres et désintégré sous la force de l'impact. Au sol, sur le bord de la route, un Bristol Bloodhound, un lance-missiles sol-air datant de la guerre froide mis à la retraite à la fin des années 1990, mais ayant repris du service au cas où la frontière serait attaquée par les airs.

À travers les vitres teintées de la berline, les images semblent presque irréelles. Aurore peine à croire à ce qu'elle voit. Tant de misère, en ton sépia.

Chapitre 13

Les gardes italiens, calfeutrés à l'intérieur de leurs chars d'assaut Fiat M13/40, sortent engourdis pour contrôler la Mercedes en provenance de Suisse. Il faut décliner l'identité, le pays d'origine, celui de destination, la durée ainsi que le motif du séjour, afin de pénétrer sur le territoire. Nicolas donne à Aurore leurs papiers d'identité, qu'elle tend au jeune garde aux oreilles de chou tremblant sous son béret. Celui-ci les ouvre, marque un temps, comme hypnotisé, puis les rend à Aurore avec un sourire entendu. « *Prego, buon viaggio, signora.* » Il n'aura reconnue, pense-t-elle, fière que sa réputation traverse désormais les Alpes, et qu'on ouvre pour elle les frontières sans mot dire, ignorant que Nicolas dispose toujours un billet de 100 francs suisses à l'intérieur de leurs passeports et que ce papier-là suffit à éviter tout interrogatoire.

Aurore avait décidé depuis Genève de partir vers l'Italie, puis à l'est de gagner l'Autriche, la Hongrie, et de remonter vers le nord en traversant la Slovaquie pour atteindre la Pologne. C'est la première fois qu'elle prend la route investie d'une mission, et nombreuses sont les questions qui assaillent son esprit. Comment les autres pays accueilleront-ils cette étrangère, cette Française qui plus est ? La France qui avait donné tant de leçons de morale et de démocratie à ses voisins, et qui n'avait su se prémunir de l'effondrement.

Les Alpes dentelées semblent lui intimer de faire demi-tour. Les falaises produisent un craquement sonore, celui des glaciers broyant la pierre sous leur poids. Chaque sommet ressemble à un croc blanc acéré, comme si une meute de loups était prête à surgir. Aurore Henri enfonce ses doigts dans le siège. Il est encore temps de renoncer. Elle pourrait tout arrêter, prendre ce qu'Helen lui a donné d'argent et fuir. Mais où irait-elle ? Les États-Unis ne délivrent les visas de réfugié qu'au compte-gouttes, les frontières sont partout fermées. Et comment se supporter quand autour de nous les autres meurent, et que l'on ne doit sa survie qu'à sa lâcheté ?

Nicolas sent la jambe d'Aurore trembler à côté de lui.

« Les Alpes, c'est le plus dur à passer. Seuls les grands les traversent avec succès. Hannibal, César, Napoléon. Une fois de l'autre côté, tu seras de ceux-là.

— Et s'ils refusent de m'écouter, s'ils refusent ma présence ?

— Tu sais ce qu'a dit Hannibal à ses hommes au pied des montagnes qu'ils pensaient infranchissables ? "Nous trouverons un chemin, ou nous en créerons un." »

En silence, regardant la route défiler, Aurore Henri songe à ce général carthaginois qui, deux siècles avant notre ère, avait quitté l'actuelle Tunisie avec ses hommes et ses trois douzaines d'éléphants, progressé à travers l'Espagne puis la France, et avait fait face aux Alpes, en route pour prendre Rome. Soudain, la berline noire lui semble flanquée des augustes éléphants d'Hannibal.

La traversée des plaines de l'Italie du Nord est spectrale. Pas âme qui vive, un brouillard qui jamais ne se lève du sol. La Mercedes file en direction de Florence dans une lande comme touchée par un cataclysme. La terre de Toscane a perdu ses couleurs, ses reliefs mamelonnés se sont taris. Les hauts cyprès, pourris sur leurs racines, ressemblent à de lugubres tourelles. Florence est fantomatique. Le Ponte Vecchio, qui abritait les boutiques de joailliers et duquel les touristes venaient insouciamment prendre la photographie parfaite du coucher de soleil sur l'Arno, est coupé en deux, effondré en son milieu. Des formes traversent à pied le fleuve pris dans la glace. Sans touristes, vidée de la moitié de ses habitants, la ville aux pierres noircies et aux toits orangés semble hantée. Le gouvernement italien n'a plus les moyens de protéger son patrimoine. Une milice de la Ligue du Nord, à laquelle il faut payer un forfait pour entrer, organise la protection de la ville. Ses hommes font la loi et n'hésitent pas à s'octroyer les tickets de rationnement donnés par le gouvernement. Le musée des Offices est gardé par une société militaire privée payée par des bienfaiteurs en exil, le reste de la ville revient au plus offrant. Qui graisse la patte des hommes de la Ligue du Nord peut s'offrir des trésors. La cité ressemble à un Far West pour pilleurs et collectionneurs. Les commanditaires, de riches clients étrangers, s'épargnant les sales besognes, on y trouve des barbouzes armés de TNT, de scies et de masses enfonçant des portes avec à la main les photographies des œuvres à rapporter. Les statues sont arrachées de leurs socles, la cathédrale Santa Maria del Fiore, dont le dôme était visible à des kilomètres et semblait protéger Florence, est béante. La fresque de l'intérieur de la coupole représentant le Jugement universel, peinte au XVIe siècle par Giorgio Vasari, était inestimable, elle avait donc un prix. Des hommes cagoulés l'ont attaquée au burin, mais face à l'ampleur de la tâche, 3 600 mètres carrés de fresques et sept cents personnages, ils ont simplement démonté le dôme, emportant une partie de la structure. Là où se tenait le Christ face à Lucifer condamné, on peut encore lire, sous un angelot, « *Ecce Homo* », « Voici l'homme », au-dessus d'un trou. Plongée dans le noir, la magnifique cité des Médicis s'est éteinte, emportée par un âge sombre. Au pied de la cathédrale, un pauvre hère échevelé prédit aux hommes la fin de leur temps sur Terre. Tel un Savonarole, il harangue une foule hagarde, l'intimant de se repentir de sa corruption morale, cause de la dégénérescence de notre civilisation. « Nous avons produit et consommé à outrance, nous avons détruit la nature et saccagé ses lois ! Et la nature se venge à son tour en nous détruisant, comme on se débarrasse d'un nuisible ! Craignez la vengeance de la nature ! Personne ne nous en sauvera ! »

Chapitre 14

La berline entre dans Rome au soleil levant. Les façades ocres sur fond de ciel rose donnent à penser que rien ne peut atteindre la Ville éternelle. Les ruines lui vont si bien au teint qu'elles ne peuvent l'enlaidir. Les valises déposées dans un appartement prêté par un couple d'amis d'Helen, dans l'autrefois très chic via Margutta, Aurore s'empresse de fouler les pavés irréguliers du centre historique. Les immondices couvrent le sol et s'entassent dans une puanteur sans nom. Le Tibre pétrifié traverse Rome, comme un marbre du Bernin. La ville aux deux mille fontaines, dont le piaillement accompagne chaque pas, s'est tue. Qui n'a jamais vu Rome aux temps de sa splendeur ne peut comprendre le déchirement de la voir mutilée. Sur la place Navone, l'obélisque central a été mis à terre sous la pression de la guerre des ultras qui déchire la ville. Les « *Padroni di Casa* » ont planté leurs drapeaux noirs, après avoir décapité les statues qui s'y trouvaient. La fontaine des Quatre-Fleuves n'est plus que des corps d'hommes dénudés aux muscles saillants, sans tête. La fontaine de Trevi où autrefois se dressait Neptune, sur son char tiré par deux chevaux marins, n'est plus qu'un ensemble de vasques taries. Il lui manque un bras et la moitié de la face. Neptune est devenu un gisant.

Plusieurs groupuscules identitaires s'affrontent nuit et jour pour le contrôle des quartiers de la ville. Les « *Patroni di Casa* », les « *Nuova Roma* » et « *Lazio Sempre* » défilent en escadrons, organisant des défilés paramilitaires, intégrant de force dans leurs rangs les jeunes garçons. Partout les rues autrefois habitées par tant de beauté portent les stigmates de la sauvagerie.

Aurore fulmine. Lorsque l'homme s'en prend à ses semblables, il devient un animal. Mais lorsque celui-ci s'en prend aux symboles, à la beauté même, il nie ses racines. N'avait-elle pas prévenu qu'il en serait ainsi ?

La galerie Borghèse, écrin des trésors du Bernin, a résisté au sac de Rome. L'ensemble des pièces de collection ont été extraites de leurs églises, musées et couvents, et placées derrière ses murs hautement protégés. Les marbres semblent se répondre les uns aux autres sous l'immense fresque de la salle centrale.

La nymphe Daphné, court pour échapper au dieu lubrique Apollon. La jeune femme tend les bras pour s'arracher à son étreinte, tournant vers son agresseur un regard terrorisé. Son père, pour la sauver, la transforme en arbre. Les bras laiteux de la belle Daphné deviennent des branches. Un peu plus loin, le rapt de Proserpine. La main du dieu des Enfers, Pluton, s'enfonce dans la cuisse de Proserpine. Elle tente de repousser son ravisseur de ses bras, mais celui-ci la soulève de terre et l'enlace, son sort est décidé. Autour de ces filles martyres, des Pietà. La plus exceptionnelle d'entre elles, celle de Michel-Ange, a été déplacée ici comme les autres pour y être préservée. Sous ses voiles, cette Vierge Marie au visage impassible tient sur ses genoux le corps du Christ descendu de la Croix, son fils inanimé. Aurore ne peut s'empêcher de passer sa main sur le voile de la tunique de Marie. Elle qui aimait l'art classique n'avait jamais saisi son sens profond. À présent il se dresse sous ses yeux au milieu des ruines. Des femmes enlevées par des dieux priapiques, des Mater dolorosa. Des femmes en souffrance, victimes représentées sur des marbres lisses immortalisant les instincts guerriers des hommes. Était-ce là tout le rôle de la femme dans l'histoire de l'Occident ? Aurore Henri ressent comme l'envie de détruire ces marques d'une civilisation qui a promu la violence, en a semé les graines et se trouve aujourd'hui cernée par les ronces. Mais au milieu de ces visages opalins de femmes suppliciées, l'un d'eux semble se détacher. Noir, auréolé d'un disque d'albâtre jaune. Sans démon ni dieu autour d'elle, la femme se tient droite, dominatrice et fière. Sa robe est décorée de petites figurines de lion, taureau, abeille et sphinx. Mais ce qui attire l'œil d'Aurore est sa poitrine arborant quatre rangées de seins, une vingtaine en tout. Ces fières mamelles représentant une guirlande de scrotums de taureau semblent être une armure de féminité dont elle se pare pour se protéger des agresseurs. Aurore s'approche pour lire son nom, Artémis d'Éphèse.

Aurore Henri laisse sa main glisser sur ces seins surnaturels. La femme dans l'histoire de l'Occident est une figure sacrificielle, mais la déesse en est la puissance première oubliée. Artémis, déesse grecque de la Nature sauvage, de la Chasse, des Accouchements, fille de Zeus, a le pouvoir de déclencher les épidémies et de les guérir. Elle n'a guère besoin de bander ses muscles, de brandir des lances ou de se dresser sur un char, la puissance de sa féminité suffit à inspirer le respect.

Se sentant soudain en communion avec la déesse, Aurore place ses mains dans les siennes et ferme les yeux. Il lui semble qu'elle respire enfin pleinement. Auprès d'Artémis, rien ne peut lui arriver. Elle l'implore de lui donner un peu de sa détermination pour venger celles que les hommes ont infligées.

Arrivée dans le quartier du Trastevere, Aurore s'arrête devant un ancien couvent catholique dédié à la Vierge Marie, aujourd'hui la prison Regina Cœli. « À peine sortie de prison, tu veux déjà y retourner ? » s'amuse Nicolas. Aurore n'a pu oublier la lettre de la jeune femme qui lui avait écrit depuis cette geôle où on l'avait enfermée pour avoir avorté. Quelle cruelle ironie d'avoir fait d'un couvent une prison pour femmes que l'on punit d'avoir aimé ! Les abords de la prison sont pestilentiels. Les eaux usées ne fonctionnent plus dans une grande partie de la ville, les détenues jettent leurs excréments par les barreaux des fenêtres. Conçu pour sept cents prisonnières, le bâtiment en compte plus de trois mille, un entrepôt à chair humaine.

Face à la forte mortalité frappant le pays, les autorités et l'Église, qui finance certains services, ont fait front commun pour défendre la natalité. Les femmes coupables d'avortement, sur simple dénonciation, sont soumises à un examen gynécologique forcé. Celles portant les traces intimes d'une grossesse interrompue sont incarcérées. Les victimes de fausses couches sont reconnues coupables de tentative d'avortement, et purgent elles aussi des peines de prison. Dans le chaos, aucune n'a droit à la défense d'un avocat, les avorteuses sont jugées par groupes de trois à dix femmes.

Aurore Henri se présente devant les gardes qui lui refusent l'entrée. Une prisonnière fumant à travers les barreaux du premier étage la reconnaît. Elle se saisit de sa carafe en métal et frappe contre les barreaux. Bientôt des dizaines de têtes apparaissent, du rez-de-chaussée au second étage. Chacune se saisit d'une cuillère, d'un pied de lit, pour faire résonner le métal.

Tout le mur de la prison semble bientôt vrombir. Aurore monte sur le toit d'une voiture brûlée abandonnée là. « Vous pensez peut-être que la société vous a condamnées, que le monde vous a oubliées, mais je suis venue pour vous ! Je connais vos souffrances et je suis venue vous dire qu'elles seront vengées ! Les gouvernements ont voulu imposer aux femmes la morale qu'ils n'ont su insuffler à leur société. La femme européenne a été dévoyée, le pouvoir de sa féminité foulé aux pieds. On vous a promis l'égalité, mais on a voulu castrer notre sexe de son pouvoir ! Je suis venue vous dire que de notre chair, nous ferons un organe de liberté, triomphant des lois, des bourreaux, des censeurs, que bientôt vous n'aurez plus à avoir honte, à avoir peur. Plus aucun gouvernement ne vous fera souffrir comme vous avez souffert. Je vous libérerai. Et ensemble, nous libérerons l'Europe ! » Frottant sa main sur la tôle rouillée du toit de la voiture, elle offre sa paume rougie aux prisonnières qui hurlent devant elle comme autant de louves assoiffées de liberté.

Chapitre 15

À la nuit tombée, les sculptures de la galerie Borghese semblent s'animer. Aurore avance pieds nus sur le marbre gris. Les statues paraissent d'une taille bien plus grande que durant la journée, elles s'étirent jusqu'au plafond voûté. Un murmure court entre les colonnades, puis cesse sitôt qu'Aurore se retourne. Seul le visage noir d'Artémis, au fond, est immobile. Elle observe, hiératique et superbe, les messes basses des autres, de vulgaires plâtres. Aurore sautille sur les pierres marbrées dans sa direction. Soudain le plafond se met à enfler. Il se distend, se dilate comme sous l'effet d'un gaz, d'une respiration. La fresque qui célèbre la civilisation romaine et les vertus héroïques se meut, comme si les personnages voulaient s'en échapper. En quelques oscillations, voici les papillons libérés de la fresque, virevoltant à travers la galerie Borghese, se posant audacieusement lequel sur la tête d'une statue, lequel sur un sein. Entre les colonnades, Aurore rit aux éclats, jouant à cache-cache avec eux. Mais Artémis ne s'amuse guère. Les papillons cessent leur badinage et volent vers elle en rangs, comme obéissant à son appel silencieux. Ils tourbillonnent autour de son ambre jaune avant de former une couronne sur sa tête. Le regard d'Artémis s'anime, sa bouche d'ébène s'entrouvre.

« *Pillangók már elrepültek* », dit-elle. Aurore espère enfin en apprendre plus. « Qui sont ces papillons, où se sont-ils envolés ? » La statue se tait, Aurore la supplie, plaque son corps contre le sien. L'ambre jaune est chaud, Aurore sent dans le poitrail de la statue son cœur battre. De fines gouttes d'eau tombent dans son cou et coulent le long de sa gorge. Desserrant l'étreinte, voici que la statue d'Artémis pleure. Le battement de son cœur lui est familier, l'écho de la nostalgie originelle, d'un paradis perdu où elle ne connaît pas la peur. Dans les bras de la statue, Aurore prononce pour la première fois un mot qui sonnait comme une grossièreté et qui lui avait toujours semblé une cité interdite, « maman », puis se laisse bercer par Artémis aux quatre rangées de seins.

Chapitre 16

« Le pape refuse de nous recevoir, ce bâtard en soutane. Les services du Vatican m'ont fait répondre que Sa Sainteté réserve son planning pour les rencontres officielles. Il lui faut quoi, au pape, une lettre de Gabriel ? » Tout en Nicolas est laid, sa voix, ses mots, sa joue. « C'est bien le problème de notre continent, il est pris en otage par la gériatrie. Ils nous emportent avec eux dans la tombe, parce qu'ils n'ont plus la force de faire pousser la vitalité », enrage Nicolas, tapant du pied dans les ordures jonchant le sol, puis souriant soudainement comme touché par la grâce, « Viens, on va le faire sortir de son terrier doré », entraînant Aurore au pas de course dans un dédale de rues enjambant des formes humaines avachies. Dans la lumière du matin, Aurore découvre les deux arcs de cercle monumentaux des colonnes de la place Saint-Pierre. La rose des vents en son centre indique un air « nord nord-ouest, *tramont maestro* ». La place est transformée en un gigantesque campement de misère. Des centaines de personnes enroulées dans des bâches, rassemblées autour de feux improvisés dans de vieux barils d'essence coupés en deux. Certains trouvent la force de mendier, mais quand bien même voudrait-on donner, on ne saurait quoi. D'autres viennent rendre leur dernier soupir devant le balcon vide du pape. Auprès du tombeau de saint Pierre, peut-être aura-t-on droit à une place au paradis…

« Tu dois parler à ces gens, puisque le pape ne le fait pas. Il y a toujours une caméra branchée sur la façade de Saint-Pierre. Tes mots auront un écho international. C'est l'occasion que nous cherchions pour marquer les esprits. Insiste sur ce qu'ils craignent, et ils se rallieront à tes idées. La peur est le sentiment le plus puissant qui soit. Elle seule suffit à provoquer la répulsion ou l'adhésion. C'est sur la peur que s'établissent la politique comme la religion, l'encourage-t-il.

— De quoi veux-tu menacer ceux qui ont déjà tout perdu ? Il y a un sentiment bien plus puissant que la peur, je l'ai ressenti cette nuit. Lui seul peut nous sauver. »

Nicolas n'écoute plus, il ameute la foule. Bientôt des têtes s'animent de chaque côté, entre les colonnes. Aurore Henri prend place sous le balcon papal.

« Il y a tant de souffrance sur cette place, tant de souffrance dans le monde ! Bien sûr nous souffrons de la faim, du froid, de toutes sortes de maladies. Mais notre souffrance n'est pas matérielle. Nous souffrons d'avoir été abandonnés. Rien ne sera sauvé par de superficielles mesures économiques ! Nos dirigeants doivent descendre sur cette place et vous regarder dans les yeux comme je le fais en ce moment. Ils doivent ouvrir leurs bras pour vous accueillir. Mais ils ne le font pas. Regardez cette fenêtre, ce balcon, qui restent désespérément vides, tout comme vos ventres ! Derrière les rideaux de velours, ils se terrent au lieu de vous soulager. La plus grande de nos souffrances, c'est de n'être pas aimé ni désiré ! Implorez-leur d'ouvrir les portes de leur cœur. Forcez-les à ouvrir les portes ! »

Ceux qui en ont encore la force marchent vers les lourdes portes de la basilique. « Ouvrez les portes ! » répète Aurore, la main levée, suivie par des formes qui, scandant ses mots, s'animent d'un courage nouveau. Des dizaines de poings affamés d'une parole rassurante frappent contre la porte de la basilique, faisant résonner leurs coups sur toute la place. Les casques des gardes suisses s'approchent. Fusils à la main, sous leurs plumes rouges de héron, les jeunes militaires ne savent comment faire face à la situation. Aurore est tenue en joue par un garde suisse. Nicolas bouscule celui-ci et entraîne sa protégée par le bras à travers les arcades. En quelques instants, la place Saint-Pierre se remplit d'une foule compacte habitée par la ferveur des grandes cérémonies. Certains croient voir s'échapper une fumée blanche de la petite cheminée en forme de poêle située sur le toit du Vatican, signe de l'élection d'un nouveau pape, et laissent éclater leur joie.

La berline quitte Rome par les routes secondaires, afin d'éviter les contrôles. La police vaticane a lancé un mandat d'arrêt contre Aurore Henri.

En Calabre, à la frontière de la Sicile, un grillage chaperonné d'un fil barbelé. Un panneau, avec une inscription, « Camp de Polistena ». À perte de vue, des baraques de fortune ployant sous le poids de la neige. La capacité d'accueil de cent mille personnes est dépassée, le camp retient prisonnières plus de six cent mille âmes, des Africains qui avaient tenté de gagner l'Europe du temps où son sort semblait plus enviable que le leur, des Syriens et des Afghans qui avaient fui une guerre civile et en avaient trouvé une autre. Conçu pour ne durer que le temps d'un été, le camp trône depuis dix ans comme un radeau de la Méduse perdu en pleine Méditerranée. On ne sort pas de Polistena, on y entre pour mourir.

Avant de repasser les Alpes majestueuses pour gagner l'Autriche, la voiture fait un détour par Venise. Venise est une ville fantôme. La dysenterie a moissonné hommes et pigeons, on compte dix mille morts dans la cité des Doges. Les canaux, réchauffés par l'eau de la lagune, ne sont pas gelés. Assise dans une gondole, Aurore regarde Nicolas manier le manche de bois sous le pont des Soupirs, entre les corps flottants dans une mare de sang et d'excréments, lèvres blanches striées de violet.

Du nord au sud, l'Italie, brisée en mille morceaux par des sales gosses se prenant pour des rois.

Chapitre 17

L'Autriche résiste par autoritarisme. Le pays tout entier repose sur une rigidité imposée. Les lieux de rassemblement ont été fermés, les manifestations interdites, et le couvre-feu imposé à l'ensemble de la population établi à 21 heures. Le mot d'ordre du nouveau gouvernement est scandé à la radio d'État sous forme de slogan : « Luttons pour une Autriche libre et autrichienne, indépendante, chrétienne et unie. »

Pour maîtriser la guerre civile naissante, toutes les populations étrangères ont été expulsées. L'homogénéité, pensent les nationalistes au pouvoir, est le secret de l'ordre et de la paix. Les frontières sont fermées, on n'entre pas, on ne sort pas. Même les citoyens de nationalité autrichienne vivant à l'étranger se voient refoulés, soupçonnés d'être des agents potentiels de déstabilisation prêts à faire chavirer le pays.

Nicolas a organisé leur passage clandestin par le col du Brenner. La station de chemin de fer sur la crête principale des Alpes, à 1 400 mètres d'altitude, relie l'Italie à Innsbruck.

Aurore prend place dans un des wagons transportant des médicaments en provenance d'une œuvre de charité. De la vitamine C principalement, ainsi que d'autres traitements d'appoint contre la pandémie frappant le pays, le scorbut.

Entourée de montagnes qui déversent un air glacé sur les plaines, et de voisins aussi pauvres qu'elle, la population d'Autriche manque de tout dans son assiette. La maladie des marins et corsaires du XVIIIe siècle, que l'on pensait improbable en Occident, frappe celle qui était il y a dix ans à peine la dixième économie mondiale.

Le 5 avril 2031, Aurore Henri arrive à la vieille gare d'Innsbruck. L'horloge trône au-dessus d'une tourelle verte posée sur une bâtisse ocre à colonnades. La ville est transformée en cauchemar résonant comme le *Requiem* de Mozart. Une population hagarde aux dents décomposées, aux cheveux tombant à la moindre bourrasque de vent. Arpentant la ville, Aurore ressent une étrange impression de déjà-vu, la sensation d'avoir foulé ses rues auparavant pour y insuffler l'envie de révolte. Au beau milieu de l'immense Südtiroler Platz, rectangle sans âme aux édifices droits et aux vitres brisées, un vieil homme se découvre devant elle. Les veines vertes et bleues sur la peau de son crâne nu révèle la cartographie de sa maigreur. L'homme, à bout de souffle, s'écroule dans ses bras, comme s'il avait rassemblé ses dernières forces pour traverser la place et venir expirer à ses pieds. Aurore Henri pose sur le sol couvert de neige grise l'homme bien trop léger pour son âge, il lui sourit, découvrant ses gencives sanguinolentes. Aurore perçoit dans son regard désespéré un insondable besoin de consolation. La peur de mourir, la certitude de ne plus avoir les moyens de vivre. Elle ferme de sa main ses yeux remplis de « pourquoi ». Elle voudrait pouvoir le soulager de son mal, lui transmettre la certitude qu'un autre monde est possible. Un attroupement se fait autour d'elle, elle distingue une seule et même expression sur les visages, l'attente.

Une berline noire s'arrête sur la place, la portière arrière s'ouvre, Nicolas relève le col de son long manteau de laine et observe sa protégée évoluer au cœur de cette marée humaine. Chaque mission au milieu d'une mer déchaînée représente un danger pour le sauveteur inexpérimenté, songe-t-il. Le noyé sentant ses forces l'abandonner s'agrippe tel un poids mort à tout ce qu'il trouve et se débat au risque d'emporter avec lui son bienfaiteur vers le fond. Combien de bons samaritains se sont jetés à l'eau et ont péri sous le poids de ceux qu'ils essayaient de sauver ? Nicolas contemple Aurore Henri. Aura-t-elle assez de force pour tous les ramener jusqu'au rivage, ou coulera-t-elle sous le poids du monde qu'elle veut sauver ?

« J'ai besoin de prendre de la hauteur », déclare Aurore arrivée à Salzbourg, contemplant les montagnes qui encadrent la forteresse médiévale. Nicolas l'embarque à bord de la cabine du téléphérique de l'Untersberg. En quelques minutes la voici soustraite à la terre, survolant la ville pour rejoindre les sommets enneigés. Au loin, Berchtesgaden et les montagnes de Bavière. À 2 000 mètres d'altitude, au-dessus de la mer de nuages, tout semble si paisible. La couverture ouatée donne une limite aux préoccupations humaines. Aurore Henri s'est toujours intéressée de près aux philosophies indiennes, et plus particulièrement à la sagesse bouddhique. Elle en a retenu que l'individu n'a pas tant d'importance que la vision européenne lui accorde, en se centrant sur l'ego. Elle avance vers le promontoire de roche. La montagne, le ciel, la mer de nuages demeureront, tandis que ses pas dans la neige seront bientôt effacés par les éléments. « C'est comme pour ma vie, crie-t-elle à Nicolas, lorsque je serai arrivée tout en haut, au sommet, je voudrais pouvoir me laisser tomber et flotter dans les airs, me dissoudre dans l'infini, ne plus connaître la gravité, ne plus avoir à me porter. » Elle aperçoit comme une forme circulaire entre les branches d'un sapin. Aurore fait quelques pas en sa direction et découvre, recouvert de neige, un nid d'aigle. Le rapace alerté par sa présence tournoie au-dessus de sa tête, les ailes déployées face à la menace. Aurore comprend que le nid est habité. Si l'aigle couve encore des œufs prêts à éclore sur cette haute montagne, alors la nature n'a pas totalement renoncé.

Chapitre 18

Le Parlement autrichien est en feu. L'immense bâtiment viennois de style grec antique est la proie d'éclairs rouges qui, comme des becs d'aigle, attaquent ses colonnes, ses fenêtres, de toutes parts. Sur la façade, gravé dans la pierre, le premier article de la Déclaration universelle des droits de l'homme, « Tous les êtres humains naissent libres et égaux en dignité et en droits. Ils sont doués de raison et de conscience et doivent agir les uns envers les autres dans un esprit de fraternité », semble fondre sous l'extrême chaleur. Des hommes s'échappent du bâtiment dans des râles crépitants. Le feu, les cris. Seule, au pied du Parlement, l'immense statue d'Athéna est d'une impérieuse immobilité. La déesse tourne le dos aux flammes, elle regarde l'horizon sous son casque d'or, une lance à la pointe dorée à la main.

Si partout dans le pays la population se résigne à son sort, Vienne fait sécession. Une partie de ses habitants refuse la censure nouvelle et appelle de ses vœux la réouverture du pays vers l'extérieur. N'était-ce pas à l'ombre de ses palais impériaux que, pour la première fois en Europe, on avait dénudé le corps humain en peinture sous les pinceaux de Schiele, et l'esprit par la psychanalyse sous la plume de Freud ?

Une longue file d'attente serpente à l'extérieur de l'hôtel Imperial, sur le célèbre boulevard circulaire, le Ring. Aurore Henri est attendue pour la première séance de dédicaces de ses mémoires. À l'intérieur, les lustres du XIXe siècle n'avaient plus eu autant de monde à éclairer depuis les bals impériaux. Les images de l'agitatrice sur la place Saint-Pierre tournent en boucle sur les chaînes d'information. Sur les réseaux sociaux, la séquence lui vaut d'être injuriée par nombre de *haters*. « Cette salope ferait mieux de rentrer chez elle s'occuper de la cuisine », peut-on lire dans les commentaires. Aurore fait défiler ces lignes jetées comme des opprobres. « De quoi se mêle-t-elle ? Est-ce qu'une femme comprend quelque chose à la politique ? » ou encore « Tu mérites de crever comme le Christ, chienne. »

La berline noire s'arrête devant l'entrée, la foule s'anime. Une partie des *haters* des réseaux sociaux se trouvent là, dressant des pancartes portant les inscriptions « Qui détruit la famille détruit la paix », ou « Autriche intégrité », en vociférant. Les partisans d'Aurore Henri, voyant leur nouvelle idole ainsi malmenée, prennent les contestataires à partie. Sur le trottoir gelé, on s'empoigne et se cogne à se déchausser les dents. Ces anonymes la défendent avec fougue, comme si leur propre honneur était touché. « On va te violer ! » hurle un type dans sa direction. Aurore s'immobilise. Un gamin d'une vingtaine d'années à peine qui, sous une casquette de marque américaine, ressemble à un poulbot.

« Qu'avez-vous dit ? le questionne-t-elle d'une voix calme dont la fréquence fait taire tous les cris.

— J'ai dit que… J'aime pas ce que vous représentez ! Vous êtes un danger pour la société ! » Le jeune homme, sorti de la meute, n'a plus le cœur à l'insulte. Sentant sa hargne se dissoudre sous l'effet du regard d'acier d'Aurore

Henri qui ne le lâche pas, il finit par se dédouaner : « C'est bon, quoi ! C'est que des mots !

— Que des mots ? Quand vous avez dit "maman" la première fois, n'était-ce qu'un mot ? Lorsque vous dites "je t'aime", n'est-ce qu'un mot ? Cela n'est jamais le cas. Ce sont les mots qui forment nos pensées. Ils sont les garants de notre humanité. Les mots sont lois. Les mots sont promesses. Les mots sont chair. Ils donnent aux choses une durée, une forme, une épaisseur, de sorte que ce que nous pensons devient réalité, une gemme avec autant de facettes que de mots pour la dire. On finit par devenir les mots que l'on prononce, ceux dont on s'entoure. Faites attention aux mots, vous pensez les utiliser, mais c'est l'inverse qui se passe. Leur pouvoir est plus grand que vous. »

Nicolas fait entrer Aurore de force, grelottante, à l'intérieur du salon de réception où une foule enthousiaste l'acclame. On l'installe derrière une grande table couverte d'une nappe bleue, avec derrière elle sa photographie prise par le Hoff imprimée sur une gigantesque affiche. « Ç'a de la gueule comme affiche de campagne, hein ? lui glisse Nicolas à l'oreille. Pour sûr, ça donne envie de mettre un bulletin dans l'urne », se gausse-t-il en toussant. La vulgarité de cet homme n'a d'égale que sa perspicacité, songe Aurore. Une pile de livres est posée devant elle, stylo à la main, les premiers lecteurs avancent. Un homme lui offre un maigre bouquet de fleurs, deux lycéennes intimidées prennent la parole en triturant l'ourlet de leur pull-over. Aurore Henri se penche pour contempler la file bigarrée, des petits, des efflanqués, des jeunes, des sans-âge. Tous avec, dans les yeux, l'envie de partager quelque chose de plus qu'un instant, une attente insondable.

Un enfant portant un écusson à l'effigie d'Aurore Henri sur sa veste s'approche d'elle, un livre à la main.

« Comment t'appelles-tu ?
— Harald.
— Quel âge as-tu ?
— Dix ans.
— Qui donc t'a fait ce bel uniforme ?
— Ma mère.
— Comment te sens-tu dans cet uniforme ? »

Le jeune garçon se redresse de toute sa hauteur et dit :

« Deux fois plus fort. »

Aurore se tourne alors vers la salle :

« Vous avez entendu ? Deux fois plus fort ! »

Le garçon repart fièrement vers sa mère, émue aux larmes que le petit ait rencontré celle qui fait renaître l'espoir d'un avenir meilleur.

Chapitre 19

Que ne ferait-on pas pour un enfant ? Son sourire ou ses larmes peuvent déchirer le cœur d'une mère, ou déclencher une guerre. À la mi-avril, une adolescente de quatorze ans, prénommée Eszther, est retrouvée assassinée à l'aube dans la rue Király, à Budapest. Certains disent l'avoir vue peu avant sa mort près de la synagogue à quelques mètres de là. Ce sont les juifs qui l'auraient tuée, afin de mêler pour la Pâque le sang d'une vierge au pain azyme ! D'autres prétendent l'avoir vue passer devant un club gay. Ces dégénérés se seraient rués sur elle pour la punir d'être une femme ! D'autres encore affirment qu'elle était suivie par une bande de Roms, ces sauvages l'auraient déshonorée ! Exacerbées par la pauvreté, les croyances les plus absurdes connaissent le plus vigoureux des printemps. En quelques semaines, la jeune Eszther devient le symbole de la Hongrie martyre, victime d'envahisseurs assassins. Des jeunes hommes organisent des rafles nocturnes, armés de bâtons au bout desquels ils ficellent des lames de couteau, de rasoir, des clous, afin de déchiqueter les pieds et les tendons de leurs adversaires. Le Parlement hongrois a amendé le Code criminel du pays pour rendre passible de vingt ans de prison toute calomnie de la « Sainte Couronne » et des symboles d'État tels que l'hymne ainsi que le drapeau national. Les juifs et les Roms sont traqués. Les homosexuels sont passés à tabac.

Profitant de la vulnérabilité de l'Europe centrale, la Russie tente une percée vers la Pologne et la Hongrie. Pour assurer son hégémonie, les militaires russes franchissent les frontières en longs convois de véhicules blindés remplis de nourriture et de produits de première nécessité. À chaque escale, les soldats distribuent de la vodka, de la farine et de la viande séchée, remplissant leurs poches en vendant des piles à prix d'or. Les radios hongroises n'émettant plus, ce sont les fréquences russes que l'on capte. On y diffuse en langue hongroise des informations rassurantes sur les opérations de sauvetages et de sécurité menées par les braves soldats. Buda ressemble à un camp de garnison de l'ère soviétique, on y parle russe autant que hongrois.

« Les papillons se sont déjà tous envolés. » Aurore Henri sursaute, se demandant si elle n'a pas rêvé. La phrase hantant ses nuits, prononcée par un soldat tenant un livre à la main.

« Qu'avez-vous dit ? le questionne-t-elle.

— J'ai dit : "Les papillons se sont déjà tous envolés."

— Pourquoi avez-vous dit cela ? Pourquoi ?! » le harcèle-t-elle en s'approchant dangereusement de son visage.

Le militaire laisse tomber son ouvrage et recule d'un pas. Aurore, comme soudain hors d'elle, l'attrape par son uniforme. « Ce n'est pas moi qui l'ai dit, se défend-il, semblant vouloir s'enfouir sous son col pour se protéger. C'est de Nabokov. Ce sont ses derniers mots. Je les lisais à mon camarade Aleksis. On étudie pendant nos permissions, parce que quand tout cela sera fini, on ira étudier la littérature à Paris. » À ses pieds, une biographie de l'écrivain russe Vladimir Nabokov.

À bien le regarder, il n'a plus l'air d'un soldat mais d'un étudiant de deuxième année. « La véritable passion de Nabokov, poursuit-il, était les papillons. Il passait ses journées armé d'un filet à papillons, essayant d'en attraper pour les mettre dans des boîtes en carton. Le jour de sa mort, son fils Dimitri était à ses côtés. Soudain ses yeux se remplirent de larmes, Dimitri lui demanda : "Pourquoi pleures-tu ?" Et vous savez ce qu'il lui répondit ? "Parce que les papillons se sont déjà tous envolés." Et il est mort. » Les deux jeunes hommes échangent un hochement de tête en signe de respect.

« Il est mort comme un Russe, commente son camarade Aleksis, blond aux pommettes saillantes, avant de conclure : La vie est aussi fragile qu'une aile de papillon, on est condamné dès l'éclosion. »

Les Russes sont décidément un peuple à part, songe Aurore Henri, le drame et la poésie sont les deux mamelles de ce peuple assoiffé de vie. Comment pouvait-elle rêver de ces derniers mots alors même qu'elle ne les avait jamais entendus, et qu'elle détestait Nabokov, ce pochard obsédé par des jeunes filles à peine pubères ?

La Pologne résiste contre la générosité russe. La Pologne meurt mais ne se rend pas. Hélas, le pays fait face au plus grand nombre de morts. Près de cent mille Polonais périssent durant cet hiver inhumain qui s'étire en longueur jusqu'au mois de mai. À Cracovie, les habitants déterrent les pavés de la place principale du marché pour les jeter sur les convois russes en signe de protestation, tandis qu'à Varsovie, sur l'esplanade autour du Palais de la culture et de la science, des messes publiques sont célébrées toute la journée afin de ramener les âmes sur le droit chemin et leur donner la force de lutter.

La République Tchèque est, elle aussi, durement touchée, avec plus de soixante mille morts. À Prague, sur le pont Charles, le trésor architectural de la ville autrefois envahi de musiciens, d'artistes et de camelots, on pend les anciens oligarques et les riches patrons qui tentent de fuir le pays au bout de cordes ou de draps. Les silhouettes telles des pantins désarticulés se balançant au-dessus de la Vltava, donnent à la ville une allure terrifiante. On vient à chaque pendaison cracher un torrent de jalousie, d'amertume et d'aveuglement sur les corps de ceux qui n'ont rien fait pour nous sauver.

Chapitre 20

Enfin le gel desserre les crocs, les morsures de l'hiver font place aux brûlures de l'été. Le continent qui des mois durant grelotta de froid se désagrège sous une chaleur impitoyable. Les rivières et les fleuves sont en quelques semaines asséchés dans leurs lits. Le bétail affaibli qui avait survécu à l'interminable hiver est décimé par l'été. L'Espagne, autrefois terre fertile, est désertée par les eaux. Elle s'était scindée sous la pression des régionalismes et se morcelle à présent sous le poids des indépendantistes. L'unité espagnole n'est guère plus que le rêve d'un sot. Le pays sombrant dans la misère, les provinces basques proclament leur indépendance, pensant être sauvées de la ruine par leur riche bassin industriel, leurs pâturages, ainsi que par leurs ports de pêche. La Catalogne déclare Barcelone capitale d'un nouveau pays bénéficiant des largesses de la Méditerranée et d'une industrie florissante. L'Andalousie devient elle aussi une nation, et attire des millions de réfugiés venant du nord de l'Europe qui déferlent en quelques mois sur ses villages aux murs blancs.

Almería, et ses 70 000 hectares de serres abritant toute l'année fruits et légumes, fait figure d'eldorado. Autrefois destinées à être exportées en Europe, les productions peinent à satisfaire la demande locale. Près de cent mille clandestins œuvrent sous les bâches, courbés sur le sol. Les exploitants agricoles deviennent des seigneurs médiévaux tirant parti de cette main-d'œuvre corvéable et malléable à souhait. Une fois le travail terminé, ils s'entassent dans des bidonvilles insalubres, victimes de menaces et de racisme quotidiens. Ils creusent tout le jour le sol qu'ils recouvrent de leur corps éreinté la nuit. Le sommeil qui tantôt les harassait sous le soleil les abandonne alors, laissant leurs yeux de crève-la-faim béants face aux étoiles.

Tout système entretient sa propre perversion. Cet important groupement de serres miraculeuses tirant de la terre des fruits là où partout en Europe on meurt sans en connaître plus le goût demande de pharaoniques ressources en eau. En moins d'une année, les nappes phréatiques sont asséchées. Les sols une fois pollués à cause des engrais, pesticides et fongicides deviennent des poisons dans les mains de ceux qui les manipulent. Le Guadalquivir rend ses dernières gouttes d'eau, le jardin d'Éden se transforme en enfer de Dante dont les serres sont les cercles habités par autant de démons cherchant leur subsistance. L'Andalousie sombre alors dans la peur, et l'extrême droite se trouve là pour abreuver de discours ceux qui n'ont plus rien. Le *chergui*, vent du sud arrivant du Sahara chargé de sable, fouette au visage ceux qui tiennent encore debout et étouffe ceux qui tentent de remonter vers le Nord.

Chapitre 21

L'homme affaibli est le jouet préféré du vent. Il anime les arbres, fait parler les feuillages, donne forme à l'invisible. Coupant la péninsule ibérique en sa moitié, le *solano* souffle depuis Porto jusqu'à Madrid. Le brasier a pris dans les forêts du Portugal et, sous l'effet d'Éole devenu fou, emporte à travers la Castille-et-León des monceaux de braises chevauchant les airs comme des cavaliers chargeant un ennemi. L'auguste Salamanque et sa précieuse université qui conservait les antiques trésors de la chrétienté sont avalées par les flammes.

À Madrid, postée sur une barricade de la Puerta del Sol, Aurore Henri sent sur ses bras nus comme une caresse, l'effet d'une cendre chaude.

Un mystérieux nuage opacifie le ciel. Le soleil émet une lumière sans brillance, son disque semble pâle comme la Lune. On entend d'abord un crépitement timide, puis le ronflement d'une vague submersion se gonflant au large avant de s'abattre sur la grève dans un claquement assourdissant. Une âcre odeur se fait sentir. Au-dessus des immeubles s'élève une colonne de fumée noire. La vision d'Aurore se brouille sous l'effet de la chaleur. Il neige de noirs flocons de cendres. Les fenêtres crèvent une à une sous la poussée de l'incendie, des flammes embrasent les murs, les enlacent jusqu'au toit, avec une lueur de satisfaction. Des colonnes rouge violacé montent maintenant à une prodigieuse hauteur, teintant le bleu du ciel, jusqu'à lécher les pieds du soleil à son zénith. Des flammèches s'échappent des immeubles lointains et ondulent comme le serpent charmé par la flûte. Elles courent d'un objet à un autre pour les broyer. Une statue en feu, un abribus en feu, un banc en feu, le feu partout. Les clous métalliques se tordent d'une douleur extatique, le vernis des voitures cloque comme une peau livrée aux morsures du soleil. Les moteurs explosent, des pièces tourbillonnent comme des comètes puis retombent sur le goudron à présent en fournaise qui s'avachit bêtement. Une femme frôle Aurore en courant, tentant d'échapper aux flammes qui ont pris possession de ses cheveux, pitoyable torche. Elle crie à l'aide, mais où trouver de l'eau quand la sécheresse fait rage, où trouver du secours si tout le monde fuit ? Rien ne résiste aux flammes, ni le courage ni la lâcheté. Le brasier emmène avec lui l'honteuse crise, l'indigente injustice, les funestes politiques.

La foule court vers l'est, fuyant l'épaisse fumée. Aurore Henri, les yeux rougis, avance vers les ténèbres. L'incendie a redoublé de violence en s'emparant du Palacio Real. Les 135 000 mètres carrés et les 3 418 pièces qui en faisaient le plus grand palais royal d'Europe, doublant en taille celui de Versailles, s'embrasent en quelques minutes. Les flammes n'ont fait qu'une bouchée du dessein de Charles Quint.

Deux vieux aux barbes grises marchent avec leurs cannes, trop lents pour distancer la jeune avidité du brasier. Des femmes traînent des enfants inconscients, étouffés par les vapeurs toxiques, des personnages échappés des toiles de Francisco Goya, songe Aurore. Ses *Pinturas negras*, ses tableaux aux visages suppliciés, ces êtres déchiquetés par des monstres, ces femmes se débattant contre des ogres, ces paysages laminés n'étaient que le présage de la prodigieuse floraison de rage qui allait s'emparer de l'Espagne.

Aurore se tourne vers Nicolas, à la recherche d'une réponse.

« La crypte de la cathédrale nous servira d'abri, elle est à deux pas d'ici, lui dit-il d'un ton décidé, la couvrant de sa veste pour la protéger.

— Je ne vais nulle part si je ne peux sauver personne, se défend-elle, immobile, tandis qu'autour d'elle hommes et femmes courent ne sachant où aller.

— On ne peut rentrer qu'à une vingtaine dans la crypte. Comment vas-tu décider de qui emmener ? »

Les yeux sombres de Nicolas reflètent le brasier, ses pupilles semblent danser sous la menace.

« Je ne le peux pas ! Je ne peux décider de qui vivra ou mourra, ce serait me prendre pour…

— Dieu ? Ne me dis pas que l'envie ne t'a jamais effleurée. »

Dans un fracas terrifiant, les colonnes du palais cèdent, la coupole se brise, puis le toit s'effondre tout entier, comme si l'enfer venait de s'ouvrir derrière elle. Le souffle provoqué par l'écroulement balaie tout sur son passage et déchiquette les tympans. « Le métro ! Suivez-moi ! » hurle-t-elle en se hâtant vers la station désaffectée Santo Domingo, accompagnant ses cris de grands gestes afin d'attirer à elle le plus de monde possible. Après la crise financière et énergétique, la municipalité n'avait gardé en activité que deux lignes de métro reliant le nord au sud, et l'ouest à l'est. Les autres avaient été désactivées et les anciennes stations abandonnées. La grille de l'entrée ne résiste pas longtemps aux assauts d'un homme en pleine force de l'âge muni d'un parpaing. Une longue file de visages couverts de cendre se précipite dans les boyaux souterrains. Un groupe calfeutre l'ouverture avec des pierres prises sur les voies tandis qu'Aurore, en éclaireuse, avance tenant le bras de Nicolas vers les galeries les plus éloignées de l'entrée.

Dans la pénombre, seuls des yeux apeurés luisent, comme ceux de petits rongeurs surpris dans la nuit. « Lorsque les flammes auront tout consumé au-dessus de nous, elles n'auront plus rien pour se nourrir. Nous allons passer la nuit ici. Soyons dignes. Ne perdons pas espoir, car c'est là que commence la servitude », les encourage-t-elle.

Émergeant des boyaux de la terre le lendemain matin, Aurore Henri découvre une vision glaçante. La ville est couverte de corps grisâtres, solidifiés dans les postures où la mort les a saisis.

Non loin d'elle, étendus, les deux vieux aux barbes grises, bras dessus, bras dessous, leurs mains toujours accrochées à leur canne pour l'éternité. Pompéi après l'éruption du Vésuve ne serait guère plus effrayante, l'impression que la vie, sous les formes figées, est toujours présente, tandis qu'il ne reste d'elle que la poussière.

Chapitre 22

Il y eut un été, il y eut un hiver. La Grande Dépression avait deux ans. Ce qu'Aurore Henri avait vu durant ces mois de traversée d'une Europe en lambeaux avait aiguisé sa détermination et, s'il lui restait une once de naïveté, celle-ci s'était émoussée. Nicolas, seul témoin de sa transformation, avait vu son visage s'émacier, ses arcades sourcilières s'affaisser un peu, comme pour protéger ses yeux de la réalité à laquelle elle faisait face.

Son corps, à la suite du jeûne avec ceux qui n'avaient rien à manger, s'était affiné. Aurore Henri meut à présent ses extrémités avec la dextérité d'un chef d'orchestre, guidant sa parole comme une musique syncopée, captivant l'auditeur le plus discret. Il semble que la grâce habite à présent chacun de ses gestes. À chaque discours, la frêle ballerine se jette à corps perdu dans les mots avec passion, un chausson de soie couvrant son pied ensanglanté. La mèche blonde traversant ses cheveux est devenue blanche, comme la plume d'un cygne. Il y a du Tchaïkovski dans son allure. À la regarder entrer ce soir-là dans le salon d'Helen Bauer, Nicolas se demande si elle est un cygne blanc ou un cygne noir.

Helen a tenu à organiser une petite fête pour le retour de sa protégée. Elle a quitté momentanément son exil américain afin d'écouter le récit de son épopée. Après avoir cordialement fait tinter sa cuillère d'argent sur sa coupe de champagne, Helen se tourne vers Aurore. La bienveillance de la maîtresse de maison dissonne avec les visages avides de détails sordides des invités. Le chef de start-up américain en tee-shirt cherche le frisson, l'aristocrate attend d'être effrayé par des histoires de têtes coupées tandis que le magnat est en quête de sa prochaine cause à défendre au nom de sa fondation. Aurore traverse la pièce et dresse vers eux son long cou blanc.

« Quelque chose se passe, Helen. Les braises de la révolte, qui dormaient sous la suie et les cendres des guerres passées, du quotidien subi, de la servitude volontaire et de la jeunesse gâchée se réveillent dans chaque foyer. Le peuple se redresse enfin après avoir été trop longtemps courbé. Il se secoue, et on sent déjà la terre trembler. »

Helen ne peut le jurer, mais regardant sa coupe, il lui semble voir le précieux liquide trépider.

« Allons, très chère, ne nous faites pas languir, dites-nous ce que vous avez vu.

— Je ne le puis, Helen, car il me faudrait mettre des mots anciens sur une situation nouvelle.

— Vous devez être encore sous le coup de votre voyage, c'est ce que nous aimons, votre authenticité. » Helen applaudit en souriant, sa bague en diamants taille princesse sur anneau de platine faisant tinter le cristal de sa flûte. « Les prochaines élections européennes sont dans trois ans, vous avez tout le temps d'en élaborer le récit ! Votre popularité est au plus haut, très chère, j'en connais qui doivent craindre de voir cette outsider leur voler des intentions de vote ! Trois ans, c'est demain. Nous assurerons votre présence dans les médias, il faut que vous continuiez à occuper le terrain. »

Le cygne s'immobilise, ses ailes retombent.

« Je ne candidaterai pas à ces élections.

— Vous laissez tomber, très chère ?

— Au contraire, je n'attendrai pas trois ans pour me présenter devant des électeurs que l'on a trop souvent dupés. Le pouvoir n'est plus là où il était, Helen. Regardez bien ceux qui vous servent… Il est à présent dans leurs mains. »

Helen fixe les mains de la bonne polonaise qui promène un plateau de saumon fumé à l'aneth, ne comprenant rien à ce nouveau charabia.

Le cou tendu en avant, Aurore Henri tourne les talons, semblant glisser sur l'eau d'un lac.

TROISIÈME PARTIE

La force de l'espoir

Chapitre 1

« Tu es sûre de vouloir faire cela ? insiste Nicolas tandis qu'Aurore s'apprête à pousser la porte pour faire son entrée.

— Comment pouvez-vous en douter ? Croyez-vous que c'est par plaisir que je vous supporte ? Le simple fait que je tolère votre présence suffit à vous donner une idée de ma détermination. »

Le Parlement européen n'est plus ce qu'il était. La Belgique a été éventrée, coupée en deux, Flamands et Wallons n'ayant plus trouvé en temps de disette de raison de se supporter. Dans ce pays en déshérence, Bruxelles est devenu une zone de non-droit. L'édifice de verre avait été dressé à la fin des années 1980, comme un étendard du libre-échange au moment où le mur de Berlin tombait, mais que Moscou la communiste résistait. Les dalles de verre ont toutes été brisées par des pavés au moment de la chute de l'Union. Elles reflètent la lumière du soleil à la manière d'un miroir déformant, la diffractant dans toutes les directions.

L'immense salle de l'hémicycle, à l'abandon depuis bientôt dix ans, présente un décor apocalyptique. Au centre, le podium où les députés prenaient la parole. Derrière, les drapeaux européens et nationaux, dont il ne reste que quelques lambeaux. Les sept cents sièges de tissu bleu en cercles concentriques ont été défoncés. Face à eux, les tables en bois sur lesquelles demeurent encore quelques casques de traduction et des boutons électriques de vote. Tout autour, sur deux étages, les cabines des interprètes ressemblent aux loges des théâtres d'antan où l'on venait au spectacle pour voir et être vu. Le plafond en coupole constellé de lumières est fissuré, laissant pendre câbles et néons, se balançant au gré du vent.

Une peur sans objet se saisit d'Aurore Henri, le pressentiment de la grandeur d'un moment, celui pour lequel elle est née, l'accomplissement de sa destinée.

« Il te faut une narration. Il faut leur offrir un passé dont ils puissent être fiers. Même s'il est fictif. Les peuples aiment qu'on leur raconte des histoires.

— Je ne veux pas de propagande, je ne veux dire que le vrai.

— Tu ne veux parler qu'à leur raison, quand ils veulent être touchés par l'émotion. Ils ont besoin de quelque chose qui les pousse à croire, quelque chose de plus grand qu'eux. La Patrie, le Bien, Dieu. Celui qui veut régner doit trouver une valeur souche et en faire son concept directeur. Un mot qui les rassemblera, qui les définira, derrière lequel ils se rangeront. Un mot sous lequel ils pourront subsumer l'univers tout entier.

— C'est à cause d'hommes comme toi, qui réduisent l'intelligence des foules en leur servant du prêt-à-penser, que nous en sommes arrivés là.

— Moi, tout ce que je dis, c'est que tu devrais t'inspirer de Sparte, au lieu de vouloir tout réinventer. »

Aurore l'observe, soudain intriguée.

« Sparte était la seule cité de Grèce dépourvue de murailles et pourtant jamais conquise. Aucune armée étrangère, plus de dix siècles durant, ne réussit à la prendre. Les Spartiates faisaient mur autour d'une idée qui les unissait et les rendait plus forts que la brique, l'eunomie. L'eunomie signifie la bonne législation, l'ordre bien réglé, l'équité, le juste équilibre, l'harmonie.

— Les problèmes de Sparte n'ont rien à voir avec ceux que nous vivons aujourd'hui.

— Sont-ils vraiment si différents ? Imagine un État fondé sur cet ordre bien réglé, cette harmonie. Plus d'aristocratie, plus de privilèges, l'équilibre parfait entre les citoyens, dotés des mêmes droits, éduqués dès leur plus jeune âge par la poésie et la philosophie, tournés vers le bien commun. »

Aurore Henri pousse la porte à deux mains et entre dans l'hémicycle en ruines du Parlement qui a retrouvé pour l'occasion son lustre d'antan. Un tweet lui a suffi pour convoquer la presse internationale. Autour des tables affaissées, on ne distingue que des têtes éclairées par les lumières des caméras pointées vers le perchoir. Dans quelques secondes, elle sera en direct sur les chaînes de télévision du monde entier. Cette tribune, elle l'aura prise de force. Chaque caméra est un œil ouvert sur des millions d'âmes dont le fardeau a besoin d'être soulagé.

« Je sais que devant vos écrans, où que vous soyez, vous êtes accablé par d'incessantes annonces catastrophiques qui vous assaillent. Je sais que les prévisions apocalyptiques des scientifiques et les imprécations des politiques vous plongent dans la confusion. Je sais que beaucoup d'entre vous se sentent submergés et impuissants. La menace est là, mais personne ne vous en protège.

« Vous avez peur du terrorisme, de l'immigration. Mais, tout à notre crainte d'un ennemi extérieur, nous n'avons pas vu que le poison était en nous. Nous n'avons pas réussi à nous décider à prendre les mesures drastiques nécessaires pour rendre enfin notre monde vivable. L'ennemi, c'était nous. »

L'auditoire, captif, retient son souffle.

« Nous avons enfin connu la prospérité, la fin des grandes épidémies, de la faim, du froid, nous avons eu le nécessaire et même le superflu. Puis nous avons chassé de nos sociétés les valeurs qui en étaient à l'origine : la beauté, la compréhension, l'équilibre. Le bien... qu'avons-nous fait du bien ? L'ultralibéralisme financier s'est emparé du monde, et la promesse du bonheur a été remplacée par un consumérisme aliénant servant les profits d'un petit nombre. Nous avons confié nos vies à ceux qui organisaient la prédation de nos ressources naturelles et humaines. À ceux qui bâtissaient leur fortune sur la misère des autres. Ils nous ont tourné le dos quand nous souffrions, nous ont humiliés, ont marché sur la tête de nos enfants, morts dans les bras de leurs mères au sein tari. Jamais la concentration des richesses ne fut si grande, jamais le sentiment de pauvreté aussi tristement partagé.

« À présent nous n'avons plus de travail, plus d'énergie, plus de nourriture. Que pouvaient-ils détruire de plus ? La foi en nos pays, en notre union. Notre envie de vivre ensemble, notre désir de l'autre.

« Nous avons laissé ces caciques voler notre capacité à imaginer l'avenir. C'est ainsi que l'Europe a lentement décliné, et seul un fou peut penser que les forces qui sont à l'origine de ce déclin peuvent maintenant conduire à sa résurrection.

« Ces marionnettes aux mains de l'avarice, n'ont fait qu'accroître les désordres du monde au lieu de les solutionner. Chasser ces lâches gonflés d'orgueil est donc un devoir !

« Car il existe une alternative. Celle de transformer radicalement la politique dans une approche d'harmonie, de partage et de respect de toute vie sur Terre.

« Il y a encore dix ans, les personnes osant tenir ce discours étaient moquées. Idéalistes ! Utopistes ! Aujourd'hui, nos adversaires ne rient plus. Une communauté de personnes loyales est prête à se battre pour la préservation de notre peuple ! Et si une seule personne doit se dresser contre cet Ancien Monde qui empêche le présent de naître, je serai celle-là ! Je serai le renouveau du pouvoir !

« J'appelle à la création d'un mouvement d'unité au-delà des nations ! J'appelle à l'égalité des êtres ! À la pacification de notre monde ! J'appelle les femmes à prendre la tête de cette révolution pacifique pour rétablir le pouvoir de l'harmonie !

« Vivons dans une Europe qui, telle une cité grecque, respecterait l'humain, le vivant, et glorifierait son environnement ! Convergeons vers un même but, comme un arbre unit en un seul tronc toutes ses racines ! Nous sommes la déesse Europe ! » Aurore Henri regarde Nicolas, perché dans la cabine d'un traducteur. « Eunomie ! Eunomie, mes amis ! L'équilibre, l'ordre, l'harmonie ! Voilà ce dont nous avons besoin ! L'harmonie entre les hommes et les femmes, entre l'homme et la nature, entre l'être et l'avoir. L'eunomie est seule capable de ramener la paix et la prospérité sur notre continent.

« J'appelle à la création d'une Nouvelle Europe, rempart contre la corruption, les affaires, la violence, l'avarice et le manque de valeurs. Une Nouvelle Europe maternelle, spirituelle et bienfaitrice !

« J'appelle la population qui me regarde et m'écoute, hommes et femmes de chaque pays, à quitter leur maison, leur travail, et à se rassembler dès à présent devant les lieux de pouvoir qu'ils trouveront. Présidence, ministères, parlements, mairies, prenez d'un assaut pacifique ces lieux qui vous ont été volés. Ne vous laissez pas chasser. Occupez les lieux, restez, tenez le siège des jours, des semaines s'il le faut. Résistez ! La main rouge sera notre signe de ralliement. Vous en êtes chacun les phalanges. Mettez-vous dès ce jour en action, phalanges sacrées !

« Je lance un ultimatum aux dirigeants des pays d'Europe, afin de convoquer ici même une élection d'ampleur internationale. Notre programme, s'il est adopté, nous sortira de la crise et construira la Nouvelle Europe !

« N'attendons pas de vaines élections, phalanges sacrées, descendez dans les rues dès à présent ! Avec votre aide, la faim et le froid seront vaincus ! La Nouvelle Europe connaîtra ensuite la paix pour mille ans ! »

Des morceaux de plâtre s'effondrent du plafond tant les applaudissements et les cris retentissent dans l'hémicycle. On se donne l'accolade, on cherche du regard un voisin pour partager ce moment unique. Aurore Henri, magistrale sur l'estrade ceinte par les lambeaux de drapeaux européens suspendus au mur derrière elle ferme les yeux. Dans le monde entier, sur tous les postes de télévision, apparaît cette femme frêle et déterminée captant l'attention de centaines de millions de spectateurs.

Chapitre 2

Programme pour l'établissement d'une Nouvelle Europe !

1. Nous, Aurore Henri, exigeons la constitution d'une Nouvelle Europe, regroupant les pays ayant reçu en héritage la civilisation européenne, sur la base du droit des peuples à disposer d'eux-mêmes.

2. Nous exigeons l'égalité des droits de chaque citoyen, indifféremment de son sexe, son origine ou sa religion, à l'intérieur de cet espace de protection et de prospérité.

3. Seuls les citoyens bénéficient des droits civiques. Pour être citoyen, il faudra adhérer aux valeurs de la Nouvelle Europe, et par ses actes, ses croyances ou ses intentions, ne pas chercher à la détruire ou à la déstabiliser. Les citoyens pourront être déchus de leurs droits civiques et être bannis s'ils ne respectent pas les valeurs de la Nouvelle Europe.

4. Les non-citoyens pourront vivre en Nouvelle Europe comme hôtes, ils y seront traités en égaux, mais ils devront se soumettre à sa juridiction sous peine d'en être chassés,

sans pouvoir emporter les biens que la Nouvelle Europe a pu leur offrir.

5. La Nouvelle Europe s'engage à procurer à tous ses citoyens des moyens d'existence sous la forme d'un revenu d'existence de base, donné à chaque citoyen afin de garantir sa survie et sa dignité.

6. Les partis politiques seront abolis. Nous combattrons la pratique partisane, génératrice de corruption, d'attribution des postes par relation, empêchant que ceux-ci reviennent aux plus compétents ou méritants. Les lois de la Nouvelle Europe seront ainsi décidées pour le bien du peuple et non pour l'intérêt de certains.

7. Considérant que le travail humain ne représente plus une source de revenus à exploiter, la Nouvelle Europe ne financera plus ses politiques publiques par la taxation du travail, mais par la taxation des transactions financières et commerciales, et la mise en place de nouveaux mécanismes économiques libérant les citoyens du joug de la pression fiscale.

8. Les femmes s'étant vu confier par la nature le plus grand des pouvoirs et la plus grande des tâches, seront protégées à la hauteur de ce que nous leur devons. Toute atteinte à l'intégrité physique, sexuelle ou morale d'une femme sera punie d'une destitution des droits civiques. Les pensions destinées aux mères seront substantiellement augmentées, afin que la société rééquilibre le lourd tribut que les femmes paient en perpétuant la race humaine.

9. Nous exigeons la réévaluation immédiate de tous les salaires en fonction de l'utilité et de la nécessité de la fonction au sein de la société. Les enseignants, les soignants, les agriculteurs, les artistes, les bâtisseurs, ceux qui éduquent,

soignent et nourrissent les citoyens seront considérés comme occupant les fonctions les plus hautes et seront rémunérés comme tels.

10. Nous protégerons la classe moyenne en relocalisant sur-le-champ les usines et centres de production appartenant à des entreprises internationales ou nationales. La priorité sera accordée aux commerçants et industriels de Nouvelle Europe pour toutes les livraisons à l'État.

11. Les investissements d'État iront en premier lieu à l'éducation, à la santé ainsi qu'à l'environnement.

12. Nous prônons la promulgation d'une loi interdisant toute spéculation foncière, afin de remettre à disposition des millions de logements.

13. Nous interdirons la spéculation sur les matières premières et les matières vivantes telles que le lait ou les céréales. Nul ne peut s'enrichir sur la terre nourricière ou sur le vivant.

14. Nous exigeons une lutte sans merci contre ceux qui, par leurs activités, nuisent à l'intérêt public, saccagent, détruisent et polluent.

15. Nous appelons à la rédaction d'une constitution commune, fondée sur de nouvelles valeurs, qui prenne en considération l'ensemble des besoins humains. Le sentiment de sécurité, de reconnaissance, d'appartenance, de recherche d'un bonheur matériel et spirituel en sera le socle fondateur.

16. Nous lutterons enfin contre le mensonge politique et sa propagation par les médias. La vérité doit être placée au centre des échanges humains à l'intérieur de la Nouvelle

Europe. La vérité est une et unique. Toute infraction à cette mesure sera sanctionnée.

Lorsque les objectifs fixés seront atteints, nous, A.H., aurons accompli notre mission. Donnez-nous quatre ans et vous ne reconnaîtrez plus l'Europe !

Chapitre 3

Au lendemain du discours de Bruxelles, les imprimeries de Krotinsky, le magnat tchèque de la presse rencontré chez Helen Bauer assurent l'impression de 50 millions de tracts. Les originaux, distribués dans les grandes villes, sont conservés comme des reliques. On les encadre au mur, on les place près de son lit, comme une table des lois dont la prophétesse Aurore Henri assurerait l'avènement.

La multiplication des tracts relève en effet du miracle. Partout en Europe, des millions de copies sont distribuées par des anonymes aux sorties des métros, dans les classes d'écoles, dans les bars. Certains exemplaires, dans des régions reculées où l'électricité n'est toujours pas revenue, sont recopiés à la main et distribués sur les marchés où l'on contemple des étals vides, mais encore chargés d'odeurs de nourriture. Le *thread* d'Aurore Henri sur Twitter dans lequel elle publie ses seize points pour refonder l'Europe devient le plus retweeté de l'histoire des réseaux sociaux. Son programme se déplace à la vitesse des vents qui le portent jusqu'au beau milieu de la serre de plantes médicinales du Jardin botanique de Moscou.

Après avoir vérifié que personne n'entre dans la pépinière, Yvana ôte ses gants de caoutchouc et sort le papier de la poche de son tablier gris. À sa lecture, elle ne peut s'empêcher de sourire. La sensation de découvrir, sous des mots nouveaux, un style familier. Cela fait vingt ans que cette botaniste d'origine hongroise a rejoint le jardin d'hiver de l'Académie des sciences de Moscou. Sitôt plongée dans cette jungle de serres qui s'étendent sur quatre kilomètres au cœur de la ville, Yvana a l'impression d'être complètement immergée dans la nature. Célibataire et sans enfants, elle avait décidé de se retirer de la cacophonie humaine et s'était éprise de cet océan de verdure dans lequel plus aucun bruit ne se fait entendre, si ce n'est le chant des oiseaux attirés par les essences des 8 200 espèces de plantes apportées du monde entier par des spécialistes depuis le XVIIIe siècle.

Sitôt les grilles passées, les cacaoyers, avocatiers et caféiers, et le nénuphar géant Victoria d'Amazonie dont les feuilles peuvent atteindre trois mètres de diamètre, lui rappellent un paradis perdu aux senteurs exotiques. Mais ni l'orangerie ni la roseraie n'avaient retenu son attention. Le jour de son entretien, Yvana avait offert de travailler gratuitement s'il le fallait, tant qu'on lui permettait de s'occuper du jardin d'herbes médicinales, le plus ancien jardin de Russie, créé par le tsar Pierre Ier. Yvana, pourtant nostalgique de la Russie communiste, s'occupe de la plus grande collection d'orchidées au monde héritée des tsars, dont la *Dracula simia*, qui donne à celui qui la regarde l'impression de voir en son cœur une tête de singe. Observer les plantes permet de saisir les vraies couleurs des hommes. Yvana aime écouter ceux qui se succèdent sous les serres de verre. Le matin, les nécessiteux ou les ouvriers viennent s'offrir un voyage qui leur est impossible. Puis c'est au tour des écoliers et de leurs professeurs de se cultiver, riant de la forme de telle feuille, de telle racine. L'après-midi, la serre devient plus mondaine, les dames éclosent à l'heure du thé pour admirer les orchidées, attentives à leur apparence plus qu'à tout autre chose. Ce sont les nez qui en disent le plus sur une personnalité : des nez pochetrons qui rivalisent en couleur avec les pétales violacés, des nez magnifiques qu'aucune plume, aucun pinceau ne peut représenter, des nez aux narines pincées, des nez poétiques et des nez inspirés dont les passants sont jaloux.

La soixantaine à peine entamée, cette grande blonde aux cheveux rassemblés en un indéfectible chignon marque autant par la grâce de son port de tête que par sa grande discrétion. Toujours elle prend soin de nouer un foulard pastel autour de son cou, dont elle laisse tomber les pans sur son épaule gauche. Nombre de collègues masculins ont tenté de séduire la botaniste, sans que celle-ci fasse cas de leur sollicitude. Yvana leur préfère son sujet d'étude, la mandragore.

C'est elle qui a introduit ici cette plante originaire de Méditerranée voisine de la belladone, la cerise du diable, dont les baies noires contiennent une substance toxique pour le système nerveux humain. La mandragore, sa cousine méconnue, est dotée d'une force nettement supérieure.

Très jeune, Yvana s'est intéressée à cette plante mal aimée et crainte, sans doute à cause de son apparence. La mandragore mâle est blanche. Ses feuilles sont larges et lisses comme celles de la blette. La noire, considérée comme la femelle, a des feuilles plus étroites, des tiges velues et deux ou trois racines rougeâtres, charnues et tendres, longues de près d'un mètre. Elle exhale une odeur puante et forte, et produit des « pommes » de la couleur du safran, dans lesquelles on trouve une graine semblable à celle de la poire. Sa fleur ressemble à une chevelure ondulante, ce qui donne à la plante une forme étrangement humaine.

Yvana, qui a une appétence naturelle pour les choses repoussantes, trouve rassurant d'aimer ce que les autres craignent. La mandragore avait été choisie pour son pouvoir hallucinogène dès le Moyen Âge par les sorcières qui s'en enduisaient les muqueuses et les aisselles afin d'entrer en transe. On disait ses effets psychoactifs plus intenses si l'onguent était introduit dans le vagin à l'aide d'un bâton ou d'un manche à balai.

Pour la religieuse mystique Hildegarde de Bingen, « la mandragore est chaude, et légèrement aqueuse ; elle est née de la terre avec laquelle Adam a été créé. À cause de sa ressemblance avec l'homme, ce dernier peut obtenir de la mandragore l'accomplissement de ses désirs, qu'ils soient bons ou mauvais. La silhouette en forme de mâle donne des médicaments énergiques, celle qui a une forme de femelle a des pouvoirs spirituels sans commune mesure ».

Mais attention, mettent en garde les sorcières savantes du Moyen Âge, il faut manier la plante avec une extrême précaution, en prenant soin, pour la cueillir, de tracer autour d'elle trois cercles avec une épée, de la couper en regardant vers le Levant, de danser autour d'elle en prononçant des paroles grivoises. Le jardinier amateur devra également se boucher les oreilles à la cire. Car le collecteur de mandragores qui entend le cri effroyable poussé par la plante femelle lorsqu'on l'arrache du sol peut devenir irrémédiablement fou.

Les condamnés étaient amenés nus jusqu'au gibet. La corde de chanvre au cou, on ôtait la chaise retenant leurs jambes. Sous l'effet de la strangulation violente, leur nuque se rompait et le supplicié laissait perler une goutte de sperme, répandant sur le sol sa dernière semence. La mandragore poussait et croissait à cet endroit, se nourrissant du sperme des pendus, buvant jusqu'à la lie leur vitalité virile.

Ainsi chaque printemps, les mandragores bercées par la botaniste ouvrent leurs corolles au beau milieu de Moscou.

Cinq pétales rassemblés, blancs ou bleus, donnant naissance à des baies globuleuses. Yvana avait trouvé dans des manuels du XIIe siècle des recettes allant de l'hallucinatoire puissant à l'antidouleur. Personne au jardin botanique ne sait qu'à l'époque de l'URSS, elle avait participé au groupe d'études et d'expérimentation étudiant la scopolamine, une substance présente chez les plantes solanacées, servant à l'élaboration des premiers sérums de vérité. L'identité et le passé sont un jardin secret.

La lecture du tract d'Aurore Henri a réveillé en Yvana quelque chose d'ineffable, la certitude qu'il est temps de sortir de la serre pour combattre à nouveau. Un groupe de visiteurs s'approche, elle finit de nouer son foulard pour cacher, sous ses longs cheveux blonds, un papillon bleu aux ailes déployées tatoué à l'arrière de son cou.

Chapitre 4

Partout sur le continent, la population suit le mot d'ordre lancé par Aurore Henri. Des millions d'âmes quittent leur foyer pour se tenir debout face aux mairies, aux ministères, aux présidences. La détermination est lisible dans leurs regards malgré la faim, le froid, le noir. Les premiers jours, les dirigeants des pays se terrent dans leurs palais, refusant de les voir. Mais sous leurs fenêtres ils restent. La deuxième semaine, ils les menacent, mais sous leurs fenêtres ils restent. La troisième semaine, ils tentent de les disperser, mais sous leurs fenêtres ils restent. La quatrième semaine, ils envoient l'armée pour les déloger. À la cinquième ils tirent sur leur peuple à balles réelles. Certains tombent, mais d'autres semblent pousser, si bien qu'ils sont toujours plus nombreux. Armés de bougies, de tambourins, ils chantent pour couvrir les cris de ceux qui meurent.

À Paris, face au palais de l'Élysée assiégé, une femme halète à même le sol, le visage tordu de douleur. Les contractions s'accélèrent. Une autre se saisit de l'enfant. Le petit corps soumis aux éléments les plus violents se met à pleurer puis entrouvre la bouche, esquissant un sourire. Celle qui a aidé à la délivrance tend vers le ciel ses mains rouges, pleines du sang de la vie. Au milieu de la famine et des violences d'État, on n'avait du sang plus que l'image de la mort, on a oublié qu'il est aussi la vie. Alors, face aux militaires les chargeant, les insoumis frondeurs battent le sol de leurs pieds avec une ardeur redoublée. Rien désormais ne les fera renoncer. Le siège populaire est parti pour durer toute une année.

Mais combien de naissances pour tant de morts ? La grande crise a désormais trois ans, l'hiver avance à grands pas. La moisson des vivants ne connaît pas de saison. Elle frappe les faibles comme les vaillants, emportant en quelques mois trois cent mille personnes supplémentaires sur le continent. On finit de consommer les dernières réserves alimentaires permettant de maintenir en vie, grâce au rationnement, les populations des grandes agglomérations.

Les femmes, n'ayant plus la force d'accoucher de mort-nés, ne donnent plus d'enfants aux hommes. On se jette de la tour Eiffel pour éviter la lente agonie et partir avec panache, dans ses meilleurs habits. Bien sûr on souffre partout de la même manière, mais il semble que l'idée d'injustice vous saisit plus fort quand le malheur touche Paris. Comme si les endroits faits pour briller ne devaient pas connaître l'obscurité, pour qu'une lueur d'espoir en nous demeure.

Lorsqu'elle était arrivée à Paris pour y étudier, ne sachant où aller, Aurore Henri avait demandé au taxi de la mener au pied de la tour Eiffel. Elle s'était approchée comme dans un conte de fées du jardin du Trocadéro dont les jets d'eau semblaient annoncer la venue du roi à Versailles, avait passé le carrousel de chevaux de bois et s'était arrêtée émerveillée devant le palais de Chaillot qui abrite le musée de l'Homme. À l'arrière de l'immense bâtiment, visible depuis des dizaines de mètres, des mots de bronze et d'or :

Il dépend de celui qui passe
Que je sois tombe ou trésor,
Que je parle ou me taise,
Ceci ne tient qu'à toi
Ami n'entre pas sans désir.

Quelques vers de Paul Valéry avaient marqué l'entrée d'Aurore Henri dans la Ville lumière. Cette ville aux mille trésors était devenue, par la lâcheté des hommes, le tombeau de l'humanité. « Assez de mots, assez de concepts, assez d'idées ! se retourne-t-elle vers Nicolas, qui pour une fois se taisait. Je ne peux pas rester là à attendre que les gouvernements se décident à reconnaître leurs fautes !

— Le point épineux de toute stratégie est l'attente. La subir ou la provoquer. Tout est une question de patience.

— Eh bien moi, je suis allergique à cette forme de passivité ! Il y a forcément quelque chose que je puisse faire.

— Les gouvernements vont tomber, tu as réussi à unir les gens contre leurs chefs... Ce n'est qu'une question de temps.

— Pourquoi devrais-je danser une valse dont un autre décide du temps, si je prétends mener le bal ?

— On ne peut diriger le temps.

— Eh bien, regardez-moi le faire ! »

Nicolas laisse tomber sa pêche dans son assiette et plonge son pouce dans sa bouche afin de ne pas en perdre le jus. Cette Aurore Henri n'est pas belle, mais à la voir ainsi autoritaire, elle en deviendrait presque bandante, songe-t-il.

Chapitre 5

« Toujours rien. » L'officier en chef de la capitainerie du port de Marseille, jumelles à la main, scrute l'horizon. Des milliers de personnes se tiennent devant les trois immenses cales sèches, en attente de l'apparition miraculeuse. L'attente, cette torture humaine inventée par les dieux, songe Aurore Henri. « Relancez l'appel radio, ordonne-t-elle, et en l'absence de réponse, envoyez une frégate en reconnaissance. » Les marins, étourdis de recevoir un ordre d'une femme en civil, courent en toutes directions.

« Madame, ose lancer le chef de la capitainerie, peu rassuré. Si le moindre coup de feu est tiré, nous risquons d'être pulvérisés.

— Ayez la force de l'espoir, capitaine. Songez que si la mission réussit, vous serez le sauveur de millions de vies. »

Aurore Henri avait fait forte impression sur le nouveau dalaï-lama, qui était de nationalité indienne. Elle avait fait appel à sa sagesse afin de guider son action. Fallait-il tout faire pour sortir le peuple européen de la famine, quitte à faire appel à des puissances étrangères, ou préserver son indépendance et sa fierté ? S'ils s'étaient tous deux accordés sur la supériorité de l'esprit sur le corps et le renoncement nécessaire à l'accomplissement de la voie et de l'éveil, le lama avait conforté Aurore dans son envie de charité. Ce n'étaient plus des idées ni des mots qu'il fallait apporter au peuple, mais des vivres. Aucun de nos anciens alliés n'était disposé à assumer le coût d'une aide humanitaire d'une ampleur inédite. Les Nations unies, si elles s'étaient entendues, auraient pu endiguer la famine en quelques mois, par l'envoi de denrées. Par l'entregent du lama, c'est vers l'Inde, celle des non-alignés qui avaient osé tenir tête à l'Angleterre et à son Commonwealth comme à la Chine, qu'Aurore s'était tournée.

Le gouvernement indien avait saisi l'opportunité de devenir le nouvel allié du continent, négociant d'importants contrats d'échanges commerciaux, coupant l'herbe sous le pied à son voisin chinois. L'Inde avait accepté de fournir riz, blé et bananes, qu'elle produit en quantité. Mais il avait fallu trouver les navires. Or les porte-conteneurs naviguant en grande majorité sous pavillon hongkongais, il avait fallu jouer la carte de la diplomatie pour affréter deux cargos appartenant à un armateur maltais et un troisième portant pavillon français, financés grâce aux fonds privés mobilisés par Helen.

Ainsi, au mois de novembre 2032, trois cargos porte-conteneurs prennent la mer depuis le port de Jawaharlal Nehru, près de Bombay, avec à leur bord près de 15 tonnes de vivres chacun.

Les trois cargos monumentaux, précédés de deux destroyers indiens, l'*INS Ranvijay* et l'*INS Brahmaputra*, s'avancent vers l'entrée du canal de Suez. Mais le gouvernement chinois, voyant d'un mauvais œil cette opération, lance à leur poursuite trois bateaux lance-missiles Houbei flambant neufs. Les navires chinois tentent de remonter en amont des porte-conteneurs afin de leur bloquer l'accès à l'entrée du canal. Mais les destroyers indiens tiennent en joue les Houbei chinois. Les cargos s'engouffrent dans l'étroit ruban d'eau entre les sables, suivis d'une suite de bateaux de reporters de tous les pays. Après plusieurs heures de progression sous haute tension, les cargos atteignent le *choke point*, le goulet d'étranglement du canal au milieu du désert. Enfin, une autre mer s'ouvre devant eux : la Méditerranée aux bleus insensés et contrariés s'étend devant les destroyers mettant le cap vers leur destination. Aurore Henri avait choisi Marseille, un des deux seuls ports d'Europe avec Rotterdam à pouvoir accueillir les plus gros navires du monde.

Tous les pavillons flottent au bout de longues hampes, donnant un air de Babel en fête au port de Marseille. Un bruit continuel de sifflets et de sirènes résonne quand soudain, semblant émerger de la brume lointaine, les navires apparaissent. Les destroyers indiens ont eu raison des lance-missiles chinois qui se tiennent à distance.

Le CMA-CGM *Antoine de Saint Exupéry* et son drapeau français s'avance en premier, suivi par le *Louis Blériot* et le *Jean Mermoz* aux couleurs de Malte. Les trois cargos portant les noms de pionniers français de l'aviation et de l'aéropostale semblent voler au-dessus de la mer. Aurore Henri rejoint en hâte le quai pour présider au débarquement. Sur le quai, les conteneurs destinés aux pays voisins repartent aussitôt par la route, tandis que les autres se posent enfin sur le sol français, sous les bravos et les hourras. Aurore Henri, n'y tenant plus, ouvre symboliquement un des conteneurs, provoquant une liesse populaire sans précédent. Elle se saisit des sacs de riz qu'elle distribue à la foule. On scande son nom, on pleure à s'en arracher les cheveux. Les images de cette femme aux manches relevées, bras nus, déchargeant au prix d'insurmontables efforts des sacs de riz et de blé pour nourrir les affamés font en quelques heures le tour du monde.

Chapitre 6

Comment se réjouir d'avoir rassasié quelques ventres quand il y a tant d'affamés ? L'Europe doit punir ceux qui l'ont privée de l'énergie dont elle a tant besoin, mais comment faire plier un ennemi quand on n'a pas d'armée ? Aurore se couche volets ouverts, les yeux rivés sur la Méditerranée.

Quelle insoutenable vision, lorsque l'esprit est envahi de questions, que d'être face à l'imperturbable immobilité de l'eau ! Un brouillard épais embrasse la masse sombre et engourdie qui, loin d'être inerte, est traversée d'ondes légères qui viennent jusque sur la rive. Les vaguelettes se font plus intenses, comme si un enfant malicieux s'amusait à faire des ricochets au large. Soudain une forme déchire la brume. La coque immense d'un bateau délabré, la carcasse d'un vaisseau rouillé. La cale est surmontée d'un pont blanc que couvre un toit vert, au-dessus duquel flotte un drapeau qu'elle ne parvient pas à identifier, une sorte de plante étrange, une racine noire sur un fond rouge. Le vent s'est levé, le drapeau danse et tournoie, prêt à s'arracher. Le bateau s'avance dangereusement vers la rive, précédé de deux cygnes aux cous dressés, et s'arrête au pied de sa fenêtre. La cale s'ouvre comme celle d'un immense porte-conteneurs.

Aurore marche vers le navire. Elle avance pieds nus sur la ferraille roussie, et découvre d'étranges récipients, des bocaux de verres contenant des papillons. Des centaines de papillons, classés par taille et par couleur, avides de voler. Leurs ailes roses, jaunes ou bleues luisent sous la lumière de la Lune. Le bruissement de leurs ailes prisonnières contre le verre produit un son merveilleux, semblable au chant de l'océan. Aurore se saisit d'un récipient, le papillon se fige. Un si petit corps, caché sous de si grandes ailes. Une étiquette est apposée sur le verre, avec une inscription en russe. Peut-être que si elle ouvrait tous les pots, quelque chose se produirait. Mais de ces centaines de papillons tournés vers elle, lequel libérer en premier ? Aurore place ses doigts sur le couvercle doré et, d'un geste coupable, dévisse l'opercule. Le papillon sort lentement, comme un génie d'une lampe. Il se défroisse, s'étend et vole autour d'elle. La voilà assise en tailleur au fond de la cale ouvrant tour à tour les bocaux de verre. Chaque papillon libéré rejoint les précédents et tourne autour d'Aurore dans un ballet magique. Le temps n'existe plus.

Chapitre 7

« C'est une idée qui peut nous valoir le Nobel de la paix, commente Nicolas, à l'arrière de la berline aux vitres fumées qui remonte la Moskova. Cet homme-là, c'est le seul mec au monde qui me fasse peur, ajoute-t-il. Il a résisté à toutes les crises politiques et à tous les coups d'État. C'est à croire qu'il s'est dissocié de tout sentiment humain, de toute émotion pour y arriver. Il ne réagit ni à la menace ni à la peur. Ne va pas sur ce terrain-là. »

Aurore s'était réveillée avec la certitude que seul le retour de l'énergie en Europe pourra arrêter sa chute. Il ne lui sied pas de se cacher derrière des traités et des accords, comme les dirigeants avant elle l'ont toujours fait. Elle avait eu l'idée de se tourner vers leur meilleur ennemi, celui que l'Ancien Monde diabolisait, mais dont la volonté faisait loi sur une partie du globe. Les relations d'Helen ont permis d'organiser sans délai une entrevue avec le maître de l'Est.

« Que puis-je donc lui offrir pour qu'il rouvre les vannes du gaz russe en Europe sans que nous ayons à le payer ou à investir dans son économie ?

— L'assurance de votre entente future.

— Jamais je ne le laisserai interférer dans notre politique, je ne serai pas à sa solde. Je ne vendrai pas notre indépendance parce que nous sommes dans le besoin, pas plus que nos valeurs ni nos institutions.

— Tu dois lui proposer ce qu'aucun autre peut lui donner. » Nicolas racle sa gorge d'une toux grasse.

« Vous n'insinuez tout de même pas… Nicolas, regardez-moi bien, ce n'est pas parce que j'ai un corps de femme que ma fonction est de satisfaire l'appétit masculin. Je traiterai, comme avec chacun de mes interlocuteurs, d'égal à égal. Je lui parlerai en chef d'État, et il me répondra en tant que tel. »

Nicolas ouvre la fenêtre pour cracher une glaire épaisse.

« Pour ce que j'en dis, ç'aurait été plus intéressant de t'écouter si tu avais dégrafé un bouton de ton chemisier. » La berline s'immobilise. Par la vitre abaissée, Aurore Henri voit se dresser, au-dessus de l'immense muraille de briques rouges, le palais du maître de l'Est, le Kremlin. Le jaune et le blanc se superposent sur sa longue façade surmontée d'un toit vert où flotte le drapeau russe.

Le chauffeur ouvre la portière. « Chaque personne a un besoin intérieur, la retient Nicolas. Quelque chose qu'il ne met pas sur la table, qu'il ne formule pas. Y a pas un gars qui n'a pas un besoin caché. Trouve-le. »

Le directeur de cabinet, dont les chaussures aux semelles rigides résonnent sur le parquet verni, avance à grands pas. Aurore Henri traverse en se donnant une contenance le Vestibule sacré, qui ouvre l'accès au palais des Facettes, l'ancienne salle du trône, dont la façade est couverte de pierres blanches taillées en pointe de diamant. « C'est un immense honneur que vous fait le Président, précise-t-il en continuant de marcher, il vous retrouvera dans le palais doré de la tsarine, réservé aux visites des chefs d'État. »

Pénétrant dans l'édifice au toit surmonté de petits clochers à bulbe étincelant posés sur de hautes cheminées,

Aurore Henri a le souffle coupé. Les murs au plafond voûté semblent eux-mêmes s'arc-bouter devant tant de majesté. Ils sont couverts de fresques représentant des scènes de la Bible, et des personnages historiques réunis en un conclave séculaire. Au sol, un tapis tissé d'or et de soie, dans les niches, de la vaisselle d'argent et des figurines aux formes fantasques. Jamais le pouvoir des hommes ne fut si glorifié qu'en ce lieu, songe-t-elle, caressant de sa main les pierreries des icônes.

« Imaginez qu'après le passage de Napoléon, il ne restait de tout cela que des murs décatis. » À pas de loup, il s'approche d'elle, balançant le bras gauche, retenant le droit légèrement plié contre son torse. Sa tête semble avancer indépendamment de son corps, les yeux mi-clos profondément ancrés sous ses sourcils blonds. C'est la première fois qu'Aurore Henri se sent déstabilisée. Ce n'est ni la fonction ni le lieu, mais bien l'homme qui provoque en elle comme un frisson. Le maître de l'Est lui tend une main vigoureuse.

« Je me méfie des Français. Quand votre Napoléon occupa Moscou en 1812, il ordonna à ses troupes de faire sauter la forteresse en partant.

— Je vous promets de ne rien faire exploser en partant, monsieur le président », répond Aurore Henri maintenant la poignée de main de toute sa force.

Le Président découvre d'un léger sourire ses incisives, et la guide à travers le palais. Il lui semble que le Président russe la suit du regard dans ses moindres mouvements, comme ces portraits dérangeants qui dans les musées font peur aux enfants.

« Vous avez le port de tête d'une impératrice, la complimente-t-il.

— On a dit la Grande Catherine hommasse et nymphomane, rétorque Aurore bien décidée à ne pas se laisser flatter.

— Vous, les Français, vous avez toujours besoin de récrire l'histoire à votre avantage. » Le Président l'entraîne vers d'autres salons d'apparat. Ses yeux semblent changer de couleur et exprimer deux émotions contraires, noirs pour la colère, orange pour la passion.

« Vous avez encouragé l'immigration avec de substantielles aides sociales, que vous auriez dû distribuer à vos paysans et investir dans votre indépendance énergétique. J'avais prévenu vos dirigeants que la guerre éclaterait en Europe.

— Je suis venue vous entretenir du second sujet, pas du premier.

— On ne peut séparer l'œil gauche de l'œil droit sans que la vue ne soit amputée, s'amuse-t-il, avant de changer de ton. Beaucoup de pays euroatlantiques sont en train de rejeter leurs racines, les valeurs chrétiennes, qui constituent la base de la civilisation occidentale. Ils sont en train de renier les principes moraux et traditionnels de leur identité. Pour avoir l'air de démocrates, ils ont cédé à un excès de politiquement correct qui les a conduits à devenir faibles. La France est devenue une colonie de ses anciennes colonies ! Moi, je suis le plus grand démocrate, j'ose l'affirmer, et je traquerai jusque dans sa tombe celui qui dira le contraire. Mais je suis hélas le seul.

— Monsieur le président, je suis comme vous une grande démocrate. Aidez-moi à obtenir ce que je suis venue chercher, et vous ne serez plus seul. »

Le maître de l'Est semble piqué.

« Il vaut mieux éviter de se disputer avec les femmes, on perd toujours ! Je suis très intéressé de parler de l'avenir et de réfléchir à des façons de construire un futur commun.

— Je ne vous offre pas un blanc-seing pour reconstituer votre ancien empire, si tel est ce que vous suggérez. Je ne saurais d'ailleurs l'accepter.

— Le démantèlement de l'URSS a été la plus grande tragédie géopolitique du siècle dernier. À l'époque de l'URSS, pas de terrorisme, pas d'immigration massive, pas de crise morale. L'histoire me donne raison.

— Je nous souhaite alliés et amis, et suis persuadée que nous pouvons nous rendre mutuellement de précieux services. Mais la Russie restera dans ses frontières actuelles, à l'ouest. Ce que vous faites à l'est, en revanche, ne me regarde pas. »

La vivacité et l'audace d'Aurore Henri plaisent au maître de l'Est. La partie d'échecs intellectuelle se poursuit de pièce en pièce jusqu'au dernier salon, tout en candélabres d'or s'ouvrant en éventail comme les plumes d'un paon.

« Les Russes ne peuvent fournir en énergie toute l'Europe. Elle a voulu céder à l'idéologie écologiste, a tourné le dos au gaz… mais vous voyez que les traditions nous maintiennent en vie. Quelle est l'énergie d'avenir que vous défendrez ?

— L'espoir. »

Le maître de l'Est polarise ses yeux noirs sur le visage d'Aurore Henri.

« L'espoir est la forme la plus puissante d'énergie que l'on puisse produire, conclut-elle, en relevant la tête.

— Je crois que vous vous trompez. C'est le désir. »

L'orange a colonisé le noir dans les yeux du Président, le faisant refluer au centre de la pupille. Aurore s'arrête dans leur déambulation sous un lustre monumental, au-dessus duquel trône un ananas. « En Russie, nous cultivons depuis longtemps les fruits et les plantes exotiques.

D'ailleurs, le jardin botanique de Moscou est réputé dans le monde entier. Je le ferai ouvrir ce soir pour vous. Nous y terminerons cette conversation. » Les yeux du maître de l'Est semblent à présent de la couleur du bronze en fusion.

Chapitre 8

La serre laisse apparaître, à travers le feuillage des arbres aux essences tropicales, des points lumineux dessinant le ciel au-dessus de Moscou. Une table simple, à la nappe blanche, a été dressée au milieu du jardin d'hiver, préservé des regards par la profusion des plantes. Les orangers donnent au lieu un parfum de printemps au milieu de l'automne. Un carré, à l'écart des autres, plus dégarni, attire l'œil d'Aurore ; une plante aux feuilles longues, aux fleurs bleues et poilues, et aux fruits ressemblant à des baies luisantes comme de grosses cerises, qu'elle ne peut s'empêcher de toucher.

Les gardes s'écartent d'une dizaine de mètres de la serre, et se postent en faction, le dos tourné.

« Quelle plante étrange ! Ses fleurs sont belles, mais son odeur est si laide ! La botaniste qui travaille ici effraie les touristes en leur racontant que cette mauvaise herbe a des pouvoirs occultes et qu'elle se nourrit du sperme des condamnés ! lance le Président dans le dos d'Aurore Henri.

— En ce cas, c'est une plante qui manque d'ambition, rétorque celle-ci, s'éloignant du maître de l'Est dont elle a senti le souffle sur son épaule. Suis-je ici pour parler jardinage ou pour œuvrer au rapprochement de nos peuples ? »

Le Président russe remplit leurs verres de vodka, renversant un peu du précieux alcool sur la main d'Aurore, qui lèche machinalement le bout de son doigt.

« Bien sûr que non. Nous sommes ici pour parler d'énergie », dit-il s'approchant d'elle, ôtant d'un seul geste la veste de son costume sombre. Il défait aussitôt les premiers boutons de sa chemise, laissant apparaître les veines de son cou. Aurore sent la colère se saisir d'elle. Compte-t-il la baiser, ou baiser les Européens en ne la prenant pas au sérieux ? Voilà donc tout ce que l'on peut faire d'une femme ? Elle a furieusement envie de lui saisir la jugulaire, de mordre dans cette encolure et d'en arracher un morceau de chair.

« Ce n'est pas par la satisfaction du désir que s'obtient la liberté, mais par sa destruction, répond-elle au Président qui se penche sur elle, le repoussant de ses mains.

— Si votre désir se laisse détruire, c'est qu'il n'était pas assez fort. »

Le maître de l'Est plonge sur Aurore Henri qui enfonce un peu plus ses ongles dans sa poitrine, provoquant chez lui un soupir de plaisir. À sa grande surprise, la sensation de ses ongles griffant cette chair détestée lui procure un contentement inédit.

« Jamais je ne me laisse guider par mes bas instincts, et je suis ici en tant qu'égale, j'exige d'être traitée de la sorte.

— D'accord, vous aurez le droit de me faire tout ce que je vous ferai… Est-ce suffisamment égal pour vous ? »

Le Président russe ouvre de ses doigts la bouche d'Aurore, y attarde son pouce avant d'y introduire sa langue. La partie d'échecs intellectuelle se mue en joute charnelle. Le maître de l'Est renverse Aurore sur les plantes et de ses pieds écarte ses cuisses. Sans prendre la peine de la déshabiller entièrement, il approche sa main de son entre-jambe et y enfonce un doigt. Comme s'il venait, par ce simple index, de prendre possession de son corps, elle se contracte tout entière, ne sachant bien si elle souhaite l'expulser ou le retenir prisonnier. Depuis combien de mois, d'années, n'avait-elle laissé un homme la pénétrer ? Par l'intensité de la sensation, ce doigt déclenche en elle une culpabilité mêlée à une pulsion informe, presque animale, impérieuse par sa nature, inquiétante par sa force. Peur sans objet, peur peut-être de ne plus se contrôler, de ne pouvoir ranger son désir dans des petits bocaux de verre, d'être submergée par une envie de jouissance terrible qui l'aliénerait. Peut-être serait-elle aspirée par son propre sexe, comme par un gouffre immense, si elle libérait son pouvoir. Le maître de l'Est retourne d'un coup de reins Aurore qui enrage de se laisser traverser ainsi. Sa main écrase le terreau sur la table à semis, elle arrache d'un coup la bouture de mandragore à sa portée, avant de lâcher un cri. Comme ensorcelée par son propre gémissement, elle se dégage de l'étreinte du Président russe, le saisit par les cheveux et tire sa tête en arrière jusqu'à faire ployer son cou, son cou pédant, à son maximum. Elle lui fait mal, et cette sensation venge délicieusement des siècles de soumission. De sa main gauche, elle empoigne son sexe qu'elle couvre énergiquement de ses doigts, les faisant couler comme un goulet d'étranglement sur toute sa longueur. Enfiévrée, elle ne répond plus qu'à un seul désir devenu commandement, le faire jouir. Le vider de sa semence, l'éreinter pour qu'aucune autre après elle ne puisse en être fécondée, que son membre devienne une terre brûlée. Lorsqu'elle sent le Président au bord de l'orgasme, elle tombe à ses pieds et le prend à pleine bouche, comme pour boire jusqu'à la dernière goutte de sa semence.

En quittant la serre, Aurore Henri a la sensation que quelque chose d'insondable s'est ouvert en elle, que le désir sexuel n'est chez elle qu'une forme de désir de domination.

Chapitre 9

Il faut moins de temps aux Russes pour prendre possession d'un territoire qu'il n'en a fallu à Dieu pour créer la Terre. En moins de sept jours, les gazoducs russes tournent à plein régime et réchauffent nombre de foyers européens. De Berlin à Vienne, de Rome jusqu'à Paris, de la buée apparaît sur les carreaux des salles de bains, on passe ses doigts sous l'eau chaude à s'en brûler les mains, on s'émerveille de voir un œuf blanchir dans une poêle tandis que les enfants redécouvrent avec bonheur le goût du lait chaud dilué avec de l'eau. Pour la première fois depuis trois ans, le blizzard et la neige qui s'abattent sur le continent au début du mois de décembre ne sont plus perçus comme des dangers. Le nez collé à la fenêtre, on regarde les flocons tomber en louant ce miracle annonçant Noël 2032. Il n'y a toujours pas d'électricité, mais on rouvre une classe par école, où l'on se blottit à cinquante ou à cent pour écouter l'histoire des nations russe et indienne qui nous ont sauvés, grâce à l'humaniste Aurore Henri.

Avant la grande crise, le gaz russe représentait 35 % de l'énergie consommée en Europe. Les sociétés exploitantes proches du Kremlin acceptent de distribuer leur richesse à fonds perdus, avec la promesse d'obtenir l'exclusivité d'un marché de centaines de millions de consommateurs, capitalisant sur leurs réserves sans égales proches de 100 milliards de mètres cubes. Gazprom s'octroie des parts de marché face à la concurrence du gaz de schiste américain. Ainsi sur des ventres vides et des esprits apeurés se dessinent les nouveaux empires.

Sitôt la chaleur prodige réapparue, le quartier général d'Aurore Henri est inondé de demandes et passe du jour au lendemain de cinq millions de sympathisants à dix, cinquante puis bientôt quatre-vingts millions, avant d'atteindre une semaine plus tard le nombre record de cent millions. Les bureaux officiels dans les capitales européennes, financés par les proches d'Helen Bauer, croulent sous les demandes qui affluent même du Japon, d'Argentine ou du Mexique. Il faut suspendre les inscriptions face à ce plébiscite populaire sans précédent. Plus qu'une appartenance à un parti politique, la carte de sympathisant d'Aurore Henri représente un signe de ralliement. Elle est une déclaration d'identité, non celle qui nous est transmise ou donnée, mais celle que l'on se choisit. Elle est un totem, une cicatrice, le signe ostentatoire d'une résistance, de ceux qui veulent dire : « J'en suis. Je suis de ceux qui ont été mis à genoux par le système, dont l'être tout entier a tremblé si fort que je ne sais comment je tiens encore debout, et je ne tolérerai plus que l'on m'humilie. J'ai quitté l'Ancien Monde, car j'y ai connu la loi de la douleur, à présent je connais celle de l'espoir, et je marche avec elle vers le Nouveau Monde. Craignez les fils de l'espoir, car ils n'ont pas de limites ! »

Le 15 décembre 2032, l'hebdomadaire américain *Time Magazine*, prescripteur des tendances intellectuelles et politiques de l'Occident, publie son numéro spécial avec en couverture la personnalité de l'année. Le visage en noir et blanc d'Aurore Henri photographié par le Hoff apparaît sur les

3 millions d'exemplaires sortant des imprimeries bordés du célèbre liseré rouge. Assise sur un fauteuil, tournée vers la gauche, le regard portant au loin, vêtue d'une robe sombre, à son habitude, comme pour masquer sa féminité, elle arbore sur le bras gauche un brassard rouge avec, en son centre, une mandragore. À l'intérieur, une légende : « La rédaction du *Time Magazine* a choisi pour l'année 2032 de mettre en lumière Aurore Henri, nouveau visage politique et humaniste européen qui avait anticipé la crise terrible et meurtrière traversée par le Vieux Continent. Emprisonnée pour ses idées, elle a contribué à sauver des millions de vies grâce à son dévouement et à son action, et a su ramener l'espoir parmi les nations en devenant le visage du renouveau européen. Pour ces raisons, nous désignons Aurore Henri Personnalité de l'année. »

Nicolas saisit la couverture de papier glacé de ses doigts gras. « Putain, te voilà dans la cour des grands, à la suite de Gandhi, Roosevelt, Eisenhower, Staline, Churchill et de Gaulle ! Si c'est pas un ticket de première classe vers la présidence, je ne sais pas ce que c'est ! »

Petite fille déjà, Aurore Henri s'imaginait, face à l'injustice qu'elle voyait dans le monde, se tenir debout, au siège de l'ONU, prendre la parole. On l'écoutait, elle tirait des larmes à l'audience, tout le monde applaudissait, et l'on se jurait de ne plus recommencer. Elle contemple la couverture comme si elle représentait une autre, incapable de ressentir la moindre émotion. Depuis son retour de Moscou, elle n'est plus très sûre de ce qu'elle ressent.

« Nicolas… Je crois qu'il y a au fond de moi une bête, et que je l'ai nourrie. Elle est féroce et ne répond qu'à ses instincts. Je la sens affamée, en moi. »

On frappe à la porte de la suite.

« Je vais ouvrir. Si c'est la bête, je lui dis de repasser ? s'amuse Nicolas. Je te le dis, la couverture du *Time*, c'est la bénédiction de l'opinion américaine pour une présidentielle. Cela veut dire financements, expositions, think tanks et lobbies avec nous. »

Un garçon d'étage dépose sur la table basse une plante entourée d'un film plastique. Nicolas se précipite pour ouvrir le paquet, mais retrousse vite son nez, faisant un pas en retrait.

« Qu'est-ce qu'elle pue, cette plante ! Qui t'envoie une chose pareille ? C'est un colis piégé à la puanteur ! »

Aurore prend dans ses mains le pot de terre et libère de leur emballage les fleurs bleues avec au coin des lèvres un sourire félin.

« C'est une mandragore, Nicolas. Je vous conseille de vous faire à son odeur. Au fait, je ne veux pas être présidente, je viens de le décider.

— Mais enfin, on a bossé pour cela ! Helen a dépensé des millions, on ne peut pas renoncer !

— Je ne renonce pas. Présidente, cela n'est pas assez. Un seul pays est bien trop étroit. »

Aurore Henri tourne les talons et pose la mandragore près de son lit. C'est la première fois que Nicolas lui voit ce regard. Des yeux bleus traversés par des reflets orangés, qui leur donnent l'apparence de feux allumés.

Chapitre 10

« Aurore Henri, vous avez refusé de venir répondre à nos questions sur notre plateau, et vous nous avez conviés ici, c'est plutôt inhabituel. »

La journaliste de la chaîne de télévision américaine CNN venue interroger la jeune femme à la suite de sa nomination de Personnalité de l'année par le *Time* penche sa tête vers la gauche et plisse les yeux comme en signe de profonde réflexion, tandis que son carré blond laqué ne bouge pas d'un millimètre. Les projecteurs éclairent au-dessus des caméras le béton nu des murs glauques du studio improvisé pour l'entretien. Assises sur des chaises en bois, les deux femmes se font face.

« Vous conviendrez avec moi que les politiques ont depuis longtemps couru après les médias, comme des Narcisse cherchant leur reflet dans chaque surface d'eau. L'information est nécessaire à la liberté du peuple, ainsi j'estime que votre branche est l'un des piliers de la démocratie. Cependant, il y a à mon sens deux catégories de personnes, celles qui construisent, font et agissent pour leur société, et celles qui commentent, analysent et observent les premières. Un chef d'État ne doit pas se tromper de catégorie. Ce n'est pas à lui d'aller aux médias, c'est aux médias d'aller à lui, répond Aurore d'une voix travaillée.

— Pourquoi nous avoir donné rendez-vous à Paris, dans ce bunker sous la tour Eiffel, dont à vrai dire nous ne connaissions pas l'existence ?

— Ici les premiers tests d'émissions de radio militaire sans fil furent lancés au siècle dernier, ne vous en faites pas pour la qualité de vos images, vous êtes au pied de la meilleure antenne qui soit, répond Aurore Henri d'un ton léger.

— Mais pourquoi un bunker ? Craignez-vous pour votre sécurité ? »

Le caméraman quitte le visage impassible de la journaliste quelques instants pour faire un plan large sur l'abri, enterré à cinq mètres sous le Champ-de-Mars, derrière une lourde porte en fer à la peinture kaki écaillée.

« Aujourd'hui que j'ai l'oreille et le cœur de millions d'Européens, oui, je crains pour ma vie.

— Pourtant, le débarquement de nourriture à Marseille et le retour du gaz négocié brillamment en Russie, là où les autres chefs d'État avaient échoué, ont sauvé un nombre incalculable de vies, au point que certains vous comparent aujourd'hui à mère Teresa.

— Beaucoup voudraient me faire taire. Mais je ne me tairai pas.

— Qu'avez-vous à dire à présent que le monde vous écoute ?

— Je demande aux dirigeants européens de prendre instamment conscience de leurs échecs et d'écouter leur peuple.

— Vous avez appelé au blocage des administrations, qui a été très suivi et est toujours en cours depuis plusieurs mois. N'est-ce pas assez ?

— Il est temps que la voix de la rue rencontre la voie des urnes. Les dirigeants européens doivent organiser sans délai un référendum populaire sur l'adoption du programme que j'ai élaboré.

— Que se passera-t-il si les voix sont en votre faveur ? Seront-ils destitués ? Assistera-t-on à un coup d'État ? provoque la journaliste.

— Bien sûr que non, nous sommes en démocratie ! répond Aurore, souriante. Les dirigeants resteront en place tant que leur peuple les tolérera. Mais ils devront rendre compte de leurs agissements. Ils devront observer la nouvelle constitution de principe fondée sur mon programme, une charte de gouvernance en faveur du peuple, à laquelle ils devront obéir comme chaque élément sur Terre obéit à la loi qui lui est supérieure.

— Et s'ils ne s'y soumettent pas ?

— Ils seront ostracisés. » Le carré blond bouge lentement de droite à gauche. « En Grèce antique, chaque année, l'assemblée des citoyens se réunissait pour déterminer si l'on devait bannir un citoyen dont les actes étaient contraires au bien commun. Le nom de celui qui était visé était inscrit sur des tessons de céramique ou des coquilles d'huître que l'on comptabilisait ensuite. Celui-ci devait alors quitter sur-le-champ ses fonctions, son pays, et être exilé pendant dix ans. Quel bel exemple pour s'assurer que nul dirigeant n'est là pour de mauvaises raisons !

— Certains pourraient trouver cela radical.

— Ce n'est pas moi qui suis radicale, c'est le chaos de notre époque. Je ne suis qu'une voix qui tente d'ordonner le chaos. »

Chapitre 11

« C'est pourquoi tu voteras pour A.H. le 30 janvier 2033 ! » Un adolescent à la blondeur encore enfantine, brassard rouge sur son biceps naissant, tend un tract à une femme valise à la main, à la sortie de la gare de Berlin Ostbahnhof.

Cachée derrière ses lunettes de soleil, Yvana prend cet étrange accueil comme un signe. Après vingt-quatre heures de voyage depuis Moscou, il lui semble que le papillon tatoué dans son cou a les ailes froissées tant son torticolis la fait souffrir. Yvana déteste la douleur physique. Non qu'elle la supporte moins qu'une autre, mais ce qu'elle abhorre, c'est son corollaire, le sentiment de faiblesse confinant à l'inutilité.

Plus de quarante ans qu'Yvana n'était pas revenue à Berlin. Agressée par le bruit de voitures aux motorisations trop puissantes et les publicités aux dimensions gigantesques, elle se dirige à l'angle de Bernauer Strasse et Ackerstrasse pour admirer le pan de mur demeuré debout malgré les assauts de la prétendue liberté venue de l'Ouest.

À l'époque dorée du rideau de fer, il n'était pas nécessaire de se soucier de l'avenir ! Le régime communiste fournissait un travail et un logement à tous. Les produits de consommation étaient bon marché. Il n'y avait pas de café en Allemagne de l'Est ? Il y avait mieux, le Mocca Fix, un mélange de grains de café et de céréales. Yvana donnerait tout pour sentir encore l'odeur chaude s'échappant d'une tasse ébréchée du Café Sybille, sur la Karl-Marx-Allee, les Champs-Élysées de Berlin-Est. Mais hélas, à la place, derrière les grilles fermées, un bar lounge que rien ne distingue de ceux que l'on trouve à Londres ou à Paris, et dans lequel des jeunes gens aux vêtements griffés de marques américaines noient leur ennui dans des cocktails hors de prix. Au numéro 78, la Karl-Marx Buchhandlung, la librairie dans laquelle elle avait rencontré Philippe, un jeune lépidoptériste français qui avait traversé le Mur, pour voir si de l'autre côté, les papillons étaient plus beaux qu'à l'Ouest, a fermé. En le voyant arriver au volant de sa Trabant neuve pour leur premier rendez-vous, elle n'avait pas cru un instant à son histoire et avait tout de suite songé qu'il s'agissait d'une couverture. Ce Français lui racontait des histoires, mais c'était une belle histoire. Et qui, à Berlin-Est, était réellement celui qu'il prétendait être ?

En parcourant la ville, Yvana prend conscience de souffrir de cette nostalgie faisant regretter à près de la moitié de la population est-allemande le paternalisme du régime communiste fondé sur l'entraide informelle. Le système capitaliste avait apporté l'arrogante abondance, cheval de Troie de la disparition de l'espace public au profit du privé. Le Mur n'était pas un enfermement, il était une protection. Comme si l'Ouest avait une limite sur Terre à son expansion, une ligne Maginot de l'Occident. Il aurait mieux valu que le Mur ne tombe pas, se dit Yvana, observant un défilé de jeunes gens, les bras chargés de tracts en faveur d'Aurore Henri.

Dans toutes les villes d'Europe, des groupuscules d'étudiants, d'ouvriers, de chômeurs, de retraités, d'anciens bourgeois déclassés et autres indignés infiltrent chaque réunion politique. Les Phalanges harcèlent et poursuivent ceux qui ne souhaitent pas prendre part au référendum. Chaque café devient un isoloir, chaque opposant est converti ou dénoncé à ces cellules d'action autonomes visant à faire triompher Aurore Henri.

Les dirigeants politiques s'exprimant contre la tenue du référendum de janvier sont suivis et photographiés dans les positions les plus compromettantes, et s'ils ont l'audace d'être probes, d'habiles graphistes concoctent des montages des plus parlants les montrant au bras de prostituées ou d'autres hommes. Quand bien même les photos n'ont aucune véracité, quoi de mieux que la rumeur pour triompher. Si elle est bien ficelée, d'un mensonge elle fait une vérité. Acculer un ennemi à devoir se justifier et nier, c'est déjà mettre dans sa bouche les mots du délit, l'entacher de l'encre indélébile du soupçon.

Mais les nationalistes au pouvoir ne s'en laissent pas conter. À Belgrade, un groupe d'hommes cagoulés est arrêté alors qu'il mettait à sac un bureau de vote afin de déstabiliser le scrutin prévu pour la semaine suivante. Le quartier régional de Zagreb est victime d'une bombe artisanale piégée aux clous et aux vis, afin de cisailler tout ce qui est à proximité. À Naples, nombre de partisans trouvent au matin du scrutin la porte de leur appartement murée de briques et de ciment pour les empêcher de se rendre aux bureaux de vote.

À Paris, cinq mille policiers sont dispersés dans toute la ville, des escouades de tireurs d'élite disséminées, le référendum est placé sous haute surveillance. Les bureaux de vote restent ouverts toute la journée et toute la nuit. Voici venu l'hiver du dépouillement.

Chapitre 12

Enfin l'aurore apparaît sur Bruxelles, mettant fin à l'indécision de l'aube. Le matin se lève, ressemblant au premier jour d'une nouvelle ère. Les dirigeants des pays de la défunte Union arrivent à l'ancien Parlement.

Seulement dix-sept pays ont répondu présents sur les vingt-sept de l'ancienne Union. Les Présidents, les Premiers ministres, leurs interprètes et leurs conseillers comme des aréopages s'avancent dans l'hémicycle, ébahis de le trouver ainsi transformé. La grande salle a été restaurée pour l'événement. Aurore Henri a dirigé elle-même les travaux.

Tous ont les yeux fixés sur l'estrade centrale, flanquée de deux immenses statues dont les dimensions autant que la fragilité rendent improbable tout déplacement. À sa gauche, la *Victoire de Samothrace*. Dans le marbre blanc de Paros, une femme ailée de près de trois mètres de haut, la déesse de la Victoire. Sa longue tunique au tissu fin est plaquée par la force du vent contre son corps, découvrant toute sa jambe gauche, tandis que ses ailes déployées reflètent les lumières du Parlement, projetant au sol l'ombre d'un oiseau de proie. Ces hommes habitués à d'altiers piédestaux se trouvent toisés dès leur entrée par le corps dénudé de cette femme de marbre dont la posture inspire le respect plus que tous leurs discours passés. À droite, à la même hauteur, la *Pallas de Velletri*. Athéna, déesse de la Sagesse et de la Stratégie militaire, portant un casque de guerrier romain, lève le bras droit en direction de l'estrade tandis que son bras gauche se dirige vers la salle en signe de jugement.

Aurore Henri monte sur l'estrade, les cheveux tressés de chaque côté de son visage ceignant sa tête comme une couronne et se fermant en chignon à l'arrière de sa nuque. Une large étole rouge jetée sur ses épaules tombe jusqu'à la taille marquée de sa robe noire.

« Les phalanges sacrées ont parlé, l'espoir a triomphé ! » entame-t-elle, levant les bras vers les déesses de marbre à ses côtés. Dans la salle, le Premier ministre italien, conscient d'être pris dans un étau politique qui se refermerait sur lui s'il osait bouger, applaudit avec une ferveur forcée. Ce ne sont pas tant les mots d'Aurore Henri qui l'agacent que son maudit châle qui cache la vue de son décolleté. La concupiscence et la haine ressenties pour cette femme échauffent son esprit. Aurore Henri ne l'emporte ni en beauté ni en jeunesse, pourtant quelque chose en lui ne peut s'empêcher d'être irrémédiablement attiré par elle. Son regard est si pénétrant qu'il lui est impossible d'en éviter l'emprise. Sa voix, qui assaisonne tout ce qu'elle dit, est telle un aiguillon. Sa langue semble un instrument de musique à plusieurs cordes, qui fait résonner les mots comme il lui plaît, si bien qu'on peine à reconnaître le sens qu'on leur connaissait avant qu'elle les prononce. Le voilà qui broie le stylo qu'il tient à la main. Le référendum a été un plébiscite, approuvé à plus de 70 % des suffrages exprimés.

« Vous qui souffrez ! Vous qui pleurez ! Venez à moi, tous les damnés ! Les miséreux, les malades, les endeuillés, ceux en qui la faim montre les dents. J'ai étalé sous le nez des puissants vos ulcères, saignants, affreux, cruels et sincères, je vous ai promis des changements. Voici qu'est proclamée la Nouvelle Europe, dont les dirigeants ici présents assureront la direction, sous l'égide de notre constitution. Elle promet de protéger les peuples des États membres, d'y appliquer une doctrine dirigée par l'eunomie, vers le bien, l'équilibre total entre les sexes, les ethnies, entre l'homme et la nature. Elle promet d'éradiquer la corruption. Elle promet de libérer le continent de la peur, en se faisant la gardienne d'un idéal valeureux. Je ferai de ce lieu le temple de cette Nouvelle Europe, avec la lourde responsabilité et l'immense privilège de vous conduire vers l'harmonie. Je crois en notre capacité de construire ensemble un monde meilleur ! »

Aurore Henri fait un signe de la main. Derrière elle, à la place où flottaient autrefois les drapeaux européens, se déroule un immense drapeau rouge avec un disque solaire blanc en son centre, sur lequel se dessine, en noir, une mandragore. « Voici le drapeau de notre Union. Il unifie dans une même couleur les disparités de nos peuples, le rouge du sang que nous avons versé pour nous retrouver. La plante en son centre nous rappelle ce que nous avions oublié. Nos racines communes, seules, feront fleurir la paix et l'unité. »

Aurore Henri invite individuellement les dirigeants à venir prêter serment sur l'estrade, devant les caméras de télévision. « Monsieur le Premier ministre d'Italie, je vous en prie. » Elle avait senti sur elle, tandis qu'elle parlait, son regard oscillant entre désir et violence, c'était donc par lui qu'il fallait commencer. Toujours soumettre en premier les éléments d'opposition.

Le Premier ministre italien s'avance vers l'estrade et, la tête sous le regard de Pallas Athéna, Aurore Henri lui demande de lever la main droite pour jurer fidélité au drapeau. L'Italien se tourne vers l'hémicycle, remarquant avec satisfaction les points rouges lumineux des caméras du monde entier tournées vers lui.

Les prestations de serment achevées, Aurore Henri descend de l'estrade, chancelante. « Madame la chancelière de la Nouvelle Europe, l'accueille Nicolas d'un large sourire révélant ses dents à l'émail fissuré. Chancelière, ça claque, j'ai limite envie de te vouvoyer. »

Quatrième partie

Aurora triumphalis

Chapitre 1

Le 27 février 2033 à 7 heures du matin, des bruits de sabots retentissent sur les pavés du parvis de Notre-Dame. Une centaine de chevaux à la robe crème aux reflets dorés et aux yeux bleus, tel un équipage céleste, monté par des écuyères aux cheveux tressés et aux tenues blanches de lin épais, avance dans la pénombre.

Entourée de quelques fidèles phalangistes de la première heure, du Hoff promu photographe attitré, du directeur du musée du Louvre qu'elle vient de nommer, de l'architecte italien Alberto Sperucci ainsi que du Président français, Aurore Henri s'apprête à traverser Paris. Douze blindés de combat français font trembler leur armure d'acier jusqu'au groupe d'officiels.

« Mais enfin, qu'est-ce que cela ?! s'étonne Aurore.

— La berline de la chancelière, répond Nicolas, la mine satisfaite. Je me suis dit qu'il fallait faire dans le grandiose, pour marquer les esprits. »

Guidé par quatre chevaux portant sur leur toupet des oriflammes aux couleurs du drapeau de la Nouvelle Europe, surgit un carrosse doré.

« Est-ce donc votre souhait de me ridiculiser ? enrage Aurore, contrainte de murmurer afin que ne soit perçu aucun mouvement d'humeur.

— Au contraire. Tu ne voudrais tout de même pas défiler dans un vulgaire motorisé, comme n'importe quel Président ? Une voiture polluante, utilisant l'essence qui manque à nos concitoyens ? Et quelle marque aurait-il fallu choisir, pour être à la mesure du jour historique que nous sommes en train de construire ?

— Alors vous avez choisi de me coller un putain de carrosse, pour que j'aie l'air d'une potiche de l'Ancien Régime, saluant la foule par les fenêtres ?

— Ce n'est pas n'importe quel carrosse, c'est celui de Napoléon. Sa berline nommée *La Victoire*. On ne peut plus approprié à l'événement. »

Aurore Henri contemple, sous les hennissements des chevaux aux membres saisis par le froid matinal, l'imposante voiture lourde de plus de trois tonnes, dont la caisse est entièrement dorée à la feuille d'or. Les armes impériales ornent les portières garnies de bouquets de fleurs et de guirlandes.

Nicolas donne le bras à Aurore, la hisse sur le marchepied afin de l'aider à s'installer sur les sièges de velours blanc dans un intérieur capitonné de satin ivoire à glands bleu céleste sur fond or. Nicolas s'assied à sa droite. Les blindés, comme deux lions avançant leurs pattes épaisses, ouvrent la voie. Les chevaux aux yeux bleus battent des paupières en cadence, puis la berline de l'empereur s'avance, suivie des voitures officielles aux vitres fumées qui ferment le convoi.

Toute la procession se dirige vers le Panthéon, puis vers l'Opéra où la façade révèle les quatre allégories de la poésie, de la danse, de la musique et de la tragédie, figures féminines aux couronnes d'épines ou de lauriers. L'architecte Alberto Sperucci commente la perspective qui s'ouvre jusqu'au Louvre. « C'est par ses grandes avenues droites aux dimensions magistrales que Paris est une ville impériale, madame la chancelière. Une ville conçue pour être parcourue à cheval ou en carrosse. Chaque monument y inspire la grandeur. » Aurore Henri avait vécu ici sans jamais s'en rendre compte, tant le concept d'empire lui semblait dépassé. Cette ville l'avait vue errer, sans but, inconnue, dans des rues sans visage, incapable de combler en elle le sentiment de vide qui la hantait. À présent que *La Victoire* se dirige vers les Invalides, les avenues et les rues semblent bien plus vastes que dans son souvenir, comme si elles s'écartaient au passage des chevaux.

« Sous la chapelle dont la silhouette dorée se dresse à plus de cent mètres dans le ciel, se cache la crypte qui abrite le tombeau de Napoléon, creusée à six mètres de profondeur », commente le directeur du musée du Louvre. Aurore Henri est saisie par la démesure du cénotaphe, sculpté dans du quartzite rouge reposant sur un immense socle de granit vert. « Le tombeau renferme six cercueils, le premier en fer blanc, le second en bois d'acajou, les deux suivants en plomb, le cinquième en bois d'ébène protégé par le sixième en bois de chêne », conclut-il. Un traitement à faire pâlir d'envie un Président, ou même un roi. Il n'y a qu'un pharaon pour mériter autant d'égards. Ce n'est pas de gouverner les hommes qui fait la grandeur, mais au nom de quels principes suprêmes on les guide, songe Aurore dont l'œil est distrait par les douze statues de femmes en marbre blanc qui entourent le tombeau. Douze grâces aux visages dignes et sereins et aux poitrines dressées comme des boucliers.

« Je vois que madame la chancelière remarque ce détail tout à fait saisissant. Elles sont appelées des victoires et veillent sur l'empereur.

— Les femmes sont-elles pour vous un simple détail, un accessoire décoratif, monsieur le directeur ? Prenez garde qu'elles ne prennent vie. »

Le rire forcé du directeur résonne dans la crypte, tandis que le groupe remonte à la surface. Aurore Henri relève sa robe noire et sa longue cape rouge attachée sur sa gorge d'une passementerie brodée de fils d'or pour gravir les escaliers.

Le long du parcours, des barrières ont été disposées pour contenir la foule qui se rue depuis les premières heures du jour pour entrevoir celle qui les sauvera. Les sabots des chevaux foulent des bouquets de fleurs et des rubans jetés en offrande, qui mêlent au sol leurs couleurs broyées. Le convoi se dirige ensuite vers l'Arc de triomphe, puis s'arrête au Trocadéro.

Aurore Henri parcourt l'esplanade, suivie par les officiels soucieux de ne pas marcher sur sa cape. La tour Eiffel émerge d'une épaisse brume qui en masque le sommet.

« Fais donc une photo sur l'esplanade, avec la tour Eiffel en arrière-plan, lui glisse Nicolas.

— Voulez-vous que je joue les touristes en cet instant ?

— La tour Eiffel pour Paris, Paris pour la France, la France pour l'Europe. Ça fera une bonne image, la nouvelle chancelière en chef de troupe marchant victorieusement sur la Ville lumière d'un pas gracieux et décidé. Ton visage éclipse le monument, qui s'efface dans le brouillard pour te laisser briller. Les symboles, Aurore, les symboles sont les plus puissantes armes sémantiques qui soient. »

Le Hoff s'agenouille devant Aurore qui, d'un geste ample, ramène sa cape sur son bras droit, dans un drapé découvrant sa jambe gauche. Le visage semblable à celui d'une statue, Aurore Henri incarne la victoire.

Chapitre 2

Le long de la Seine, à quelques centaines de mètres de là, le Grand Palais dresse sa charpente métallique de berceau renversé pouvant contenir plus de dix mille personnes. Aurore ne voit que la statue de bronze se dressant sur l'imposante façade de pierre à colonnades, une femme aux bras nus et à la toge fuyante, la tête auréolée de laurier, levant une couronne dans chaque main, guidant quatre chevaux cabrés piétinant de leurs sabots un homme au sol, dénudé, à la barbe défaite. C'est comme si Paris avait été construit pour elle et que, depuis plusieurs siècles, les bâtisseurs y avaient laissé des signes à son intention. Le temps de la révolte des cariatides était venu. Ces femmes que l'on avait figées trop longtemps dans la pierre, devant lesquelles on passait chaque jour sans les voir, sans détecter une once de leur puissance, s'éveillaient à présent pour renverser l'Ancien Monde.

« Nicolas, pensez-vous qu'une couronne de laurier soit trop ostentatoire pour ce soir ?

— Un véritable chef ne peut aller tête nue.

— Que portaient donc mes prédécesseurs ?

— Des casquettes militaires, ou des cornes de cocu.

— La couronne de laurier me semble appropriée. »

La *corona triumphalis*, placée sur la tête d'un général romain victorieux au moment de son acclamation en qualité d'*imperator*, était maintenue au-dessus de lui par un esclave qui devait, avant de la déposer, prononcer une phrase devant lui rappeler que la gloire est un moment fugace, « *Memento mori* » « Souviens-toi que tu vas mourir ».

Nicolas ouvre la portière du fiacre, Aurore s'avance vers le Grand Palais.

Le vaisseau principal est surmonté d'une large verrière formant une voûte, dont la légèreté visuelle n'a d'égale que son poids réel, 9 000 tonnes d'acier, de fer et de verre, plus lourd que la fière tour Eiffel. Sous le soleil de cette fin d'après-midi d'hiver, la verrière arbore majestueusement ses boulons, héritiers de l'Exposition universelle et de son idéologie, de l'industrialisation comme progrès de l'humanité. Aurore Henri pénètre en silence dans l'immense nef. Les nuages passent tantôt au ralenti, tantôt en accéléré. Allongée au sol pour mieux les observer, il lui semble soudain qu'elle n'est pas à l'intérieur d'un palais de verre, mais que ce sont eux qui sont enfermés dans une gigantesque lucarne.

Le soir irradie la nef d'une lumière rose pâle aux reflets orangés.

« Madame, il nous faut votre accord pour les derniers ajustements », la tire de sa rêverie l'architecte Sperucci. Lorsqu'elle était enfant, Aurore s'imaginait qu'un dieu corrigeait les injustices des hommes et veillait à ce que les méchants ne gagnent jamais. En grandissant elle s'était détournée de cette idée. Ce soir devant six mille invités, elle prononcera ses premiers mots en tant que femme la plus puissante d'Europe, grande sera dès lors sa responsabilité. Plus grande encore sa liberté de diriger ce pouvoir vers le bien ou le mal. Jamais un instant, depuis sa décision de se hisser au sommet, elle n'a douté de ses intentions. Mais à présent qu'elle y est, quel garde-fou l'empêcherait de sombrer ? Et si un mauvais génie venait à lui parler ? La verrière lui semble onduler dangereusement, le sol se dérobe sous ses pieds, les battements de son cœur sonnent comme un métronome devenu fou, elle a l'impression de glisser. « Vous avez dû vous relever trop vite, la rassure Sperucci, lui offrant son bras pour passer en revue la disposition de la salle. J'ai souhaité vous placer au cœur de la nef, sous le dôme central, afin que chacun puisse vous admirer. Un faisceau d'une lumière à vos couleurs éclairera l'estrade circulaire blanche, vous aurez l'air d'être au cœur du drapeau. Des miroirs disposés sur chaque pilier refléteront la scène, ainsi, de tous côtés, on ne verra que vous. » Sperucci guide Aurore vers les deux balcons d'honneur, réservés aux proches du mouvement et aux financiers de sa campagne. « Ici, sur chaque table, une mandragore a été disposée dans un vase transparent, afin que les racines soient aussi visibles que les fleurs, je sais que cela vous tient à cœur. Je vous en prie, chancelière, par ici. » Deux hommes montés sur des grues, de chaque côté de la coupole, tirent de concert sur une corde, laissant se dérouler jusqu'au sol un immense drapeau rouge avec en son centre, au milieu du cercle blanc, une mandragore stylisée noire. « Quarante-cinq mètres de haut ! Jamais pareilles dimensions n'avaient été réalisées ! Nous avons fait travailler les meilleurs ateliers de tisserands d'Italie, de France et d'Espagne, chacun œuvrant à la réalisation d'une partie du drapeau, en fils et pigments naturels, bien évidemment, selon vos convictions. »

Aurore Henri fait glisser le tissu entre ses bras, s'enroule dedans, jouant comme à cache-cache dans le rideau d'une scène de théâtre.

« Je suis satisfaite de votre travail, le gratifie-t-elle, nous reprendrons plus tard. »

L'architecte prend congé tandis que s'avance Helen Bauer.

« Très chère, ce soir, nous célébrons notre réussite. Je suis honorée d'avoir pu y contribuer. À ce propos, sitôt votre discours terminé, nous vous attendrons à notre table au balcon d'honneur, afin de discuter de l'avenir proche. Les regards du monde entier sont tournés vers vous, et nous devons décider de vos premières mesures. J'ai demandé à John Klugsman, notre banquier, qui a participé au financement de notre mouvement, ainsi qu'à Artur Krotinsky, dont la maîtrise des médias nous a considérablement aidés, de se joindre à nous. Ils seront de bon conseil. »

Aurore Henri la regarde en souriant. Cette femme qui, lors de leur première rencontre, lui avait semblé d'une aisance naturelle désarmante lui apparaît à présent courte et chétive. Pour la première fois, Aurore n'a pas envie de dire *nous*. Cela n'est pas leur victoire, mais la sienne. C'est son triomphe. C'est elle qui a parcouru l'Europe, qui a connu la geôle. Elle qui a renoncé à tout ce qu'elle était pour entamer une mue qui l'avait laissée nue, elle qui a enfin trouvé un sens à son enfance en déshérence. Elle qui pour n'avoir pas été assez aimée, mérite que la ferveur lui soit tout entière adressée. Ce soir c'est elle seule qui contrôle son image – elle a fait saisir les téléphones portables de chaque invité, même des plus fortunés –, aucune fuite médiatique ne sera offerte aux vendeurs de scoops. Ils n'auront d'autre distraction que de l'écouter.

La nuit s'invite au-dessus de la tête des premiers invités. Les étoiles constellent la verrière, comme si Aurore elle-même les y avait installées.

Chapitre 3

Aurore Henri apparaît sur l'estrade. Elle contemple la foule et, dans un soupir de contentement, lève les yeux vers la Lune qui trône au-dessus de la nef, renforçant la pâleur de son teint.

Premiers et seconds violons jouent les notes d'ouverture du *Sacre du printemps* d'Igor Stravinsky à *tempo lento*. Bois et cuivres entrent dans la danse. Soudain timbales, cymbales et triangles accélèrent le pas, rejoints par des tam-tams extatiques. Aurore Henri bouge ses longues mains et semble diriger leur musique. Les danseuses de l'Opéra de Paris, aux cheveux tressés à la manière de la chancelière, font leur entrée, les bras chargés de fleurs, et se positionnent en cercle autour de l'estrade, comme une armée de cygnes protégeant leur mère. Les spectateurs applaudissent avec ferveur. Les danseuses piétinent la terre avec force afin d'en libérer la puissance.

Un danseur saute sur l'estrade, armé d'une couronne de laurier sur laquelle s'abattent les faisceaux lumineux pour révéler l'éclat des feuilles d'or. La couronne à bout de bras, il se tient derrière la chancelière. Une chaleur se dégage de son poitrail essoufflé.

Les ballerines entament le deuxième tableau, s'adonnant à des jeux mythiques, essayant de s'attraper, puis se tournant vers celle qui fut désignée pour faire triompher la vie. La lumière se tamise, le danseur abaisse lentement la couronne jusqu'à frôler la chevelure d'Aurore, qui frémit de la tête aux pieds. Deux yeux l'observent dans l'obscurité. Deux yeux bleus, auxquels sa mémoire ne saurait attribuer un visage, mais dont son inconscient a souvent rêvé. Appuyés contre l'un des piliers métalliques, les yeux s'allument une cigarette. Sous la flamme du briquet, les traits d'une femme se dessinent, étrangement familiers. La flamme s'éteint, la couronne se pose sur le front d'Aurore Henri, qui ferme les paupières au contact alchimique de l'or. « Souviens-toi que tu vas mourir », lui susurre une voix.

Une déflagration éclate à ses pieds, et résonne sur chaque rivet du Grand Palais. Le plus impétueux des orages déchire le bâtiment, une bombe vient d'exploser. L'onde de choc souffle la nef centenaire en un instant, projetant au sol une nuée de pièces de verre effilées. Le drapeau s'écroule de ses quarante-cinq mètres de haut, s'abattant sur Aurore Henri qui roule aux pieds de l'estrade. S'extirpant du tissu qui la retient prisonnière, elle ouvre les yeux sur une étendue de corps constellés de morceaux de verre, inanimés, ou rampant au sol comme les notes éventrées d'une partition tachée de sang. Les invités des balcons d'honneur, qui ont été protégés par la lourde structure métallique, poussent des hurlements glaçants face à la vision d'horreur. Le feu, les cris.

Les sirènes retentissent le long de la Seine dans les tympans éclatés des survivants et blessés. Aurore enjambe les gisants en direction du pilier est. Sous le bras d'un homme détaché de son corps, elle découvre, face contre terre, une chevelure blonde, celle de la femme aux yeux bleus, elle le sait. Aurore s'agenouille à ses côtés et, dégageant sa nuque, voit apparaître un papillon. Un papillon d'encre, aux ailes bleues et tachetées de points jaunes. Elle tire sur l'épaule de la femme au papillon pour la faire basculer sur le flanc, et enfin découvrir son visage. Hélas, une douleur la foudroie au milieu du dos. Quelqu'un vient d'enfoncer entre ses omoplates la lame d'un couteau. Aurore Henri s'écroule, inconsciente, effleurant le corps d'Yvana.

Chapitre 4

« Où est-elle ? La femme au papillon ? » Aurore reprend ses esprits dans l'ambulance la transportant au service des urgences de l'hôpital Pompidou. Perfusée, couchée sur le côté, son dos est comme engourdi. « Des papillons ? Ça doit être de la bonne qu'ils te mettent, là-dedans ! Tiens, dis-leur de m'en donner un peu », rétorque Nicolas, assis sur le bord du brancard. « Je l'ai vue ! Où est-elle ? » Aurore essaie de se relever, un ambulancier la maintient fermement. « Tu verrais le morceau de verre que t'as de fiché dans le dos… On dirait un aileron ! » Aurore se débat vigoureusement. « À ta place, je ne bougerais pas. Juste à côté de la colonne en plus, c'est pas passé loin. Ça va faire un cliché terrible qui fera le tour du monde entier ! T'es douée…

— Que s'est-il passé ?

— Un engin explosif placé à l'intérieur du bâtiment, répond l'ambulancier.

— Y a-t-il beaucoup de victimes ? »

L'urgentiste détourne le visage, faisant mine d'ajuster le goutte-à-goutte de sa perfusion. Aurore Henri le fixe de ses yeux injectés de sang.

« Nous avons réparti les blessés sur cinq hôpitaux parisiens, les blocs de chirurgie sont prêts, nous faisons le maximum.

— Combien ?

— À peu près deux cent cinquante personnes ont péri sur les lieux, mille six cents sont lourdement blessées.

— Et une fois de plus, tu es miraculée », commente Nicolas, le cheveu toujours plaqué en arrière, le costume ajusté, dont la veste semble prête à craquer au niveau du bouton. Un détail saisit Aurore. Ses chaussures vernies ne semblent nullement abîmées. Pas même salies. Comme si Nicolas n'avait en rien été touché par l'attentat.

« Comment se fait-il que vous en sortiez indemne ? Pas une égratignure, pas l'ombre d'une brûlure, alors que vous étiez à mes côtés...

— Parce que je te suis comme ton ombre, ma chancelière, tu es mon porte-bonheur ! »

Pour la première fois, Aurore observe attentivement son conseiller, l'œil éclairé d'un doute nouveau. Que sait-elle de lui ? Il était apparu à sa sortie de prison, et avait eu l'art d'éluder les questions. Elle n'avait eu d'autre choix que de le suivre, presque aveuglément, comme on suit le guide détenant une gourde et que l'on est perdu en plein désert. « Peut-être avez-vous eu le temps de vous cacher ? Étiez-vous au courant de l'attentat ? Parlez, Nicolas !

— Ma chancelière a des idées bien cavalières... » Puis s'approchant de son visage, comme pour lui murmurer des paroles réconfortantes, « Je n'ai aucun intérêt à te voir morte, tu ne m'es utile qu'en vie, et au pouvoir. Je ne provoque pas les attentats, je les médiatise. Mon rôle, c'est de faire en sorte que ce soir, tu sois dans toutes les rédactions. "Aurore Henri, grièvement atteinte, vole au secours des blessés et tente de réanimer une femme !" "Aurore Henri, une survivante, un sauveur !" » Concluant sa tirade à la manière d'un acteur, Nicolas dégaine son portable et prend un cliché d'Aurore, étendue sur le flanc, les vêtements maculés de sang.

« Le monde est malade, la médecine a besoin de docteurs, la politique de *spin doctors*. Ce qui advient importe peu, seule compte la manière dont je le raconte. Tout est question de perception.

— La femme au papillon ? trouve encore la force de demander Aurore.

— Elle a dû s'envoler, conclut Nicolas, d'un sourire détaché.

— Je l'ai vue. Ce n'est pas la première fois. Je l'ai vue en rêve, durant la séance d'hypnose avec le psychiatre de la prison de Landsberg…

— Madame, vous devriez arrêter de parler pour ne pas vous fatiguer, la coupe l'ambulancier.

— Quel était son nom déjà ?… Forster ! Dr Edmund Forster. Nicolas, appelez le docteur Forster et faites-le venir au plus vite à nos frais.

— Mais oui, on va l'appeler, ne vous en faites pas, cessez de vous agiter, dit encore l'urgentiste.

— Hélas, cela me sera impossible, reprend Nicolas.

— Donnez-lui ce qu'il demandera, pourvu qu'il vienne.

— Le docteur Forster a quelques soucis de santé.

— De quoi souffre-t-il ?

— Il a été retrouvé pendu dans son appartement. Tragique, n'est-ce pas ? »

Aurore Henri se met à trembler intensément.

« Elle convulse, grouille ! lance l'infirmier au chauffeur de l'ambulance.

— Quand est-ce arrivé ?

— Le 29 janvier dernier. Fort heureusement, les dossiers de ses patients ont tous disparu, on ne les retrouvera jamais, se félicite Nicolas.

— La veille de ma nomination en tant que chancelière, commente Aurore, anéantie.

— Elle s'enfonce, elle perd trop de sang, je peux pas arrêter l'hémorragie, magne-toi, putain ! hurle l'urgentiste au conducteur.

— Ne fais pas cette tête-là, Aurore, tu le sais très bien. Un *spin doctor* doit parfois opérer. Si un membre est gangrené, il faut le couper avant qu'il contamine les autres organes. Le docteur Forster était un type formidable, il a aidé beaucoup de patients, sa vie n'a pas été inutile ! Mais il connaissait tes peurs, tes obsessions, tu lui as tout raconté ! Tu t'es mise à table, pire qu'à un banquet ! Et lui, il a tout noté. Tout ! Imagine la bombe à retardement qu'un pareil dossier aurait été ! J'ai dû tailler et cautériser. C'est ce que je fais. »

Les portes de l'ambulance s'ouvrent, le brancard est tiré à toute allure vers le bloc tandis que des larmes de rage et de douleur coulent sur les joues éraflées d'Aurore.

Chapitre 5

Le fragment de verre de plus de quinze centimètres a été retiré du dos d'Aurore Henri, laissant entre sa colonne et son omoplate droite une balafre longue comme une main.

Les médecins ayant pratiqué l'opération tiennent une conférence de presse dans le hall d'entrée du bâtiment. Le monde entier s'enquiert du sort de la chancelière, dont les images, le corps fiché d'une lame de verre, couchée sur une femme qu'elle tentait de secourir, tournent en boucle sur les chaînes d'information. Qu'aucun nerf vital ni aucune artère ne soient sectionnés relève du miracle, déclarent les chirurgiens de concert. Le drapeau, en tombant sur elle, l'a protégée d'une mort certaine. Aurore Henri porte désormais sur son dos les stigmates de son combat, le signe de son alliance avec le peuple.

La police française ainsi qu'Interpol se relaient à son chevet dans une ronde sans fin. Aurore Henri a exigé d'être tenue informée en temps réel des avancées de l'enquête visant à identifier les commanditaires de l'attentat. Un véritable poste de commandement est installé dans sa chambre, où se croisent médecins et agents du renseignement. Deux phalangistes montent la garde devant la porte afin d'éviter que les coupables viennent finir leur basse besogne. Hélas, aucun suspect n'est envisagé. Les caméras des dispositifs de sécurité du Grand Palais ont été détruites sous la force de l'impact.

« Interrogez chaque Français, chaque Européen s'il le faut, je veux que vous les retrouviez ! ordonne Aurore. Aucune extradition ne sera autorisée si le coupable est étranger. J'exige qu'il soit jugé sous ma juridiction. Et s'il est déjà passé à travers les mailles du filet, je vous demande de l'exfiltrer et de me le ramener.

— Plusieurs pistes sont à l'étude, madame. Des fondamentalistes, des nationalistes, des industriels ou financiers qui ont vu leurs investissements chuter depuis votre nomination. Mais aucun des réseaux actifs sous notre surveillance ne semble être impliqué. Je pencherais pour un déséquilibré, un fanatique isolé. »

Un des deux phalangistes membres d'une brigade volontaire frappe à la porte de la chambre pour y déposer de nouvelles fleurs accompagnées de lettres envoyées du monde entier. « Vous, l'interpelle Aurore, retrouvez-moi cette femme avec le papillon tatoué. Faites toutes les morgues et tous les hôpitaux. Je compte personnellement sur vous.

— Un papillon tatoué ? Dans le cou ? reprend l'agent d'Interpol. Cela n'a probablement aucun rapport, mais cela me rappelle quelque chose… À la fin des années 1980, le régime soviétique avait recruté de nombreuses femmes en provenance des Républiques populaires de l'Est dans le but d'en faire des agents de terrain. Elles n'étaient pas formées au combat ni aux techniques de surveillance à proprement parler, leurs attributions étaient plus spécifiques… Elles avaient pour mission de séduire des personnalités ciblées par le régime, et d'obtenir d'elles à tout prix les informations qu'ils recherchaient. On les appelait les papillons.

— Pourquoi ce nom ? demande Aurore Henri, se relevant sur son lit, soudain animée d'une force nouvelle.

— Sitôt repérées, elles disparaissaient à la vitesse du battement d'aile d'un papillon. Mais c'est surtout à cause de leur durée de vie. Les agentes étaient particulièrement exposées lors de leurs missions... Pour les meilleures qui survivaient à leurs "clients", impossible d'imaginer quitter le renseignement. Moscou l'interdisait. On les tatouait dans le cou, lors de leur recrutement, afin de s'en assurer. À ma connaissance, aucune n'a survécu à la chute du régime. Cela n'a très certainement rien à voir avec notre affaire.

— Bien. Je suis fatiguée, dit-elle à l'assemblée. Je souhaiterais me reposer. »

Les phalangistes font sortir avec zèle enquêteurs et agents. Moscou. Le nom résonne si fort dans la pièce qu'il finit d'arracher les tympans d'Aurore, comme si son écho rebondissait sur chaque mur de la chambre. En prétendant l'aider, le maître de l'Est aura ourdi un plan pour la faire chuter ! Il avait pensé pouvoir faire main basse sur l'Europe et asseoir sa domination, elle n'avait pas voulu renoncer à une once d'indépendance de sa politique future. Le lâche aura voulu se venger, montrer qu'il est le maître de l'échiquier ! Il aura envoyé cette femme pour se débarrasser d'elle. Comment expliquer alors ses rêves bien antérieurs à cet épisode ? Que son visage, son odeur, ses cheveux, tout chez cette femme entrevue un instant seulement lui ait semblé familier ! Seul le docteur Forster aurait pu l'aider à comprendre le tourbillon d'idées qui se bousculent dans sa tête. Songeant à la trahison de Nicolas, au sang du docteur Forster, au martyre de ces innocents du Grand Palais, Aurore Henri se dresse sur son lit, son agitation devient courroux, la voilà transformée en déesse vengeresse. Se saisissant du téléphone sécurisé qui ne la quitte jamais, elle appelle en direct le maître de l'Est, déversant sur lui un flot de bile, d'insultes et de menaces. Une part d'elle espère qu'il balaiera d'un rire les accusations, qu'il ne soit pour rien dans l'attentat, non qu'elle l'aime, mais comment autrement se pardonner de l'avoir désiré ?

« Ne me remercie pas, répond le maître de l'Est. Je t'ai donné ce qu'il te manquait. Tu as souffert avec eux, ils ont eu peur pour toi. Désormais, ils vont t'adorer. La démocratie, cela n'est pas fait pour toi, je l'ai tout de suite senti. Je sais ce qui te fait jouir, l'as-tu oublié ? Tu peux essayer de croire que cela n'était qu'un accident, mais tu sais que cela n'est pas vrai. C'est ton essence, ce que tu es. Tu n'es pas une belle fleur, tu es une mandragore. Tu te débarrasses de toute espèce qui t'empêche de pousser. Maintenant, tu as une bonne raison de décréter l'état d'urgence et de prendre les pleins pouvoirs. »

Chapitre 6

Les agrafes métalliques s'enfoncent dans le dos d'Aurore plus profondément à mesure que ses chairs entaillées commencent à cicatriser, provoquant une douleur dont l'intensité lui procure une étrange forme de plaisir, celui que ressent l'enfant qui vient d'être puni après avoir commis une faute. La douleur physique a la vertu de libérer des questionnements moraux en leur donnant corps. Il ne tient qu'à nous de dire si la cicatrice est la marque d'une blessure ou d'une guérison.

Aurore traverse le couloir de l'hôpital, suivie d'un escadron de phalangistes, armes semi-automatiques à la main, marchant au pas militaire. Le bruit de leurs épaisses semelles dissone avec le pas vacillant d'Aurore, pieds nus. Les blessés et survivants de l'attentat sont regroupés à huit par chambre, sur des brancards transformés en lits. Les drains et perfusions s'entremêlent, si bien qu'on les penserait reliés entre eux par quelque fluide vital.

L'entrée de la nouvelle chancelière affole les capteurs cardiaques des patients, faisant accourir les aides-soignants. Un homme amputé de ses deux jambes tente de se redresser sur son lit, le second, un peu plus âgé, à côté de lui, dont la moitié du visage est bandée, peine à parler. « Ma chancelière, touchez mes plaies », la supplie-t-il, présentant sa tête pour recevoir l'onction. Aurore Henri appose ses mains sur le front de l'homme, et voici que son moniteur cardiaque s'apaise, formant une oscillation harmonieuse. Aurore Henri, les mains toujours posées sur la tête de l'infirme, ressent une goutte de sang chaud couler entre ses omoplates, sur le métal froid des agrafes. « Je guéris ! Je guéris ! » s'exclame-t-il, provoquant une clameur dans la chambre. Le Hoff immortalise l'instant. « Regardez ! Elle ne détourne pas le regard de nos souffrances, elle souffre avec nous ! » s'empressent de commenter les autres blessés.

La chancelière visite une à une les chambres de l'étage, espérant derrière chaque porte débusquer l'inconnue au papillon. Un couloir converti en dortoir de fortune abrite une vingtaine de femmes blessées plus légèrement. Aurore observe un à un leurs visages, s'attarde sur leurs traits.

Certaines se croyant défigurées éclatent en sanglots et déclarent aux journalistes suivant le moindre de ses pas que c'était comme si Aurore Henri avait regardé au plus profond de leur âme.

« Vengez-nous ! Montrez-leur qu'on ne peut pas s'en prendre à nous impunément ! » l'interpelle une adolescente dont le corps est corseté et plâtré. Les caméras de télévision s'approchent comme autant d'insectes curieux.

« La vengeance est une émotion négative ancrée dans la colère. Elle a conduit les hommes à appliquer la loi du talion. Elle ne guérit pas la souffrance et ne procure pas de soulagement. Je vous promets d'agir sans colère, mais avec une force incommensurable, pour que justice soit faite. Je punirai sans trembler les coupables de cet acte ignoble. Je n'ai que quelques cicatrices, c'est le signe que la Providence me pousse à accomplir ma mission à laquelle je promets ici de dédier ma vie entière. J'userai de tous mes pouvoirs pour rétablir l'équilibre, et je prendrai toutes les mesures nécessaires pour venir au bout de ces forces violentes. »

Celle dont on craignait l'avènement est à présent auréolée de douceur et de compréhension. Sur les réseaux sociaux, nombre de survivants racontent leur guérison soudaine après l'apposition des mains d'Aurore Henri, faisant exploser tous les records de partage. Sa geste ne rend pas seulement l'espoir aux êtres, elle guérit les corps endoloris.

Chapitre 7

« Très chère, ne craignez-vous pas que le choix du Palais Garnier ne repousse certains de vos fidèles, qui verront dans son faste un renoncement aux intérêts de la classe populaire ? » Helen Bauer talonne Aurore Henri dans le grand foyer de l'Opéra de Paris, cinq travées ornées de colonnes antiques couvertes d'or de la tête aux pieds, surmontées de nombreux candélabres, dont la lumière se reflète sur les miroirs hauts de plus de six mètres. Une galerie des Glaces rappelant le luxe de Versailles au temps des rois de France. D'un côté, le salon de la Lune, dont la voûte est couverte d'argent, avec ses oiseaux de nuit, hiboux et chauves-souris. De l'autre, le salon du Soleil, couvert d'or et de salamandres. La chancelière a convoqué ce 24 mars 2033 les gouverneurs des pays de la Nouvelle Europe, afin de voter l'état d'urgence. Impossible pour elle de tenir cette réunion exceptionnelle autant qu'inaugurale à l'Assemblée nationale ou au Sénat, là où tant d'autres corrompus avaient siégé. Il lui fallait un lieu neuf, dédié à quelque chose de plus grand que la politique gangrenée.

« N'êtes-vous pas émerveillée par tant de beauté, Helen ? l'interrompt Aurore. Pensez-vous qu'il faille renoncer à toute beauté pour servir le peuple ? Voilà ce que les gouvernements ont fait bien trop longtemps, l'entourer de laideur, prétendant le servir. Ils ont rendu la beauté suspecte, accusée de porter en elle des valeurs bourgeoises et élitistes, quand elle n'est que nature et équilibre. Le peuple doit retrouver l'important, le grandiose. Seule la beauté, Helen, est aristocratique. Et sitôt que nous la côtoyons, nous sommes anoblis. Voilà mon rôle, sauver le peuple de la Nouvelle Europe de la laideur de l'Ancien Monde. »

Hiératique, Aurore Henri semble se refléter à l'infini dans les miroirs étamés.

« Je dis juste qu'il faudra veiller à ce que ce choix soit bien perçu par l'opinion, ajoute Helen, cherchant à modérer l'enthousiasme de sa protégée.

— L'opinion n'existe pas, Helen, c'est un fantasme créé par la presse, faisant profit de la peur et du doute. Dans un pays où un dirigeant montre la voie avec assurance, le peuple est libéré de l'asservissement de l'opinion. Il n'a plus à penser, il n'a qu'à le suivre ! »

Les deux femmes traversent le grand escalier de marbre blanc, conduisant à la salle principale. Les mille neuf cents fauteuils de ce décor en rouge et or se lèvent à l'entrée de la chancelière. Dans les loges en étage, les services de sécurité tiennent l'amphithéâtre en joue tandis que les dignitaires et leurs délégations occupent le parterre.

Sur le plateau, un immense drapeau aux couleurs de la mandragore a remplacé le rideau rouge de l'Opéra. Aurore prend place en son centre.

« Actant la volonté du peuple de la Nouvelle Europe d'obtenir justice et vengeance pour le terrible attentat dont nous fûmes victimes, destiné à empêcher l'avènement de la démocratie totale sur notre territoire, je soumets à votre vote la "loi de réparation de la détresse du peuple et de l'État". Celle-ci m'autorise à gouverner par décret, sans aucune procédure parlementaire, par ma seule volonté. Dans la poursuite de la mise au pas des entités violentes et criminelles, elle nous permettra de restreindre le droit de réunion et d'association, la liberté de la presse ainsi que la liberté d'expression. » Les sièges de velours bruissent de stupéfaction. « J'entends les voix s'élever contre ce que certains seraient trop heureux d'appeler une attaque contre la liberté. Ils se trompent. Limiter la liberté de nuire de certains éléments visant à la destruction de notre projet et de nos valeurs garantit la liberté collective. La liberté est la liberté de tous, ou elle n'est pas. »

Le discours est accueilli par des grondements dans une atmosphère semblable à un état de siège. Les phalangistes armés, à califourchon sur les balcons, mettent la salle au pas. Malgré les menaces, M. Wels, Premier ministre du Luxembourg, s'oppose au projet de loi. « Cela reviendrait à signer un blanc-seing qui vous donne les pleins pouvoirs sur nos pays ! Le Grand-Duché ne saurait tolérer de perdre son indépendance ! »

Sous les vociférations des phalangistes, Aurore Henri lui répond avec emphase. « Vous vous figurez que votre étoile peut se lever de nouveau. Messieurs, c'est à l'étoile de la Nouvelle Europe de briller, celle des nations s'est éteinte. » Puis prenant un ton menaçant : « C'est à vous qu'il appartient à présent de décider, considérant que tout rejet de la loi sera perçu comme une sédition. »

La chancelière se retire sous un torrent d'applaudissements. Des sentinelles se postent à chaque issue de la salle. Les gouverneurs de l'Union délibèrent trois heures durant.

Aurore Henri contemple les ailes déployées des chauves-souris peintes sur la voûte du salon de la Lune. Ces animaux symboles de la nuit et des maléfices, que l'on clouait aux portes des granges pour lutter contre les mauvais sorts, semblent vouloir lui parler.

« Maintenant, nous sommes les maîtres. » Sous cette pâle lumière aux couleurs argentées, la figure de Nicolas semble plus lugubre encore. Il avait eu la discrétion de ne plus rôder autour d'Aurore depuis l'attentat, mais le voici de nouveau, vampirisant son succès. Soulevant sa cape rouge comme la *muleta* d'un torero, elle la passe autour du cou de Nicolas, et l'enserre à deux mains. Nicolas, dont la force physique dépasse celle d'Aurore, se débat, lançant ses poings dans le vide. Aurore, dans son dos, tire encore un peu plus fort sur la cape servant de goulet d'étranglement. La figure lunaire de Nicolas devient rubiconde, il halète, suffoque, sa bouche écumante crache toute la haine contenue en cet homme bizarre et secret qui avait su la conseiller comme un diable à l'oreille d'un croyant. Les mains de Nicolas retombent de chaque côté de son corps comme deux enclumes, sa tête bascule en arrière montrant à Aurore sa langue pendante.

Un phalangiste d'à peine vingt ans pénètre en tremblant dans le salon de la Lune. La chancelière semble lutter contre une forme invisible, comme si elle étranglait un fantôme. Le phalangiste regarde de part et d'autre de la pièce – personne, la chancelière est seule. « Nous… La police a arrêté des suspects, madame. »

Aurore ordonne au jeune homme de sortir et, prise de panique, enroule le corps inanimé de Nicolas dans sa cape, observant une dernière fois son visage. C'est la première fois qu'elle le voit sans un rictus au coin des lèvres, et sa mine impassible lui donne envie de le tuer une nouvelle fois. Traînant par le col sa cape à travers le dédale du sous-sol de l'Opéra, Aurore avance jusqu'à une porte humide et rouillée. Sous les dorures de la grande salle du palais se cache un lac artificiel conçu par son architecte Charles Garnier.

Son eau claire semble presque irréelle dans cette grotte privée de toute lumière. À genoux sur le rebord de béton, Aurore approche le corps de celui qui l'avait conseillée et, tête en bas, l'envoie rejoindre les profondeurs de l'Opéra. Ses cheveux disparaissent de la surface et deviennent semblables à des algues marines se balançant au gré du courant. Bientôt, elle ne voit plus de lui qu'une ombre au fond de l'eau.

Chapitre 8

Le Parlement de la Nouvelle Europe a adopté ce 24 mars 2033 la loi de réparation de la détresse du peuple et de l'État.

Article 1

Les lois de la Nouvelle Europe sont signées par la chancelière de la Nouvelle Europe et par elle seule. Elles sont publiées dans le *Journal officiel de la Nouvelle Europe*.

Article 2

Les lois promulguées par la chancelière entrent en vigueur dès leur publication.

Article 3

Lesdites lois s'appliquent sur l'ensemble du territoire juridique et géographique de la Nouvelle Europe sans exception.

Article 4

Lesdites lois peuvent déroger à la constitution des pays, et ne nécessitent aucune approbation par leurs instances.

Chapitre 9

« Nous avons interpellé deux suspects identifiés comme agents russes. De nationalités belge et hollandaise, ils appartiennent à une mouvance d'extrême droite. Un troisième homme, sans relation apparente avec les précédents, de nationalité française, a été arrêté grâce au recoupement de son historique internet et de ses déplacements. Il semble que cet homme vous suivait depuis un certain temps et avait compilé une documentation exhaustive à votre sujet », assure le représentant d'Interpol, venu depuis le siège de la police internationale basé à Lyon à la chancellerie provisoire installée au sein du Palais Garnier.

— Amenez-les-moi, fulmine la chancelière. Ils doivent être punis sur-le-champ, je l'exige !

— Ils sont toujours questionnés par la police française. Laissez-nous réunir assez d'éléments pour les présenter devant un tribunal.

— Je ne connais que trop bien le laxisme français, qui produit plus de vices de procédure que de condamnés. Leurs interrogatoires terminés, c'est ici que vous les amènerez.

— Madame, avec tout mon respect, l'indépendance de la justice est le garant de…

— Je suis la Justice, ne parlez pas en mon nom, le coupe Aurore Henri. Je suis sa représentante en Europe, désormais. Le peuple m'a donné sa confiance, je rendrai sur ce cas la justice en son nom. »

L'agent d'Interpol, désarçonné par la détermination d'Aurore, tente de la raisonner.

« Le Kremlin a demandé l'extradition de ces deux agents afin qu'ils soient jugés en Russie.

— Je respecte le travail de la police, et *a fortiori* d'Interpol, le rassure Aurore, comprenant qu'elle ne ferait pas dévier cet homme de son serment par la force. Vous êtes le pilier du nouvel État et de son organisation. Pourquoi ne viendriez-vous pas au premier dîner officiel que je ferai donner ici, à la chancellerie, prochainement ? Je m'occuperai personnellement de cette affaire d'extradition, afin que vous puissiez mener votre enquête sans entrave. » L'agent rassuré prend congé, descendant deux par deux les marches de marbre blanc.

Un phalangiste entre dans le salon de la Lune sans qu'Aurore Henri fasse cas de lui. « Vous n'allez pas laisser les Russes railler votre autorité dans un simulacre de procès ! », s'insurge-t-il. Aurore lève les yeux de ses dossiers et les pose sur ce curieux personnage au physique de petit employé de bureau, aux lunettes de myope et aux traits fins. La confiance émanant de son phrasé dénote avec ses frêles épaules. Il se présente, Hugo Humbert, un fidèle du mouvement depuis la manifestation de la Marienplatz. Cet ancien contrôleur des impôts autrichiens a rejoint les phalanges sacrées dès la libération d'Aurore, et l'a suivie dans chacun de ses déplacements. « Laissez-moi intervenir. Avec quelques-uns de nos plus dévoués éléments, je ferai ce que vous souhaitez de vos suspects. Mon honneur s'appelle Fidélité », ajoute-t-il en levant sa main droite. Voilà ce qu'Aurore attendait. Un allié.

Chapitre 10

Seul celui qui a connu l'amertume de l'injure connaît la délicatesse de la vengeance. Et il n'est guère suffisant de se venger à la hauteur du mal subi. Il faut croquer plus profondément celui qui nous a blessés, emporter un bout de chair un peu plus épais pour lui faire passer le goût de recommencer et que sa plaie serve d'exemple au monde entier.

« Très chère, vous n'êtes pas comme ces brutes que vous combattez, vous n'êtes pas de ceux qui perpétuent la violence pour sauver leurs intérêts, tente d'intervenir Helen Bauer, ayant eu vent de sa conversation avec le phalangiste zélé. Si vous répondiez à l'attentat par un geste de magnanimité, en faisant condamner ses auteurs à la perpétuité, vous montreriez que les femmes, elles, savent faire preuve de bienveillance.

— Qu'en savez-vous Helen ? M'avez-vous jamais connue ? Vous êtes-vous jamais interrogée sur ma nature profonde, ou vous convenais-je ainsi tant que je correspondais à ce que vous souhaitiez ? »

Depuis l'attentat, Aurore Henri a changé, pense Helen. Elle verse à présent dans une radicalité qui lui déplaît fortement. « Je ne voudrais pas que vous manquiez votre avion,

Helen, ajoute la chancelière en ordonnant, d'un geste de l'index, que l'on avance la voiture de Mme Bauer.

— Je décollerai plus tard, je ne peux me résoudre à partir sans vous convaincre de renoncer à agir seule contre ces criminels. Les femmes ont attendu si longtemps pour gouverner. Nous devons montrer l'exemple !

— Hélas, je crains de devoir faire fermer l'espace aérien de la Nouvelle Europe. Il est de mon devoir de protéger nos citoyens tant que des forces destructrices veulent nous attaquer. Plus aucun avion ne décollera d'ici une heure, sans l'approbation de la chancellerie. Partez sereine, Helen, nous sommes en sécurité désormais. » Deux phalangistes s'avancent jusqu'à elles. Helen Bauer descend sous escorte les dernières marches du palais, retenant ses larmes. Veuve depuis quinze ans déjà, elle n'avait pas eu d'enfants et nourrissait des sentiments mêlés envers Aurore. Non qu'elle eût pour elle de la tendresse, mais leur relation dépassait en tout celle d'un simple arrangement. Elle avait placé en elle toutes les attentes que des parents de bonne famille placent en leurs enfants, pensant alors les aimer. Se retournant une dernière fois vers sa protégée, elle la voit dressée sur l'escalier de marbre, immobile comme une cariatide de pierre, portant sur ses épaules le sort de l'Europe tout entière. Un frisson d'effroi traverse le corps de la milliardaire. « Mon Dieu, qu'ai-je fait ? » murmure-t-elle, comprenant soudain ce que l'avenir serait.

Chapitre 11

« Bon débarras ! lâche Hugo Humbert, rejoignant Aurore Henri. Les criminels sont ici, chancelière. » De dix ans son cadet, âgé de seulement trente-quatre ans, il avait fondé plusieurs antennes locales afin d'implanter des fiefs dans les villes les moins enclines au projet eunomique, et avait animé les réseaux sociaux du mouvement depuis lors. Hugo Humbert avait eu l'idée de placer des logiciels espions dans les messages envoyés aux membres s'abonnant aux pages Twitter et Instagram d'Aurore Henri. Collectant patiemment toutes les informations disponibles en ligne ainsi que sur leurs *clouds* privés, il avait amassé en quelques années la plus grande banque de données personnelles jamais détenue par aucun parti politique. De leurs goûts musicaux, leurs problèmes de santé à leurs préférences intimes, l'Internet livrait à son œil myope tout de leurs frustrations et de leurs espoirs. Il avait surtout, sous ses airs de fonctionnaire petit-bourgeois, une part d'ombre bien plus imposante que son corps étriqué, que son besoin d'ordre réussissait à maîtriser. L'ordonnancement, l'alignement, la structure et la symétrie étaient les quatre éléments de son univers intérieur. Pour Hugo Humbert, le monde se divisait en problèmes et en solutions. Tout élément, peu importe sa nature, contrevenant à l'ordre était un problème, et il avait fait sa spécialité de lui trouver une solution.

« Voulez-vous que nous nous occupions d'eux ? J'ai réuni une dizaine d'hommes dont je réponds personnellement, offre-t-il.

— Je souhaite auparavant m'entretenir avec eux.

— Où dois-je les amener ?

— Dans la chambre scellée. »

Soit dans les sous-sols de l'Opéra, derrière une porte couverte de poussière fermée par un lourd cadenas, creusée dans la pierre par les pics des ouvriers au début du siècle dernier afin d'y mettre en sécurité les voix les plus exquises de leur époque, immortalisées sur des gramophones.

Les trois hommes aux mains attachées devant eux entrent dans la chambre scellée. « Qu'on les détache, et qu'on leur enlève leurs bandeaux. Le châtiment est perdu s'ils ignorent en mourant que c'est moi qui les tue », ordonne la chancelière.

D'un coup de crosse derrière les cuisses, un phalangiste vêtu de noir de pied en cap fait tomber un des coupables à genoux. « Prosterne-toi devant notre chancelière ! Tu ne connais pas le respect, c'est à cause de cela que tu vas mourir », lui assène-t-il, crachant à son visage. Les deux autres prisonniers s'agenouillent devant Aurore Henri. « Laissez-nous », commande-t-elle encore, traversant nerveusement la pièce, large de quatre pas seulement. Une fois la lourde porte refermée sur eux, un vertige qui ne lui était pas inconnu s'empare d'elle. Une sensation d'étourdissement, d'excitation venant du bas-ventre provoquant un pincement au niveau du cœur, une pulsation prenant des oreilles jusqu'au sommet du crâne. Seule, sans arme, face à ces terroristes entraînés par des mouvances extrêmes, elle sent une puissance s'emparer d'elle, venant de la Terre mère elle-même. Ces hommes qui pourraient la déchiqueter par leur force, la pénétrer par leur désir, implorent en silence pour leur vie. La pierre froide et le manque de lumière les font grelotter. « Déshabillez-vous ! » leur ordonne-t-elle, plongeant ses yeux, plus vifs et plus lumineux que jamais, dans ceux du condamné lui faisant face, au milieu. Le paramilitaire d'origine russe aux yeux délavés s'exécute, échangeant quelques mots avec son acolyte. Comment ose-t-il parler ! Aurore attrape de sa main son cou épais. Elle presse de toutes ses forces, jusqu'à sentir sous ses doigts battre sa jugulaire. Il résiste, contracte ses muscles et s'agite comme un boa luttant pour se défaire de l'étreinte d'un prédateur. Peut-être était-ce le maître de l'Est lui-même qui avait envoyé ces agents afin de faire échouer son projet politique. Ne méritait-il pas qu'une peine exemplaire soit infligée à ses émissaires ?

Aurore fait un pas de recul et contemple la marque de ses doigts sur la gorge du Russe avec un râle de satisfaction. Son corps nu, aux jambes écartées devant elle, semble traversé de spasmes allant de sa nuque jusqu'à son sexe, qui s'est durci sous l'effet de l'étranglement et se redresse par à-coups, comme animé de soubresauts. Aurore passe devant les trois hommes alignés et frôle de ses pieds leurs genoux pliés. « Vous avez pris des vies. Vous avez privé la Terre mère de ses fruits, et vous avez porté en cela une atteinte grave contre l'eunomie qui règne entre les êtres. Pour rétablir l'équilibre, vous devez offrir votre semence de vie. » Les hommes se regardent, ne comprenant guère ce langage sibyllin. « Je veux voir vos sexes se développer. Je veux voir les mains qui ont pris des vies les serrer jusqu'à ce qu'ils offrent ce que je demande ! Je veux que vous déposiez votre semence à mes pieds. »

Aurore ôte ses chaussures. « J'attends ! » hurle-t-elle en passant derrière chacun d'eux, touchant leurs têtes chaudes, caressant leurs cheveux. Les condamnés, courbés sur leur sexe, commencent à se masturber, traversés par une terreur sans nom.

Le Hollandais, à gauche de la rangée, la mine concentrée, agite sa main frénétiquement, mais ne parvient pas à épaissir son sexe qui semble inanimé. « Ce n'est pas un bon jour pour refuser de m'honorer. Celui qui ne m'offre pas sa semence sera supplicié », ajoute-t-elle, droite, devant lui.

Sous le ballet des mains, Aurore Henri observe ces organes mâles tendre vers elle, comme vers leur destination finale, leur unique objet de désir. Sa poitrine se gonfle d'un orgueil nouveau. Elle parade comme une Gorgone, démone perverse aux yeux de feu, dont la chevelure est faite de sexes dansants.

L'instant fatidique approche. Le corps des condamnés se bande tout entier, se crispe, se ramasse puis se raidit. Une jouissance silencieuse les traverse et les vide de toute vie. Enfin le précieux nectar est libéré, projeté sur ses pieds nus. Aurore Henri, les poings serrés, exulte, plus forte que jamais.

« Emmenez-les ! appelle-t-elle ses phalangistes à l'extérieur.

— Où souhaitez-vous que nous en finissions ? demande Hugo Humbert.

— Dans le lac, sous nos pieds. Qu'ils soient rendus à l'eau originelle. »

Les hommes en noir se saisissent des condamnés. Mais au moment d'attraper le Français, le plus discret parmi les trois, qui n'avait à aucun moment levé les yeux vers elle ni ne s'était plaint, celui-ci murmure en direction d'Aurore Henri : « Les papillons se sont déjà tous envolés ! » Le phalangiste fait s'abattre une pluie de coups sur la face de l'homme. « Comment oses-tu parler à la chancelière ! Baisse les yeux, tu n'es qu'un ver ! »

Interdite, Aurore s'interpose entre le garde et le corps nu du condamné. « Qu'on épargne la vie de celui-ci. Que personne ne touche à un seul de ses cheveux. Je veux l'interroger. »

Chapitre 12

Quelle tragédie que celle du pouvoir, il contraint les hommes de paix à se comporter en chefs de guerre afin de faire entendre leurs idées. Ainsi faut-il en espionner quelques-uns pour préserver les libertés de tous, créer des organisations policières pour rétablir la sécurité, emprisonner certains pour que le peuple croisse, tuer pour que d'autres cessent de s'entretuer. L'esprit d'Aurore Henri s'en trouve tuméfié. Le paradoxe moral est comme un acide corrosif jeté sur l'âme éprise de pureté.

Le soir venu, dans la solitude du salon de la Lune à la rondeur rassurante, semblable à la forme d'un nid, Aurore défait son uniforme, sa cape rouge et sa robe noire, et extirpe de sous son matelas un bout de tissu plié. Debout, face au miroir, elle enfile la robe blanche de toile épaisse et grossière, à l'intérieur de laquelle elle a cousu, au niveau de la taille, une maille métallique rehaussée de petits clous. Ajustant le lacet qui ferme le décolleté, elle laisse tomber la robe jusqu'à ses pieds, et se saisit d'une large ceinture de cuir noir. Expirant lentement l'air chargé de vice et de violence qu'elle avait dû garder en elle le jour durant, Aurore tire sur la languette et serre la ceinture de ses côtes jusqu'à ses hanches. Le premier cran atteint, elle fait une halte.

Déjà les premiers effets se font sentir, le cœur battant et la tête engourdie. Aurore Henri avait gardé des deux attentats qui avaient failli l'emporter le souvenir de la douleur cathartique du corps qui, occupé à panser ses plaies, libère l'esprit de son trop-plein de pensées.

Elle avait lu que dans l'Antiquité, nombre d'hommes importants tenant dans le monde de hautes positions portaient sous leurs riches et somptueux vêtements un cilice semblable à celui qu'elle s'est confectionné, utilisant cet outil de contrition comme antidote discret contre le confort de leurs vies.

Expirant à nouveau par sa bouche entrouverte, Aurore serre sa main sur la lanière et tire un peu plus. Ses doigts s'engourdissent, son esprit perd de sa formidable acuité, elle ressent comme une sorte d'ébriété. Peut-être est-ce là le sort des fondateurs d'États, souffrir en leur chair afin de purifier en eux les démons de l'humanité et que celle-ci, sous leur règne, atteigne l'harmonie. Une goutte couleur rubis tache près du fermoir le tissu blanc. Soulagée, Aurore desserre son vêtement. Il lui semble respirer un air plus pur, plein d'un idéal qui enfin se réalisera sur Terre.

Chapitre 13

Les premiers instants en tant que chancelière d'Aurore Henri sont marqués par un chaos révélateur de la nécessité de fonder une structure organique suffisamment puissante pour l'aider à mettre en œuvre sa politique. Une architecture de milliers de pièces imbriquées les unes contre les autres pour protéger l'élément le plus vénéré, le cœur.

La direction générale de la sécurité de la Nouvelle Europe est créée le 23 avril, un mois à peine après l'attentat du Grand Palais.

Le dévouement d'Hugo Humbert est récompensé. Il dirige la première section du service de sécurité qui assure la garde rapprochée de la chancelière et regroupe vingt mille hommes. Les phalangistes qui la composent suivent un entraînement spécial, et sont soumis à des tests de loyauté dignes des plus grands corps d'élite. Leur uniforme noir se distingue par la présence à leur bras droit d'un brassard portant la mention SS1.

On entre au SS1 en tant que simple « exécutant ordinaire ». En fonction de leur ancienneté au service du mouvement ainsi que de leur dévotion, les « exécutants ordinaires » peuvent espérer monter en grade. Les plus aguerris passent « exécutants supérieurs » et dirigent les brigades de zélotes arpentant les rues du territoire. Viennent ensuite les « commandeurs délégués », chargés de diriger la mise en place d'écoutes et d'interventions. Puis les « serviteurs de la chancelière » dont dépendent l'organisation et la planification des déplacements de la dirigeante. Enfin les « serviteurs suprêmes » sont placés directement sous le commandement du « commandeur suprême », le fondateur de l'organisation et son chef, Hugo Humbert, lesquels ont la charge des missions secrètes et arrestations préventives nécessaires à la mise au pas des forces destructrices au sein de l'Union.

Le reniement public de sa foi est un prérequis pour intégrer les SS1. L'aspirant au service de sécurité affilié à la chancellerie doit renoncer aux croyances ayant été transmises par son éducation, celles-ci faisant partie de l'Ancien Monde. Les sciences, les arts, le beau, le mal, ces valeurs sont vidées de leur sens premier, désormais la chancelière est celle qui donnera un sens nouveau à la Nouvelle Europe. Ceux qui ont entendu son appel viennent des confins du territoire, abandonnant leurs parents et leur carcan pour intégrer les rangs du service de sécurité.

La deuxième section est dédiée à la pacification et au maintien de l'ordre à l'intérieur des frontières. Les SS2 constituent un corps de trois millions d'hommes en état d'alerte permanent, affectés dans des zones différentes de leurs pays d'origine afin de s'assurer de leur neutralité.

Portant un brassard aux lettres rouges entourées d'or sur un uniforme brun, les SSR, membres du service de sécurité renseignement sont en charge de l'intelligence. Deux cent cinquante mille hommes, recrutés personnellement par Hugo Humbert, chargés d'identifier, de consigner et de faire remonter à la chancellerie tout comportement suspect ou déviant pouvant porter atteinte aux valeurs démocratiques et égalitaires de la Nouvelle Europe.

Rien n'éprouve plus la dévotion d'un favori que la crainte d'être détrôné. Afin de s'assurer du dévouement constant d'Humbert, Aurore Henri nomme un autre phalangiste à la tête de la police secrète d'État, faisant de son appareil sécuritaire une hydre à deux têtes. Edward Golling est un ingénieur suédois spécialisé dans la défense, du même âge qu'Humbert bien qu'il soit physiquement son exact opposé : blond, hommasse, les yeux clairs, l'uniforme immanquablement débraillé et la respiration lourde, Edward Golling irrite au plus haut point le discret Humbert.

La police secrète, force inséparable du parti, n'est soumise à aucun contrôle juridique. Ses quatre-vingt-cinq mille agents sont libres de mener toute action nécessaire à leur mission sans en référer à la chancellerie, à savoir éliminer toute résistance potentielle en ciblant les ennemis politiques et économiques, les extrêmes de gauche comme de droite, identitaires, black blocs, religieux de tous bords, libéraux et capitalistes financiers représentants de la soumission de l'homme européen. L'une des armes les plus efficaces de la police secrète d'État est la « garde protectrice ». Le placement en détention provisoire d'un individu peut être déclenché sur simple suspicion ou dénonciation, le temps d'isoler l'élément perturbateur et de faire la clarté sur son cas. L'uniforme noir de ses agents est orné d'un brassard représentant la mandragore.

Quatre organisations sur lesquelles reposent l'équilibre et la paix, comme les quatre membres du corps humain.

« Il faut être présent partout, pour créer l'unité. Diviser les centres de pouvoir, afin qu'on ne puisse les détruire en une fois, a établi Aurore Henri.

Edward Golling et sa police secrète s'établissent ainsi à Rome, afin de maintenir l'autorité vaticane sous leur botte et de protéger l'entrée sud de la Nouvelle Europe. Le SSR s'installe à Berlin, afin de garder les pays du Nord aux tendances libérales à vue. Les SS2, le plus grand contingent, prend siège à Varsovie, afin d'établir une véritable ceinture de protection contre le maître de l'Est. Les SS1, sous les ordres directs d'Hugo Humbert, restent à Paris, auprès de la chancelière, le temps qu'une capitale digne de la Nouvelle Europe soit bâtie.

Chapitre 14

Face au Palais Garnier, à l'angle de la rue du 4-Septembre et de l'avenue de l'Opéra, un immeuble de quatre étages à la toiture grise est réquisitionné afin d'abriter le quartier général du SS1. Au premier, les bureaux des agents s'activant tel un essaim sous la direction du taciturne Hugo Humbert, piqué au vif par la nomination d'Edward Golling à la tête de la police politique. La ruche se fige à l'entrée d'Aurore Henri, venue inspecter les effectifs avant de monter au deuxième, l'étage des décisions interventionnelles, auquel seuls les gradés ont accès.

Au troisième, les salles de détention pour les prévenus. Par ordre de la chancellerie, il est interdit d'appeler les prisonniers par leur nom. Le temps de l'enquête les concernant, ceux-ci se voient dépossédés de leur patronyme, afin de symboliser leur état transitoire dans le purgatoire de la loi. Leur identité leur sera rendue une fois le jugement prononcé, s'ils sont innocentés.

Aurore Henri s'assied sur une chaise placée au centre de la salle d'interrogatoire eunomique tandis qu'on fait venir le prisonnier. Elle observe en silence l'homme aux traits prononcés, ses pommettes saillantes, relevées, comme deux perchoirs sur lesquels reposent deux yeux marron étirés vers les tempes. A-t-il quarante ou cinquante ans, elle ne saurait le dire. Des minutes passent sans qu'aucun des deux émette le moindre son, jusqu'à ce que la chancelière ouvre le bal des mots. « Que signifient les mots que vous avez prononcés ? lui demande-t-elle, cachant son avidité de connaître enfin le sens de la phrase qui hante ses nuits. Vous savez, si vous ne parlez pas, vous serez tué, je ne pourrai rien pour vous sauver. » L'homme se contente de regarder dans le vide, au travers d'elle. « "Les papillons se sont déjà tous envolés..." Pourquoi avez-vous dit cette phrase ? Que veut-elle dire ? » Les mains d'Aurore Henri gesticulent comme pour combattre chaque mot. « Votre dossier indique que vous n'avez aucun lien avec les nationalistes ni avec le gouvernement russe, alors pourquoi vous joindre à cet attentat et vouloir détruire la seule source d'espoir pour des millions de gens ? Ne voulez-vous pas une vie meilleure ? » tente-t-elle de le raisonner. Lorsqu'elle était enfant, la nuit terrorisait Aurore Henri. Une ombre illimitée tombait sur sa chambre, la matière immobile devenait informe et brute, le repaire des monstres. Personne, hélas, ne venait l'arracher à ses pleurs. Alors elle invoquait la seule puissance toujours là pour la rassurer, sa raison. Aurore avait gardé de ses nuits d'insomnie le credo que seule la raison peut chasser le mal, que les idées, les belles et grandes idées, projettent sur le monde une lumière qui fait refluer les monstres et leurs ombres.

« Vous ne me reconnaissez vraiment pas ? » lance enfin le prisonnier. Comment reconnaître celui que l'on n'a jamais vu ? Les yeux d'Aurore perdent de leur intensité, ils deviennent opaques, bilieux. Elle aimerait pouvoir lui bondir dessus, ouvrir son crâne et dérouler le fil de ses pensées comme une pellicule, afin de voir ce qu'il sait et qu'elle ignore. Mais on ne peut forcer un homme à dire ce qu'il tait, et cette vérité fait du prisonnier AD00123 le seul être sur lequel elle n'a pas tous pouvoirs.

Chapitre 15

Le printemps fait renaître en chaque être une force inexorable, un espoir qu'on ne peut entraver. Sur la façade de l'Opéra flottent trois immenses drapeaux de l'Union. Sur chaque monument officiel, le long des Tuileries, à chaque réverbère, accueillant le visiteur à la porte des hôtels de luxe qui viennent de rouvrir dans la capitale après de longues années de dépression, des étendards portant le sigle de la mandragore virevoltent dans le vent tiède du mois de mai. « Il est difficile de relever une personne à terre, *a fortiori* un pays. Mais que dire lorsque c'est un continent entier que l'on doit relever ? Cela demande un exploit surhumain, que nous serons en mesure d'affronter si nous y participons tous. Si un seul d'entre nous tourne le dos à la cause, il affaiblit notre édifice et met en péril notre succès », déclame la chancelière dans les haut-parleurs disposés sur les places publiques. Ordre a été donné aux mairies des villes de plus de dix mille habitants de disposer des mégaphones sur leurs artères principales afin de diffuser en direct les discours de la chancelière. « Songez à un corps humain. La moindre cellule sait ce qu'elle a à faire. Chacune est importante pour la survie de l'homme. Lorsque chaque organe est à sa juste place, alors la vie s'épanouit dans cette harmonie, ce concert d'éléments. Mais voilà qu'une cellule refuse de participer au fonctionnement physiologique et prétend vivre par elle-même. Que se passe-t-il ? Elle devient un poison, un ennemi. Alors le système immunitaire, qui organise la défense, envoie des anticorps pour la détruire avant qu'elle ne s'accroche à d'autres cellules qui formeraient une tumeur de plus en plus grosse. Ensemble, nous sommes la vie ! Vous êtes les cellules vitales d'un corps-nation ! » Le message est retransmis en direct sur l'Internet.

Les SS2, chargés de veiller à la diffusion et à l'observance de la nouvelle doctrine culturelle de l'Union, conseillent fortement aux commerçants et échoppes d'apposer sur leurs vitrines un signe d'appartenance au régime. Aux oublieux ou aux têtes dures, les agents rendent de courtoises visites les incitant à exprimer plus vivement leur sympathie pour la chancelière, sous peine de se voir fermés pour inspection.

Remontant la Seine à bord d'une vedette noire marquée à ses initiales, Aurore Henri laisse la bruine du matin projeter sur elle des gouttelettes pleines d'aube orange et rose, puis esquisse un sourire. Quelle joie de voir autant de manifestations de sympathie spontanées éclore sur chaque devanture !

Notre-Dame, l'île de la Cité, le Louvre à droite, l'Académie à gauche, couverts des couleurs de la Nouvelle Europe. La tour Eiffel enfin ; du premier étage jusqu'au rez-de-chaussée, lesté par d'épaisses pierres de Paris, un drapeau rouge, blanc, noir et or, plus grand, plus finement tissé que celui du Grand Palais. Les rayons du soleil naissant font scintiller les fils d'or, l'immense Dame de fer ainsi vêtue semble plus grande encore. Le commandant de la vedette coupe les moteurs. Aurore Henri met pied à terre. Dans sa longue robe, elle avance lentement sous sa cape, entourée par un incroyable service de sécurité, jusqu'au jardin du

Trocadéro. Quatre rangées de barrières séparent le public du cortège. Seuls les fidèles encartés, identifiés, triés et dûment fouillés peuvent avancer en première ligne pour assister au passage de la chancelière. Sous les acclamations et les cris, Aurore Henri se prête volontiers au jeu des selfies, provoquant larmes, syncopes, éclats de joie. Galvanisée par ces témoignages de popularité, elle s'attarde, voulant donner son courage et sa force à chacun d'entre eux. Une jeune femme tend son enfant à bout de bras au-dessus de la barrière. Les agents du SS1 s'apprêtent à fondre sur cette imprudente, mais Aurore les retient et prend la créature dans ses bras. « Voici une mère bien inspirée, déclare-t-elle aux caméras du monde entier, de vouloir donner à son bébé le meilleur exemple qui soit, l'encourager à devenir un jeune soldat de l'espoir ! Il n'est jamais trop tôt pour emprunter la voie de l'eunomie ! Je fais le serment que ce bébé connaîtra un monde en paix, en prospérité ! Où l'harmonie, l'entraide, le bien et la beauté seront les vertus cardinales de la société ! »

Chapitre 16

Jamais la place du Trocadéro n'avait connu telle ferveur. Des deux côtés de la Seine on se masse pour être présent. Sur l'estrade, le visage d'Aurore Henri se fond au milieu du drapeau trônant sur la tour Eiffel, effet de mise en scène voulu par l'architecte officiel Alberto Sperucci.

« Durant la campagne, je vous ai promis de me consacrer entièrement à votre sort. Mon destin est à présent lié à chacun d'entre vous. À ceux qui pensent que la chance s'est détournée d'eux et qui se sentent délaissés, ceux qui souffrent du manque d'amour, songez que j'aime chacun d'entre vous, et que vous m'aimez aussi. Ainsi vous ne serez plus seuls », entame-t-elle, ramenant le silence parmi la foule en un instant.

« Longtemps les politiques ont décidé du sort de l'humanité dans les alcôves. Ce temps est désormais révolu ! Vous m'avez octroyé les pleins pouvoirs, ainsi je vous annonce aujourd'hui un formidable "plan de Quatre Ans" pour relever l'Europe et à nouveau faire briller sa lumière sur le monde ! Voulez-vous l'entendre ? » Une fureur fanatique s'empare de la place. « Voici comment la Nouvelle Europe connaîtra enfin la prospérité à laquelle sa culture la destine ! La dette de l'ensemble des pays de l'Union, contractée envers les banques privées et les pays étrangers, est annulée ! » Face à la stupeur générale, la chancelière poursuit. « Est déclarée nulle et non avenue toute dette envers une institution privée ou étatique n'ayant rien tenté pour sauver une population de la faillite et de la pauvreté conduisant à la famine et la mort ! Cette annulation permettra le retour de milliards dans les caisses des ministères publics de l'Union ! Nous retrouverons une capacité d'investissement inégalée et, enfin, s'éloigneront de nous les spectres de la faillite et de l'austérité. » Applaudissements et bravos fusent de tous côtés.

« Les entreprises multinationales reconnues coupables de "spoliation de la terre et du peuple de la Nouvelle Europe", ayant implanté des usines, des commerces, ayant tiré des bénéfices du sol européen sans reverser les taxes nécessaires à la bonne vie de ses citoyens, verront leurs comptes saisis du montant qu'elles doivent à l'Union ! J'appelle au boycott immédiat de ces multinationales qui ont pillé le genre humain ! Nous demandons la confiscation immédiate de tous les bénéfices des sociétés n'ayant pas respecté les droits humains ni l'esprit de la Nouvelle Europe ! » Les bravos deviennent des hourras.

« Oui ! Les entreprises coupables de pollution se verront confisquer l'ensemble des profits contractés sur le sol qu'elles ont souillé.

« C'est à nous que revient la richesse que d'autres s'étaient accaparée ! Les aéroports, les autoroutes, les chemins de fer, les édifices des grandes capitales, qui avaient été cédés à des consortiums d'investisseurs étrangers, devant lesquels nous nous sommes courbés, pour leur pétrole, pour leur monnaie, redeviennent par décret à effet immédiat la pleine propriété de l'État !

« Qui profitera de cette capacité d'investissement retrouvée ? Les pensions de retraite seront doublées ! Le chômage sera annihilé ! Quoi d'autre ? L'agriculture, l'éducation, la culture et la santé !

« Oui ! Des millions d'hectares de terrain aux mains de promoteurs pillant le genre humain seront immédiatement saisis afin de libérer des terres agricoles ! Nous détruirons leurs constructions et verserons une prime aux valeureux citoyens se lançant dans la noble tâche de devenir les collaborateurs de la Terre mère aidant à faire pousser ses bienfaits ! Notre nouveau ministère de l'Agriculture sera l'un des plus importants. Notre stratégie politique en ce domaine est simple. Elle me vaudra les moqueries de mes adversaires : "Du blé, pas du béton !"

« J'entends certains me dire qu'au-delà des effets d'annonce, je n'ai pas de programme économique. Ils se trompent ! Notre système de financement des dépenses publiques est archaïque ! Il repose sur l'impôt des ménages, la taxation du travail ! *Votre* travail ! C'est terminé ! Le budget de la chancellerie et les portefeuilles des ministères seront tenus à l'équilibre grâce à la taxation sur les échanges financiers ! Sur les importations ! Sur le commerce de matières premières ! À ceux qui disent que c'est impossible, que notre balance commerciale s'effondrera, le nombre fait notre force ! Ensemble, nous sommes huit cents millions ! Pourquoi n'élaborerions-nous pas notre propre doctrine de protection de nos biens et de nos citoyens ? Aucune entreprise, aucune puissance étrangère ne peut tourner le dos à un continent de huit cents millions d'âmes, unies comme les doigts d'une main ! Nous décréterons, et ils obtempéreront ! La terre n'est plus à vendre, du moins plus en Europe ! »

Aurore Henri, le front humide traversé par une veine sillonnant sa tempe, mains tendues vers la foule, appelle à ses côtés Hugo Humbert. La poitrine gonflée d'orgueil, celui-ci s'approche en faisant un salut eunomique. « Voici l'homme chargé de votre sécurité ! Le fondateur des nouvelles forces de sécurité que vous n'avez plus à craindre, puisqu'elles sont de votre côté. Elles appartiennent à votre parti et défendent vos valeurs. » Hugo Humbert attend que la chancelière prononce son nom, mais elle s'éloigne du micro et dit à voix basse : « La femme blonde aux lunettes de soleil et au manteau vert, près du pied de la statue du maréchal Foch. Vite ! »

Aurore l'a reconnue entre des milliers de visages, la femme au papillon. Elle se tient là, immobile, derrière ses verres fumés, cherchant à être vue. Autrement, pourquoi avoir choisi un pardessus si voyant, et s'être placée au pied de la seule statue, au beau milieu de la place ? Hugo Humbert, crevant de rage d'être laissé dans l'anonymat, lève la main en signe de salut et donne ses instructions à ses hommes postés au pied de l'estrade.

La chancelière reprend son discours, observant les brassards rouges progresser parmi la foule. La femme blonde disparaît quelques instants. Les brassards se rapprochent, l'encerclent, la ferrent sans que cette dernière cherche à se défendre. La chancelière conclut ses trois heures de discours tandis que le soleil arrive à son zénith.

« Dans six mois vous pourrez vous targuer de vivre dans le plus beau des pays. Vous pourrez regarder vos enfants, rayonnants de santé, libres et éduqués, confiants dans leur avenir, et vous pourrez leur dire : "Nous pensions des siècles durant qu'on nous avait chassés du Paradis, que l'Éden était derrière nous. C'était faux, il est ici !" »

Chapitre 17

À l'intérieur du camion noir blindé garé sur une avenue à distance du Trocadéro, peut-être une réponse à des milliers de questions emplissant la tête d'Aurore Henri. Ce sentiment d'une part manquante qu'elle a toujours portée en elle comme l'ombre d'un absent, la détestation qu'elle ressentait pour Clara Henri qui l'avait élevée, le secret de son enfance dont elle n'avait que peu de souvenirs, cette impression, enfin, d'être différente, de ne pas réellement faire partie de la société, de la regarder comme derrière une vitre sans tain l'empêchant de pouvoir jamais s'attacher à aucun être humain.

Deux recrues ouvrent les portes. Menottée à la banquette du camion, ses cheveux blonds dépassent de la cagoule noire dont les SS1 ont recouvert son visage. La fine peau de ses mains révèle des veines saillantes sous une myriade de taches de rousseur. Aurore, le cœur haletant, tire doucement sur la cagoule comme sur un linceul, et cherche les traits de celle qu'elle a maintes fois vue en songe. Ni ses yeux ni son cœur la reconnaissent. La femme blonde tient sa frêle ossature recroquevillée sur le siège, regardant partout autour d'elle. « Ce n'est pas elle ! Vous l'avez laissée filer ! » fulmine Aurore, tandis que les SS1 n'osent soutenir son regard de désapprobation. « Vous aurez peut-être mal vu, madame, rétorque un agent.

— Tu oses mettre en doute la parole de ta chancelière ? fond sur lui Aurore, prête à le dévorer cru. Ne sais-tu pas que tu lui dois obéissance aveugle et que ses ordres ne sont que vérité ? Celui qui remet en cause l'ordre est un agitateur. Arrêtez-le ! ordonne-t-elle aux autres uniformes qui s'exécutent.

— C'est... c'est une dame qui m'a donné une liasse de billets pour que j'enfile son manteau et ses lunettes de soleil », avoue la chevelure blonde tremblante. Pardonnez-moi, ma chancelière, je n'ai pas vu le mal, je n'ai vu que les billets, plaide-t-elle en tendant son magot. En plus, je me suis fait avoir, ce sont de vieux billets bons à jeter ! »

Aurore s'empare de la liasse. D'anciens marks est-allemands.

« C'est pas avec ça que je vais nourrir mes enfants, ajoute la captive alors que les gardes referment sur elle les portes du camion blindé.

— Attendez ! Ne la punissez pas sévèrement, c'est une mère », souffle Aurore au conducteur.

Aurore descend les marches du Trocadéro afin de rejoindre la Seine, et face aux caméras braquées sur elle contient toute sa déception, sa colère d'avoir été leurrée. Traversant les jardins, elle arrive à hauteur de la fontaine dont les grandes eaux ont été ouvertes en son honneur. Vingt canons obliques, d'une portée de cinquante mètres, pointés vers la tour Eiffel, cinquante-six gerbes et douze colonnes projetant l'eau à sept mètres du sol. Elle saisit les billets et les jette dans le torrent d'eau. La liasse se défait, les feuilles de papier flottent, éparpillées, emportées dans le tourbillon.

Son œil est attiré par une couleur étrange dans le bassin. Comme si un billet était marqué d'une inscription orangée, invisible tantôt, que l'eau vient de révéler. Un SS1 plonge dans la fontaine. Sur l'un des exemplaires détrempés, une inscription manuscrite, des chiffres semblant se suivre ou se répondre pour former un numéro.

Chapitre 18

Les hautes herbes de la baie de Greifswald, sur les côtes allemandes de la mer Baltique, font écho à une myriade d'îles où l'eau douce du fleuve Ryck rencontre celle chargée de sel d'un bras de mer. En arrivant sur cette lande contrariée, sous un soleil laiteux, Aurore Henri ne distingue à la surface des criques qu'une eau saumâtre et terne.

La lagune, autrefois repaire d'artistes et de jeux aquatiques d'enfants, avait été choisie, vingt ans auparavant, comme point d'arrivée en Europe du gazoduc en provenance de Russie Nord Stream 2. Le Kremlin avait misé sur la demande énergétique croissante de l'Europe et sur l'incapacité du Vieux Continent à subvenir à ses besoins. Le géant russe privé Gazprom, héritier du ministère de l'Industrie pétrolière et gazière de l'ancienne URSS, possédait déjà 35 % du marché européen, mais avait l'ambition d'en dévorer plus de la moitié avant de se sentir rassasié. Malgré les protestations des pays Baltes, le pipeline avait été construit. La dépendance d'un État, d'un continent, la soumission de ses dirigeants à une politique étrangère ne tiennent qu'à quelques chiffres, pis, à des pourcentages. Des boulettes de graisse toxique avaient commencé à apparaître dès le début du chantier. Les carcasses de poissons morts échouaient dans les criques. Un mélange de pétrole et de béton était venu recouvrir les lèvres de la lande ayant accueilli le gazoduc. En quelques années, la vie semblait avoir quitté la baie de Greifswald et, ce 10 mai 2033, elle n'était toujours pas revenue.

La chancelière, dans une conversation téléphonique diffusée en direct sur les médias officiels de l'Union, avait annoncé au maître de l'Est qu'elle rompait instamment toute relation énergétique et diplomatique avec son pays, au nom du sang des citoyens de l'Union versé durant l'attentat du Grand Palais, où la preuve de l'implication d'agents russes avait été apportée. Le maître de l'Est avait exigé la libération des deux hommes, mais Aurore Henri avait déroulé, imperturbable, son argumentation. Le gaz russe qui nous avait sauvés nous empoisonnait aujourd'hui. « Savez-vous comment, en grec ancien, se dit médicament ? le questionna-t-elle. *Pharmakon*. Le même mot signifie à la fois médication et poison. Seule la dose fait la différence. Cher allié, il apparaît aujourd'hui que vous êtes le *pharmakon* de l'Europe », lui asséna-t-elle avant de couper la communication officielle. Immédiatement, les images tournèrent en boucle sur les chaînes d'information en continu et les réactions sur les réseaux sociaux s'enflammèrent. La repartie d'Aurore provoqua un sentiment de chauvinisme sur tout le continent. Le Président américain, hilare, se fendit dans la foulée d'un coup de fil. Le Kremlin donna l'ordre de fermer les vannes de Nord Stream 1 et 2 en représailles.

Aurore sourit, les travaux de démolition pouvaient dès lors commencer. Des ouvriers venant de toute la Baltique démontent pièce à pièce l'ancien pipeline de la honte, sifflant des airs joyeux, abattant de concert le symbole de notre dépendance énergétique. Rejoints par les habitants et les curieux voulant participer à l'événement, ils mettent les derniers coups sur les pièces de ce ver monstrueux sortant de terre, aussi noir que la substance qu'il recrache.

À l'arrivée de la chancelière, des enfants se saisissent de branches et tapent à leur tour sur l'ancien pipeline, tandis qu'elle caresse leurs têtes blondes en signe d'encouragement, sous l'œil attentif du Hoff. À 12 heures, Aurore monte sur un tronçon de canalisation sous lequel un tas de bois et de plastique a été disposé. Les partisans tendent leurs bras en salut eunomique vers la chancelière qui les honore de sa présence bienveillante.

« L'énergie ! clame-t-elle avec passion. L'énergie est la joie éternelle ! Elle est ce qui distingue la matière inanimée du vivant, l'abattement de l'espoir. Quand je vois votre ardeur à vous réapproprier ce qui est vôtre, je vois une énergie bien plus puissante que ce qui coulait dans cette canalisation ! L'eunomie est la plus universelle, la plus formidable et la plus mystérieuse des énergies ! Grâce à elle, nous venons de vaincre la plus grande industrie européenne, qui émettait à elle seule 4 % des émissions de CO_2 sur Terre ! Libérons-nous à présent de la force mortifère de nos anciens geôliers : brûlons les liens par lesquels ils nous retenaient ! »

Un groupe de SS2, torse nu, allume un feu. Deux par deux, les soldats viennent en procession plonger une branche dans la flamme. La chancelière se saisit d'une torche et avance lentement vers l'amas sur lequel elle était montée tantôt. « Au nom de l'harmonie retrouvée, brûlons les signes de notre passé ! » hurle-t-elle en direction de la foule, avant de jeter la première torche enflammée sur le pipeline devenu bûcher. La chancelière rejoint Edward Golling à Berlin, à 200 kilomètres au sud, pour une autre cérémonie du feu organisée par les SS2.

L'ambition de Golling n'a d'égale que celle d'Hugo Humbert. Être à la tête de la police secrète d'État ayant tout pouvoir au sein de l'Union ne lui suffit pas, il veut se voir gratifié d'un ministère. Si Humbert est un homme pratique, Golling est animé par la force des symboles. Se sachant scruté par la chancelière, il orchestre à Berlin le plus fin des autodafés. Il a choisi la Bebelplatz pour le bûcher cathartique berlinois. La place, près de l'avenue Unter den Linden, l'un des axes les plus prestigieux de la ville, est délimitée par l'Opéra d'État à l'est, l'université Humboldt à l'ouest et la cathédrale Sainte-Edwige au sud, la plus ancienne de la ville. L'art, le savoir, l'esprit de l'Ancien Monde, réunis dans un équilibre parfait.

À 21 heures, Golling appelle chaque citoyen à venir y jeter un objet incompatible avec la renaissance de l'Union, la marque d'une entrave dont il doit se libérer. Dans une scénographie parfaite, sur la place dont l'éclairage public a été éteint par les membres de la police secrète, hérauts d'une nouvelle unité, des chants s'élèvent, les drapeaux s'agitent frénétiquement. Des jouets en plastique, des chaussures et marchandises issus de l'importation chinoise, des Smartphones d'une marque américaine, la montre d'un père qui nous avait tyrannisés, les documents de prêts bancaires qui nous avaient asphyxiés d'intérêts, l'uniforme d'un travail que l'on détestait, les vêtements d'un fiancé qui nous a déshonorées, sont amenés dans des brouettes puis passés de main en main jusqu'au centre de la place pour être offerts aux flammes dans la liesse.

Le long défilé se poursuit tard dans la nuit, pendant que des enfants jettent au feu leurs livres d'histoire et de mathématiques.

Chapitre 19

« Sur ordonnance spéciale de la chancellerie, toute entreprise de Nouvelle Europe pourra être qualifiée d'entreprise de la honte, si elle présente les caractéristiques suivantes : exploitation des citoyens européens, activités de lobbying, filiales dans des paradis fiscaux, exemption d'imposition, non-redistribution de la richesse, dommages irréversibles causés à la Terre tels que marées noires ou émissions de dioxyde de carbone à grande échelle, participation à la déstabilisation de l'équilibre mondial. Les entreprises de la honte se verront nationalisées pour une période de quatre ans. Leurs dirigeants seront arrêtés et jugés pour crimes contre l'humanité. Comment définir autrement que comme criminels ceux qui ont sacrifié nos corps, nos esprits, notre sol, notre eau, notre terre, ont féodalisé le vivant pour leurs cotations ? Ceux qui ont parié sur le blé, fait monter le cours du lait, ceux qui ont asséché les rivières, ont empli nos poumons de métaux lourds, de gaz toxiques et nos ventres de plastique. »

Parmi les dix entreprises les plus polluantes du globe, par leurs activités d'extraction de pétrole, gaz et charbon ainsi que par les produits issus de ces énergies fossiles, deux sociétés tombent sous la juridiction d'Aurore Henri. La hollandaise Shell et la française Total : 600 milliards de dollars de chiffre d'affaires annuels à elles deux.

La mythique et prestigieuse Royal Dutch Shell, fleuron de l'Ancien Monde, est nationalisée. Elle est désormais propriété de l'Union, le nouveau ministère de l'Économie assurera sa gestion.

Le 15 mai, quatre contingents de SS2 encerclent son siège social, au 23 rue Carel van Bylandtlaan à La Haye, aux Pays-Bas. Les zélotes font irruption dans le bâtiment, saisissant les ordinateurs et confisquant les fichiers. Les dirigeants sont malmenés puis arrêtés, leurs bureaux passés à sac. Sur la façade un agent dessine à la chaux blanche l'inscription « honte » en lettres majuscules. L'horloge trônant au-dessus de l'édifice en briques s'est arrêtée, signe prémonitoire de la fin d'un temps.

Au même moment, dans le quartier d'affaires de l'ouest parisien de La Défense, les SS2 arrivent au pied de la plus haute tour de France. « The Link » fait culminer au sommet de sa carapace vitrée les lettres rouges de Total, visibles depuis tous les monuments parisiens. Les agents ferment les stations de métro et les voies d'accès rapide afin d'évacuer les cent mille employés. Descendant dans la nacelle utilisée par les laveurs de carreaux, un zélote aguerri appose la marque de la honte sur les surfaces miroitantes du siège social d'un des plus grands groupes français.

Sur l'ensemble du territoire, une grande commission de la honte est lancée, procédant à l'examen individuel des comptes des entreprises. Dans chaque ville, les enseignes privées versant dans les pratiques honnies reçoivent la visite d'agents du renseignement maculant leurs vitrines du sceau de leur ignominie, mettant un terme à leur activité, arrêtant ceux que l'on pensait être de bons voisins et qui étaient en fait des exploitants du genre humain. « La purification de l'économie libérera des officines et des parts de marché pour ceux qui méritent de participer au redressement économique du continent, ceux chez lesquels le bien et le profit vivent en bon principe d'eunomie », déclare la chancelière. Au ministère de l'Économie, un département spécial destiné à la délation a été mis en place. Une centaine d'agents du renseignement recrutés pour cette tâche répondent aux appels anonymes de jour comme de nuit.

La société allemande Bayer-Monsanto aux 75 milliards de chiffre d'affaires, accusée de s'approprier le vivant pour en vendre les semences, connaît le même sort. La Nouvelle Europe est un corps organique, libéré de ceux qui l'entravaient. Chaque pays est un organe nécessaire à sa survie, tous les organes œuvrant de concert. Du nord au sud, en bras de chemise, torse nu, un fichu sur la tête, on arrache joyeusement les pousses provenant de semences modifiées, propriétés des semenciers, pendant que d'adorables bambins jettent sur les champs pâquerettes et coquelicots afin de bénir le sol. Libérée de ses mauvaises herbes, la Terre pourra enfin guérir ses blessures, et offrir aux hommes des printemps fleuris.

Chapitre 20

À Theresienstadt, au nord-ouest de la république Tchèque, Edward Golling a inauguré le premier centre de détention modèle du régime pour les « dirigeants de la honte ». Aux confins de la Nouvelle Europe, suffisamment éloignées des yeux de la presse et de son questionnement incessant, l'ancienne ville de garnison et sa citadelle ont été choisies par Golling comme lieu idéal d'implantation d'une prison à ciel ouvert à visée rééducative. Le climat vivifiant ainsi que la richesse culturelle tchèque, la profondeur réflexive de l'âme slave ne sauraient qu'être les conditions idéales pour que les anciens dirigeants ayant commis des exactions contre l'humanité et la Terre renouent avec leurs racines eunomiques. Les SSR ont transformé un ensemble d'anciennes casernes à un seul étage en centre de rééducation dont ils assurent le contrôle et la gestion. Les immenses baraquements ont été pourvus de lits de camp superposés afin d'aider les prisonniers à retrouver le sens de la vie en communauté, leur permettant de guérir en eux l'individualisme triomphant dans lequel les avait plongés l'ultralibéralisme de l'Ancien Monde. Les dirigeants déchus des multinationales frappées par le décret de la honte étrennent le premier Centre de rééducation eunomique au début du mois de juin 2033.

À l'entrée de la cour, une inscription rouge et or invite les nouveaux arrivants à la réflexion : « L'harmonie rend libre. » À l'intérieur de la forteresse, tout est mis en œuvre pour hâter la prise de conscience des prisonniers de l'ignominie de leur conduite passée et expurger les crimes commis en les transformant en énergie bienfaitrice. Le jeûne est pratiqué plusieurs fois par semaine afin de purifier le corps, de même que les activités physiques et manuelles reconnectent ces individus habitués aux bureaux de verre à la Terre mère de l'humanité. Des discours de la chancelière sont diffusés en permanence dans la cour principale ainsi que dans les bâtiments. Toutes les heures du jour ou de la nuit, un tocsin strident résonne : trois cycles successifs d'une minute et quarante secondes séparés par un silence de cinq secondes. À cet appel, les pensionnaires doivent cesser l'activité qui les occupe et s'immobiliser en silence afin de se plonger dans la réflexion. « Apprenez à mettre entre parenthèses la course de vos vies individuelles et méditez sur l'importance de l'instant. Recentrez-vous sur ce à quoi vous souhaitez réellement dédier votre vie et demandez-vous en quoi vos actions de ce jour renforcent l'harmonie entre les hommes », conseille la chancelière. Des ateliers de « contrition écrite » obligent les patients chaque lundi, la journée, à demander pardon à ceux qu'ils ont offensés. Les lettres sont publiées dans le *Journal officiel* de l'Union, comme le signe que chaque individu, mis dans les bonnes conditions, est capable de s'améliorer.

Chapitre 21

Le prisonnier AD00123 est assis sur la chaise au milieu de la salle d'interrogatoire au troisième étage du quartier général du SS1 dépouillée de tout autre mobilier.

La chancelière a interdit l'usage de la torture sur les prisonniers. « Ils doivent confesser leurs crimes parce que leur esprit prend conscience de la gravité de leur atteinte à l'eunomie. La contrition conduit à l'amélioration de l'être humain. Ils ne doivent pas être contraints d'adopter un comportement sain, ils doivent le désirer. Il ne faut guère les violenter, mais les convaincre », a-t-elle donné pour directive à Hugo Humbert. Mais connaissant la rétivité des hommes, ce dernier a élaboré de son côté une technique d'interrogatoire renforcée. Le visage du prisonnier est recouvert d'un tissu occultant. Sa vue ne lui est rendue que lors des interrogatoires afin qu'il ne perçoive que le visage de celui qui doit devenir son maître, et que ce maître devienne la seule image imprimée sur sa rétine. « Provoquer la souffrance n'est pas notre but. Mais que sont quelques instants de souffrance pour une vie en harmonie ? N'est-ce pas là un mal nécessaire pour provoquer un sursaut chez ceux qui se sont perdus et les ramener à la raison ? » a-t-il su convaincre Aurore, employant la juste sémantique pour emporter son adhésion. Aurore Henri lui a fait promettre de limiter son utilisation aux fortes têtes, dans le seul but de hâter leur ralliement à l'eunomie. La technique ne semble hélas pas avoir de prise sur le détenu AD00123. Après plusieurs mois d'interrogatoires eunomiques, rien n'a permis de le relier à la Russie ni à aucun groupe extrémiste actif en Europe. Ronan Leroux est professeur de lettres, divorcé, apolitique autant qu'athée. Sa seule famille connue était une fille, dont il n'avait pas la garde. Il semblait, à ce stade de l'enquête, ni plus ni moins qu'un Français moyen.

Les pupilles du prisonnier AD00123, encore dilatées, posent leur encre noire sur le visage d'Aurore. Ses lèvres s'animent, se retroussent, il sourit. Aurore fait un bond de recul face à cette bouche entrouverte dévoilant deux filets d'émail. Qu'il lui semble étrange, ce sourire inconnu ! Il n'était pas réfléchi, il n'espérait rien. Il l'avait vue, il avait souri. Il y a là quelque chose de dérangeant. Jamais la simple apparition d'Aurore n'avait provoqué sur un visage la prémonition de la joie.

Dans un interrogatoire, le premier qui parle prend la main.

« Êtes-vous cette fois-ci disposé à me dire pourquoi vous avez prononcé cette phrase ? le confronte Aurore, masquant son trouble.

— Pourquoi elle est si importante pour vous ?

— Qui vous dit qu'elle l'est ?

— Vous m'avez épargné. Les autres hommes arrêtés en même temps que moi sont morts, je suis encore en vie. »

L'esprit d'Aurore est piqué au vif par cette repartie.

« Ne me faites pas regretter ce choix, lui assène-t-elle froidement. Pourquoi avez-vous prononcé ces mots face à moi ? »

Le prisonnier fait mine d'ignorer la question de la chancelière et, élevant l'audace au rang d'imprudence, tente de la déstabiliser.

« Nous nous sommes déjà rencontrés, vous ne vous souvenez pas ?

— Je rencontre beaucoup de personnes inconsistantes, comment me souvenir de chacune d'elles ? » répond Aurore. Cela fait des jours que chaque soir, face à une photo du détenu AD00123 fournie par les SS1, elle cherche à se souvenir de lui.

« Là où tout a commencé. La manifestation de Marienplatz... J'étais à côté de vous. Nos bras se sont frôlés au moment où vous avez jeté cette pierre. » Le fil des pensées d'Aurore Henri galope à bride abattue vers le passé, lorsqu'une décennie plus tôt, une simple pierre lancée avait fait changer d'orbite un continent entier. Elle revoit l'estrade, la joie ignare des nationalistes ayant assassiné l'Europe, les cris sur la place, le pavé brûlant dans sa main chargée d'une force surhumaine, l'injonction intérieure d'agir, la petite fille à l'écharpe rouge, à côté d'elle, sur les épaules de son père, les forces de sécurité fondant sur la foule, la fillette disparaissant sous les jambes des manifestants fuyant les coups, le père traîné au sol par les agents armés. « J'ai été battu et arrêté, j'ai été fiché. Je n'ai plus eu le droit d'enseigner. J'ai perdu ce jour-là ce que j'avais de plus précieux.

— Votre fille ? » demande Aurore, vacillant sur ses pieds. Elle avait durant toutes ces années été hantée par le cri de détresse de la fillette et avait conservé comme une relique son écharpe maculée de sang, comme le signe de la violence de l'Ancien Monde infligée aux innocents. Lorsqu'elle perdait foi en sa mission, elle caressait le morceau de tissu, se jurant de tout faire pour sauver l'innocence. À mesure qu'elle gravissait les marches menant à la mandature suprême, les compromis mettaient sa promesse à rude épreuve.

« J'étais un père, et soudain je ne l'étais plus. Votre geste me l'a enlevée.

— Ainsi vous vous êtes approché de moi pour vous venger ?

— Non, pour vous sauver. »

Chapitre 22

« Peuple de l'Union. La tâche qui est la nôtre, de faire connaître à la Nouvelle Europe une prospérité de mille ans, est devenue une tâche totale. Les premières mesures que nous avons entreprises ont rendu au gouvernement de l'Union les milliards qui lui avaient été volés !

« Mais nous ne pouvons en rester là si nous souhaitons vaincre !

« Il y a un front où chacun au sein de l'Union – chaque homme, chaque femme, chaque enfant – peut être actif, et avoir le privilège de servir l'intérêt général. Ce front est ici, dans la vie quotidienne. Il en va de la responsabilité et de l'abnégation de chacun de maintenir une Union forte et sûre, de la faire avancer vers son nouveau but, d'être le phare du monde. Cette volonté requiert l'abandon du luxe, mais aussi de beaucoup d'autres sortes de confort. J'attends de vous le courage des combattants, prêts à tous les actes de bravoure. Car oui, nous sommes en guerre contre l'obscurantisme. La religion, la finance, la marchandisation et la radicalisation n'ont su se développer que selon la loi scélérate de l'entropie, de la destruction, du chaos, de l'affaiblissement de l'ordre. Pour nous arracher définitivement à l'Ancien Monde et tendre vers la beauté, il nous faudra autant de force qu'aux premiers instants de la Terre !

« Remontons nos manches pour construire des nouvelles usines propres et respectueuses des principes de l'eunomie, restructurer nos routes et nos rails, notre système éducatif ! Tout cela coûte beaucoup d'argent, plus d'argent que n'en a jamais dépensé une nation. Nous dépenserons dès à présent, dans ce grand, ce sublime dessein, 100 millions d'eunomos par jour. Avant que cette année ne soit terminée, ce taux presque incroyable de dépenses sera doublé. Mais nous ne pourrons mener à bien ce formidable investissement que si nous agissons en toute liberté. Hier, j'ai soumis au Congrès un projet portant sur la sortie de la Nouvelle Europe de l'OTAN. Depuis presque un siècle, l'alliance a prouvé son incapacité à obtenir un consensus entre les membres sur ses sujets politiques et militaires, et nous n'attendrons certainement pas l'autorisation de nos anciens alliés pour mener notre guerre, comme nous ne tolérerons aucune ingérence de leur part ! La Nouvelle Europe se réserve tous les droits, dans tous les domaines ! Ainsi, j'ai demandé au Congrès notre retrait du Fonds monétaire international ! J'ai également exigé de lui, en votre nom, la rupture de nos relations avec la Banque mondiale. Aucune institution internationale n'a de pouvoir directif ni même consultatif sur notre manière d'avancer vers notre noble but. Ce projet a été voté à l'unanimité lors de la session plénière tenue cette nuit. Si vous doutez de son bien-fondé, demandez aux milliards d'êtres vivant aujourd'hui sous la tyrannie du consumérisme, de l'individualisme et de la violence. Peuple de l'Union, j'ai besoin de chacun d'entre vous. Voilà pourquoi le Congrès a voté cette nuit pour tous les citoyens de la Nouvelle Europe, ainsi que pour ses résidents de nationalité étrangère, l'obligation d'adhérer à notre parti. Dès demain, vous pourrez vous enregistrer sur le site de la direction générale de la sécurité de la Nouvelle Europe, afin de figurer sur le fichier de recensement. Les agents de nos services viendront personnellement aider à leur domicile ceux qui éprouveraient des difficultés à s'inscrire de leur propre chef. Cette cartellisation obligatoire fédérera notre grand peuple ! Aucun citoyen de l'Union ne sera laissé de côté.

« Je vous invite à présent à fermer les yeux et à méditer avec moi sur nos propres devoirs, nos propres responsabilités, dans le destin que nous voulons faire nôtre. »

Un formidable appel aux talents est lancé par la chancellerie afin de mobiliser les ingénieurs nécessaires pour créer les technologies que la Nouvelle Europe mérite. En quelques semaines, les anciennes usines automobiles sont recyclées en usines propres fabriquant des voitures à air comprimé. Les chaînes de production sont réduites à un seul modèle, la Henri, voué à devenir la signature du régime, la marque d'une volonté de se déplacer de manière eunomique. L'importation de téléphones et de matériel informatique en provenance d'Asie étant déclaré illégale, d'immenses usines de fabrication répondant aux critères eunomiques sortent de terre. Des prototypes novateurs autant qu'expérimentaux font la une des journaux télévisés internationaux. L'aéronautique n'est pas en reste. Un avion en forme de V dont les passagers sont assis à l'intérieur des ailes, propulsé grâce à la thermodynamique, fait un premier essai réussi au Bourget. Un module de déplacement aérien circulaire tournant sur lui-même, utilisant la force centrifuge, est présenté à la presse. Hélas, les journalistes invités à faire le trajet inaugural Berlin-Londres à son bord ont la mauvaise surprise d'arriver nauséeux et avec le tournis, incapables d'assurer leurs directs !

« Collaborer avec la nature, ne plus s'en penser maître et possesseur, martèle Aurore Henri lors de chaque inauguration. L'énergie naturelle nous fournira le nécessaire, nous travaillerons pour le superflu ».

Un grand plan énergétique est déployé. Tous les moyens sont mis en œuvre pour obtenir de l'Union, avant la fin de l'année, qu'elle produise une énergie propre et eunomique. Les villes côtières sont alimentées par d'incroyables turbines sous-marines nourries par les courants marins. Leur fabrication, sur les chantiers du Havre à l'abandon, redonne vie à la région, et fierté aux habitants. La sortie des usines des turbines eunomiques et leur installation en mer sont suivies par les caméras du régime comme un exploit. Aurore Henri, triomphale, félicite individuellement les ouvriers appelés « héros de l'Union ». Sur les pourtours de l'Atlantique, des centrales à énergie marémotrice sont bâties, captant l'énergie issue des mouvements de l'eau créés par les marées et l'effet conjugué des forces de gravitation de la Lune et du Soleil. La première, celle du Mont-Saint-Michel, est un symbole de la liaison entre patrimoine et futur eunomique.

Des centrales captant l'énergie sismique sont creusées au pied des volcans. La première est inaugurée en Italie, sur les contreforts de l'Etna. Dans le sud de l'Espagne, les immenses plaines industrielles d'Andalousie sont recouvertes de panneaux solaires. En Allemagne ainsi qu'en Pologne sortent de terre des centrales géothermiques, afin d'en capter l'énergie qui est convertie en chaleur. Des barrages et moulins de taille considérable sont construits sur chaque fleuve et rivière, afin d'en potentialiser la force et de capter l'énergie hydraulique liée au déplacement de l'eau.

Des dynamos eunomiques sont installées dans chaque foyer. Les citoyens sont invités à produire leur part d'énergie, afin de prouver leur implication dans le projet commun. Un fichier recense les foyers selon le ratio de leur production.

Les bons élèves sont félicités par l'attribution de médailles, les réfractaires reçoivent d'amicales visites des SS2, afin de les motiver.

« Bien sûr, cette mue ne peut se faire sans abandonner la peau qui nous entourait. Le renoncement à certaines libertés individuelles est inéluctable, annonce Aurore Henri, mais qu'est-ce que quelques libertés individuelles, pour le bonheur de tous ? Nous vivions dans l'inconscience de l'abondance. La nature nous a ramenés à la raison. Une vérité fondamentale vient brutalement de se rappeler à nous : un monde sans contrainte n'existe pas. Puisque les hommes n'arrivent pas à s'imposer à eux-mêmes la modération nécessaire à leur survie en équilibre, alors l'ordre eunomique sera cette impulsion nouvelle. »

Les vols à l'intérieur de la Nouvelle Europe sont limités aux déplacements professionnels, sous présentation d'un justificatif et demande de permis de vol auprès de la chancellerie. Les vols internationaux font l'objet d'une dérogation obtenue après l'envoi d'une demande à la chancellerie suivie d'un entretien avec un agent administratif. Ces entretiens ne visent aucunement à décourager les futurs voyageurs, mais à les préparer au mieux au voyage en prévoyant leurs déplacements, leurs actes et propos sur place car, pour la chancelière, « chaque citoyen, sitôt qu'il voyage à l'extérieur de nos frontières, est un ambassadeur de notre mode de vie et de notre philosophie ». Ainsi, avant de se voir décerner sa carte de « citoyen-voyageur », est-il normal de préparer les demandeurs à la tâche importante qui les attend.

Chapitre 23

Face aux deux clochers à bulbe en forme de mamelon d'un bronze lavé par les tempêtes, Aurore est prise d'un vertige. La prison de Landsberg semble plus petite que dans son souvenir. Elle a ici passé des heures pleines de terreur et d'espoir. Jamais elle n'a pu se défaire du sentiment d'enfermement qui l'y avait saisie un soir. Il l'avait prise à la gorge, après l'extinction des feux. Les murs se rapprochaient d'elle sitôt qu'elle fermait les yeux, cette sensation lui nouait la gorge au point de l'empêcher de respirer. Elle n'était plus libre de ses mouvements, elle qui n'avait eu, depuis qu'elle savait parler, que le mot « liberté » à la bouche. C'est ce soir-là que les papillons avaient commencé à lui apparaître en songe. Elle ne savait dire, les premiers temps, s'ils étaient des créatures animées de rêves ou de cauchemars. Les papillons l'effrayaient, mais leur battement d'ailes semblait repousser les parois, et soudain, elle respirait plus légèrement. Les êtres ailés étaient certes menaçants, mais elle ressentait à leur contact une sorte d'excitation semblable à celle de l'enfant tendant la main vers un objet interdit. Elle avait chaque soir hâte de les retrouver.

« Chancelière, nous sommes prêts pour le transfert. » L'uniforme du SS2 la sort de ses pensées. Une dizaine d'autocars aux vitres grillagées et teintées de noir attend sur le parking. Les premiers prisonniers émergent de la porte centrale, encadrés par deux haies d'agents les tenant en joue. Des sifflements et cris de joie se font entendre. L'air de ce mois de juillet leur semble porteur de mille parfums. Aurore Henri a, par décret, ordonné la fermeture de toutes les prisons de Nouvelle Europe. Enfermer des êtres, voilà une idée datée relevant de la sottise des hommes plutôt que du progrès humain. Nul ne peut enfermer le vivant. Le bon dirigeant doit le guider afin de le faire croître dans la bonne direction. Le lierre croit se développer librement, il ignore qu'il lui faut un solide tuteur à l'aide duquel se hisser. Comment prétendre orienter les jeunes pousses si nous abandonnons ceux dont la trajectoire a dévié ? Un septuagénaire, interné depuis dix-huit ans pour avoir servi de chauffeur dans un braquage à main armée ayant mal tourné, se jette aux pieds d'Aurore, la remerciant pour cette libération inespérée. Aucune grâce au sens strict, hélas, n'est prononcée, les détenus seront transférés dans des environnements plus propices à la méditation sur leurs actes et leurs conséquences pour la société. Car un être dissonant et destructeur ne peut évoluer librement au sein de la société humaine. Il doit être guidé afin de retrouver le bon chemin, vers l'équilibre juste, dans un lieu spécialisé.

À l'utopie de la privation de liberté ayant engendré le monstre et déshumanisant des prisons modernes, Aurore Henri préfère des centres à ciel ouvert, où la domination ne s'exerce plus par la contrainte physique, mais par l'intériorisation chez les détenus des caractères moraux nécessaires à l'avènement du bien.

Le septuagénaire, relevé par deux agents, cesse de pleurer sa gratitude envers Aurore Henri en découvrant, sur le flanc des autocars, une large plaque portant l'inscription

« transférés de la zone interdite CRE » « À droite, à gauche », les uniformes sombres séparent les prisonniers en trois rangées, hommes et femmes embarqués également. « Où nous emmène-t-on ? Je vous en prie, dites-le-nous », supplie le vieil homme. Plusieurs centres de rééducation eunomique, sur le modèle de celui de Theresienstadt réservé aux prisonniers économiques dits de la honte, les adorateurs du dieu Dollar, sont créés à l'été 2033.

Les sites d'anciens camps de prisonniers avaient été choisis pour leurs infrastructures existantes. Constitués de bois, avec un confort sommaire, ils rappellent aux pensionnaires l'importance de la simplicité et le superflu du confort. Les sites de Struthof en Alsace, Beaune-la-Rolande dans le Loiret, Les Milles dans les Bouches-du-Rhône, Rivesaltes dans les Pyrénées-Orientales sont prêts à accueillir une partie des deux millions et demi de prisonniers européens. D'autres CRE ouvrent sur le territoire à Bolzano dans le Tyrol italien, à Breendonk en Belgique, Westerbork aux Pays-Bas, Jasenovac en Croatie et Sered' en Slovaquie.

Le convoi est plein, l'ordre du départ est donné. La file de bus se met en branle. La peinture noire recouvrant les fenêtres permet à peine de distinguer, à l'intérieur, dans la pénombre, des yeux clairs ou sombres de toutes formes. Aurore Henri fait un signe de la main aux prisonniers et jette un dernier regard à la forteresse de Landsberg, silencieuse comme une tombe. Bientôt le lierre recouvrira le bâtiment. Il s'en servira de tuteur pour croître abondamment.

Chapitre 24

La fermeture de la plus grande prison d'Europe, Fleury-Mérogis en Île-de-France, dure cinq jours entiers. Des cars se relaient en continu devant les murs d'enceinte de trois cents mètres de long entourant les cinq satellites de béton à quatre niveaux reliés au bâtiment central pour évacuer les six mille prisonniers et les conduire jusqu'au stade de Roland-Garros servant de centre de tri. Répartis selon la nature de leur crime sur les quatre tribunes des gradins, les détenus des prisons du Bassin parisien voient apparaître avec une curiosité mêlée de défi Aurore Henri au centre de ce qui servait de court aux étoiles mondiales du tennis. Tel César présidant aux jeux du cirque, la chancelière contemple les milliers d'hommes et les centaines de femmes regroupés devant elle.

Dans la tribune ouest, les coupables de délits, les voleurs et les destructeurs de biens. Dans la tribune est, les drogués, les dealers et les violents. Dans la tribune sud, les assassins, au nord, les délinquants sexuels et violeurs. Un soleil ardent fait fondre les visages des prisonniers comme des poupées de cire. Une bourrasque de vent du Nord emporte soudain la terre rouge, teintant les expressions d'une couleur ocre les rendant semblables, d'en bas, à des statues de terre cuite.

De l'agitation se fait sentir dans la tribune sud. Un groupe de quatre détenus saute des gradins pour gagner l'arrière du stade et échapper à la surveillance des SS2.

« Les tentatives d'évasion seront réprimées durement et sans jugement, annonce Aurore Henri. Ceux qui tentent de s'échapper aujourd'hui ne s'évadent pas d'une prison. Ils veulent se soustraire à la chance qui leur est offerte de rejoindre le rang des vrais hommes libres. » Aurore fait un geste de la main en direction d'un contingent d'agents qui amènent les quatre hommes suants et boitant. Le plus jeune d'entre eux, en sautant les gradins, s'est brisé la cheville. « Ceux qui ne saisissent pas la main qui leur est tendue pour guérir de leurs maux sont des traîtres infidèles, car ils m'ont trahie, moi qui leur faisais confiance. Celui qui se conduit comme un barbare doit être puni comme un barbare, n'est-ce pas ? » Une clameur rugit des quatre tribunes. Du nord au sud on frappe des pieds et l'on hurle la colère qu'entre les murs de béton personne n'entendait. « Savez-vous comment on punissait la trahison au temps des pharaons ? »

Laissant d'un mouvement d'épaules tomber sa cape à terre, Aurore Henri tape dans ses mains. Un homme en habit de chirurgien portant une mallette à instruments entre sur le court, suivi de son assistant. Petit, le visage couvert de lunettes macroscopiques et d'un masque, il s'avance à pas lents. Les SS2 se saisissent du jeune détenu blessé et le maintiennent fermement. Le chirurgien ouvre sa mallette, le soleil plante ses rayons sur les lames qui reflètent avec zèle ses pouvoirs. Une pince à la main, il s'approche du nez du détenu et l'emprisonne à l'intérieur de son outil. Il choisit dans sa collection de couteaux d'amputation le plus adapté puis, se ravisant, se saisit d'une scie à câble Gigli. Le chirurgien entame la chair du détenu par le côté, tandis que son assistant maintient la pince droite. Le sang inonde le visage du jeune détenu qui se débat comme un diable. Son hurlement fait s'envoler les corbeaux juchés sur le sommet des arbres du bois de Boulogne. Soudain le nez, cet appendice étrange, ce sommet donnant son caractère à la figure des hommes, se détache. Jeté dans la poussière du court, il gît ridicule, inerte. Le chirurgien s'approche des oreilles du malheureux toujours maintenu par les SS2 après avoir perdu connaissance. Bientôt ces deux pauvres ouïes déchirées rejoignent le nez. Le chirurgien bande la tête du jeune homme dont la face, étrangement ronde, libérée de ses aspérités n'a plus grand-chose d'humain, si ce n'est la terreur lisible dans ses yeux.

« Voici le châtiment qui sera imposé à ceux qui me trahissent. » Aurore Henri pose son regard sur les quatre tribunes, glaçant le sang des criminels les plus aguerris. Les trois autres fuyards sont ramenés au centre du court pour subir le même sort. La terre ocre de Roland-Garros semble boire le sang tombant à grosses gouttes et rougir de plaisir.

Le départ est annoncé. La tribune ouest, composée de voleurs et destructeurs de biens sera répartie sur les centres du sud de la France. La tribune est, abritant les drogués, dealers et personnes violentes ira à Bolzano, dans le Tyrol italien. La tribune sud des assassins sera divisée entre Breendonk en Belgique et Westerbork aux Pays-Bas. La tribune nord, celle des agresseurs sexuels et des coupables de viols, sera exilée dans les centres de Jasenovac en Croatie et de Sered' en Slovaquie, où des conditions de rééducation spéciales les attendent.

Emportant sous ses talons un peu de terre ocre mêlée de sang, Aurore Henri quitte le stade portant toujours sur sa tête le laurier imaginaire d'un empereur.

Chapitre 25

Edward Golling lève son bras en signe de salut eunomique. « Madame, mes hommes ont identifié la femme que nous recherchions. La femme au papillon. » À l'évocation de celle-ci, soudain, la chancelière redevient Aurore. L'expression de son visage s'adoucit.

« Est-elle dans vos bureaux ?

— Non, madame, nous ne l'avons pas encore localisée, mais nous avons découvert l'existence d'un coffre dans une banque à son nom. Une voiture vous attend à l'extérieur. »

Ses jambes, ses bras sont traversés par un spasme de haut en bas.

« Nous avons pu décoder les chiffres inscrits sur le billet du Trocadéro, explique Golling tandis que la voiture traverse la nuit à folle allure. Ils correspondent à un numéro de compte dans une banque suisse. La détentrice est une certaine Anna Pravda, née le 1er juillet 1964 à Budapest, traductrice-interprète. Nous pensons qu'il s'agit de la femme que nous cherchons. Un de ses alias du moins.

— Le dossier comporte-t-il une photo ? »

Golling regarde Aurore avec étonnement. Pourquoi diable voudrait-elle voir la photo d'une fugitive de l'Est ?

« Je tiens à voir en face celle qui a tenté de me tuer. » La voiture s'arrête enfin, Edward Golling ouvre un parapluie noir au-dessus de la tête d'Aurore Henri. Genève semble plus éteinte que jamais, seules les lumières de la banque éclairent la nuit.

La direction forme une haie d'honneur. La chancelière, précédée par l'escouade bancaire, avance sur le marbre lisse. Le cortège descend comme en procession vers la salle des coffres. L'humidité sur la moquette rouille surannée donne au long couloir une odeur gâtée singulière. Une dizaine de marches, enfin la grille métallique s'ouvre, la salle des coffres, immense, rectangulaire, froide. Sur les murs, des centaines de fentes grises fermées par autant de serrures, recelant d'insondables trésors. Le directeur de l'établissement s'avance vers la plaque sur laquelle est gravé le numéro laissé sur le billet qu'Yvana avait fait en sorte de lui faire parvenir. Anna Pravda, « Anne Vérité » en français, cet avatar ne peut que faire réagir Aurore, dont le deuxième prénom n'est autre qu'Anne, et qui n'avait jamais eu droit à la vérité sur son origine. Se trouvait-elle dans ce coffre creusé dans le lit du Léman ? Une photo, un document, une preuve, une identité peut-être ; des réponses à tant de questions jamais encore formulées. Le directeur ouvre la serrure avant de quitter la pièce. Seule, sous un plafonnier projetant une lumière blafarde, Aurore plonge sa main dans l'ouverture. Rien, hélas, ne vient à la rencontre de ses doigts. Une rage désespérée s'empare d'elle. Cette femme joue donc avec ses nerfs ! Elle la retrouvera et la brisera ! Au fond du coffre, quelque chose bruisse, une enveloppe bleu délavé. Aurore la décachète sans égard pour le contenant et trouve une échographie imprimée sur un vieux papier à radiographie. Interdite, elle dirige la feuille vers le plafonnier. Un ventre de femme, un petit être en devenir pas plus gros qu'un pouce à l'intérieur. En bas à droite, quelque chose écrit en allemand. « *Dezember 30 1988. Patientin X* » et l'adresse de l'hôpital Rudolf-Virchow, à Berlin-Est. De l'enveloppe éventrée s'échappe une petite note dont la colle a séché, « Yvana + Anna ».

La femme au papillon n'avait pas seulement voulu la tuer, elle lui avait aussi donné la vie. Elle s'appelait Yvana, et elle avait écrit ce mot de ses mains. Aurore sent le sol se dérober sous ses pieds. Le directeur, alerté par son cri, accourt.

« Quand le coffre a-t-il été loué ? » Le directeur consulte le registre, inquiet.

« Le 26 décembre 1991, un jeudi, madame.

— A-t-il été ouvert depuis ?

— Je vois ici que la détentrice est venue une trentaine de fois. Chaque année ou presque, à vrai dire.

— À quelle date ? insiste Aurore.

— Cela a-t-il une importance ? Le 30 avril, toujours. »

Yvana était sa mère, elle venait à chacun de ses anniversaires regarder cette échographie. La seule image d'elles deux, reliées, unies. « Nous emportons tous les éléments qui sont en votre possession », reprend-elle, gardant l'échographie fermement serrée dans sa main, tandis que Golling arrache la page du registre concernant le coffre, faisant fi de la mine outrée du directeur.

« Il faudra qu'on m'explique pourquoi cette bonne femme a ouvert un coffre en Suisse le jour de la chute de l'URSS, pour y mettre une vieille échographie », maugrée Golling en refermant la porte de la voiture. Aurore Henri ne l'entend plus. Elle a une mère, quelque part.

Chapitre 26

Sous les étoiles d'or et d'argent du salon de la Lune, assise sur son lit à baldaquin, Aurore observe le planisphère épinglé au mur se répéter à l'infini dans les miroirs entourant les portes. Le jeu de reflets donne une impression de multiplication enivrante, comme s'il existait plusieurs Terres vivant dans des espaces parallèles, autant de mondes prisonniers d'une glace, révélés à la conscience dans une réfraction de lumière.

Les contours de l'Europe ne peuvent qu'avoir été dessinés par la main de l'harmonie elle-même. Sa géographie, la diversité de ses climats, de ses forêts et de ses mers ne doivent rien au hasard. Comme si la nature s'était entraînée, aux confins des pôles, sur des terres primaires, pour accoucher de son chef-d'œuvre en son centre. En fermant un œil, Aurore peut tenir le monde dans une main ; de son pouce occulter l'Angleterre qui soudain ne coiffe plus la France comme un petit couvre-chef importun ; voilà les Amériques qui disparaissent sous sa paume, offrant au balcon de l'Atlantique un horizon bleu océan.

Sur la carte, des dizaines de points rouges indiquent les zones de conflit. Des guerres au nom de vils intérêts pour s'approprier tel territoire ou telle ressource. Aucun gouvernement ne sait se montrer digne des dons que la nature lui a faits. Les hommes ne cessent de se menacer que lorsqu'un ensemble plus grand qu'eux les englobe, lorsque la transcendance les unit. Une idée les allie plus solidement qu'une armée.

Revêtant sa robe noire à la taille cintrée, elle rejoint le salon du grand foyer. L'invité s'avance, la tête courbée sous le poids de la magnificence.

« Professeur Bell, merci de venir nous faire profiter de votre savoir ! » Aurore Henri a convié Leonidas Bell, professeur à l'université de Harvard spécialiste d'histoire antique afin de s'entretenir avec lui, selon le carton d'invitation que ce dernier a reçu, « de l'avenir de l'Europe et de son rôle à jouer dans une nouvelle donne géopolitique mondiale placée sous le signe du progrès humain ». Le faire-part n'avait pas été confié aux services postaux. Le professeur Bell, qui sortait rarement de sa bibliothèque d'incunables, avait eu le loisir d'être cueilli au saut du lit, dans son pyjama en jacquard, par deux agents du SSR en civil qui, sitôt l'invitation tendue, lui avaient laissé à peine quelques minutes pour se préparer. Ils avaient aidé l'homme de soixante ans, pris de panique, à faire son bagage en entassant à sa place deux chemises et un pantalon dans une sacoche avant de l'escorter cordialement jusqu'à une voiture les conduisant à l'aéroport de Boston.

« Cher professeur Bell, à votre connaissance, qu'est-ce qui fait un grand empire ?

— Un grand empereur, je suppose », répond avec esprit l'érudit, faisant trembler la tasse de thé qui vient de lui être servie. La chancelière, assise face à lui, le regarde sans le moindre rictus, mais avec dans les yeux une lueur presque aveuglante pour l'homme habitué à ne lire que de l'encre.

« Chez les empereurs ayant été capables de régner sur de larges territoires, on retrouve les mêmes qualités. Stratèges, conquérants, une vision hégémonique, grands orateurs ou meneurs d'hommes... Ils décident de nouveaux codes de lois afin de faire oublier que le monde a existé avant eux. Leur empreinte dépasse, et de loin, le cadre politique. Ils s'installent dans leur époque en tant que démiurges, établissent d'ailleurs de nouveaux cultes, dans le panthéon desquels ils sont intégrés. La diffusion à grande échelle de leur image fait partie intégrante de leur aura. Voyez, à Rome, Auguste représenté tantôt en cuirasse militaire, tantôt en pontife.

— Les photographies de presse et les images télévisées ne suffisent-elles pas ?

— Je ne saurais vous dire, mais ces images disparaissent sitôt la télévision, l'ordinateur ou le journal fermés. L'image de l'empereur est toujours reconnaissable aux quatre coins de l'empire. Elle se répand sur toutes sortes de supports, statues, portraits, monnaies, et même, dans le cas d'Auguste dont je vous parlais à l'instant, sur d'étonnants camées, ces gravures miniatures réalisées sur pierres précieuses et enchâssées dans une monture en or. Sa personne est la garante de l'unité. En cela, la scénographie de chacune de ses apparitions a son importance.

— Qu'ont-elles de différent des mises en scène de nos politiques modernes ?

— Elles nourrissent une symbolique très codifiée qui en fait, dirais-je... presque une liturgie.

— J'aime votre façon de voir les choses, répond Aurore, faisant signe aux SS1 de quitter la pièce. Quels autres éléments retrouvez-vous chez ceux qui ont fait durer leur règne ?

— Ils stabilisent les frontières. Éradiquent les foyers de résistance à l'intérieur, avant de poursuivre les conquêtes extérieures. Ils sont de formidables bâtisseurs. Connaissez-vous les derniers mots que Suétone prêtait à Auguste ? “J’ai trouvé une Rome de briques, je laisse une Rome de marbre.” » Aurore fait quelques pas, songeuse.

« Dites-moi plutôt ce qui fait la chute d’un empire ? »

Le professeur, le nez plongé dans sa tasse, s’amuse de la question avant de sentir, à travers la porcelaine blanche aux fleurs rouges et bleues, le regard insistant de la chancelière.

« Plusieurs causes entrent en jeu. Il y a plusieurs variables, c’est impossible de se prononcer ainsi. L’histoire est avant tout le domaine de l’imprédictible, de…

— J’apprécierais beaucoup que vous me donniez une réponse », martèle Aurore, syncopant chaque mot, détachant chaque syllabe. Bell se gratte la tête comme pour en faire pousser une idée, réajuste sa veste de laine à carreaux nerveusement.

« L’isolement. Le manque de communication entre les confins d’un empire. Voyez, les empires, à mon sens, finissent par péricliter à cause de ce qui faisait leur grandeur : leur dimension. L’expansionnisme a des effets pervers. Plus vous grandissez, plus il est difficile d’unifier des populations par définition plus éloignées, de faire circuler les richesses et denrées, si bien que l’ensemble, qui l’instant d’avant brillait par sa puissance, devient soudain incontrôlable. Le chaos et le désordre s’installent alors et précipitent la chute. »

Aurore, se relevant, appelle d’un signe de tête les agents du SS1 afin de reconduire le professeur Bell, qui n’a guère eu le temps de finir sa tasse de thé.

Chapitre 27

« Il n'y a que les sots pour penser que la sexualité est une affaire privée qui échappe au politique. Tout, du choix de notre partenaire jusqu'au souffle de l'orgasme, est politique. En embrassant cette réalité, ainsi seulement peut-on rendre son peuple heureux. »

Quel bonheur d'avoir enfin une chancelière qui ne détourne pas le regard des désirs humains, et ne juge pas le sexe comme une chose honteuse qui ne concerne pas l'État, laissant les citoyens seuls et insatisfaits, inconscients des risques qu'ils prennent ! Une politique de planning familial eunomique est lancée. Dans chaque ville de plus de cinq mille habitants, un « centre d'aide et de soutien à la juste reproduction » est créé. On y applique la doctrine officielle de la sexualité et de la reproduction eunomiques. Le même nombre de contraceptifs masculins et féminins est distribué. Ils ne sont pas facultatifs, mais obligatoires chez les jeunes gens jusqu'à vingt ans, afin de leur offrir la liberté de pouvoir devenir des citoyens instruits – condition d'épanouissement en terminant leur enseignement. Les contraceptifs oraux, sujets à omission et mauvaise volonté, sont abandonnés au profit d'implants anticonceptionnels. Une simple anesthésie locale facilitant la pose dans le bras d'un petit cylindre diffusant des hormones de synthèse une année durant suffisent à libérer les adolescents de la crainte de devenir parents ! « Merci, chancelière, de nous permettre de découvrir notre sexualité eunomique en toute sécurité ! » s'extasient les dépliants explicatifs distribués lors des consultations. Bien sûr, certains ne se sentant pas dignes de la chance qu'ils ont s'entaillent le bras afin d'extraire leur implant. Les dispositifs médicaux, propriétés de la chancellerie, sont heureusement équipés d'un numéro d'identification ainsi que d'une puce GPS signalant toute malversation, afin d'éviter qu'une jeune âme se mette en danger. Sitôt prévenus, les agents des services de santé peuvent appréhender le porteur afin de lui offrir d'autres formes de protection, des vasectomies réversibles pratiquées par des spécialistes formés et aguerris, ou la pose chirurgicale de diaphragmes ne pouvant être retirés que par une intervention une fois vingt ans et un jours révolus pour les jeunes femmes.

Cette politique n'est pas un choix arbitraire de la chancelière. Car la clé de voûte de la politique d'union eunomique avec la nature n'est-elle pas la limitation des naissances ? L'homme ne doit plus coloniser la Terre, il doit l'habiter. Deux enfants biologiques par citoyen, sans distinction de sexe. « Toute beauté est une question d'équilibre, selon la chancelière. Un enfant se produit à deux, ainsi le bon nombre d'enfants est-il de deux. » Il ne s'agit bien sûr pas d'interdire aux citoyens d'avoir librement des enfants, mais de les guider. Pour ceux que la nature a déjà gâtés de deux enfants, une opération bénigne est pratiquée. Vasectomie non réversible pour les hommes, ligature des trompes de Fallope pour les femmes. Pour ceux qui ne parviennent pas à donner la vie malgré leur désir d'enfant, une demande auprès des « centres d'aide et de soutien à la juste reproduction » peut être faite afin de recourir au large stock d'échantillons de sperme ou d'ovules prélevés sur les meilleurs citoyens de la Nouvelle Europe. Des agents des services de santé, le puissant ministère officiel sous l'égide duquel les gynécologues travaillent désormais en tant que membres de l'administration et non plus médecins libéraux, parcourent les régions de l'Union à la recherche de ses plus vaillants citoyens. Les universités ou centres sportifs regorgent de braves Européens impliqués dans l'avenir de leur territoire. Ces derniers sont vivement encouragés par les agents à procéder aux prélèvements, au nom du principe d'eunomie. Ainsi, ceux dont les gènes font des citoyens de belle santé sont invités à offrir leur semence à la communauté. Ces « grands donneurs », en remerciement, reçoivent une médaille à l'effigie de la chancelière.

Chapitre 28

L'adolescence veut à tout prix, mais elle ne sait pas ce qu'elle veut. Heureusement, la chancelière offre un cadre rassurant à l'ardeur adolescente, terreau fertile de la Nouvelle Europe. En uniforme et en chansons, les grands enfants intègrent les camps de vacances eunomiques inaugurés à l'été 2034. La conscription, organisée par le ministère de la Jeunesse, s'adresse aux enfants de cinq à vingt ans. Le temps d'un été, 7 728 259 inscrits à cette grande première disent au revoir à leurs chers parents. Le camp d'Hendaye, au Pays basque français, situé sur une falaise surplombant les vagues de l'Atlantique et au pied des sommets des Pyrénées, ouvre le 14 juillet. Des caméras filment nuit et jour les jeunes pousses afin de réaliser des documentaires projetés dans les salles de cinéma.

Chaque pensionnaire reçoit à son arrivée un carnet de notes dans lequel sont inscrits ses progrès au cours de sa présence en tant que membre du « jeune peuple ». Participation aux tâches de nettoyage, attitude, recyclage, méditation, sport, pensée politique et philosophie y sont dûment consignées. Les effets personnels appartenant à l'Ancien Monde sont confisqués lors de la fouille, en tant que marqueurs d'une identité délétère à corriger. Les chaussures, vêtements et montres sont soustraits, libérant l'enfant de la pression de la mode ou de ses parents. Ce dernier se voit attribuer à la place un petit baluchon avec le nécessaire : une brosse à dents en bois, un uniforme comprenant un pantalon, un short, un haut et un coupe-vent vert pour les prépubères, bleu pour les pubères. L'âge de seize ans donne droit à une montre connectée dont le cadran est à l'effigie de la chancelière. Elle leur permet d'être géolocalisés à tout instant, pour plus de sécurité.

Les dortoirs sont meublés de lits de camp et d'un portrait officiel d'Aurore Henri posant pour le Hoff devant l'Opéra de Paris.

L'installation est suivie d'une prestation de serment : « Je jure de consacrer toute mon énergie et toute ma force à sauver notre terre, et d'honorer sa représentante, Aurore Henri, chancelière. Je suis prêt à donner ma vie pour que la paix et la beauté triomphent en Nouvelle Europe, ma seule patrie qui deviendra mon paradis. »

Les pleurs du premier jour sont oubliés dès le lendemain tant les agents du ministère de la Jeunesse prennent bien soin des petites têtes, rassemblant autour de tâches nécessaires à la vie de la communauté les enfants de toutes les classes sociales. Mélanger les fils d'ouvriers, de paysans, d'hommes d'affaires ou d'aristocrates provoque un miracle insoupçonné. En quelques semaines, évoluant au grand air, apprenant la valeur du travail manuel et de l'observation naturelle, soignant les animaux, connaissant le temps des floraisons et les bases de la conduite eunomique, les adolescents sont transformés ! Dans les cartes postales préécrites par les agents du ministère de la Jeunesse afin de faciliter la tâche des enfants et de réjouir les parents, que de témoignages de ravissement et de bonheur !

La méditation ainsi que les arts énergétiques sont encouragés. Chaque soir, à la bougie, des prières collectives dirigées vers la nature mère sont organisées. En cercle autour d'un arbre, se donnant la main, les enfants donnent force et bienveillance à l'arbre, et reçoivent de lui sa bénédiction.

Les sports collectifs sont privilégiés. Les exercices de « force basque » font ici figures de pratique modèle. Depuis des siècles, faisant fi de la modernité, d'une ferme à l'autre, les jeunes Basques se lancent des défis servant à prouver leur bravoure en se montrant dignes de travailler la terre. Parmi les épreuves : « *Untziketariak* », parcours d'une grande distance avec de lourds pichets pleins de lait. « *Lasto altxatzea* », le lever de ballots, où le concurrent hisse une botte de 45 kilos au bout d'une corde, à l'aide d'une poulie, à une hauteur de huit mètres. « *Harri altxatzea* », le lever de la pierre, où le jeune hisse sur son épaule des pierres pesant entre 200 et 300 kilos. « *Lokotxa* », l'épreuve de ramassage d'épis de maïs. « *Soka tira* », le tir à la corde, qui réunit huit à dix hommes par cordée, chaque équipe devant tirer son adversaire sur quatre mètres.

Les épreuves de force basque galvanisent les jeunes esprits qui ressentent comme jamais la fierté de pouvoir faire montre de leur dextérité. Aux camps d'été, l'important n'est pas de gagner, mais de participer. Dans chaque bâtiment de douches publiques, on trouve l'inscription suivante : « Ton corps appartient à la nature, ton devoir est de veiller sur toi-même comme sur ta mère. »

À la fin de l'été, la chancellerie croule sous les demandes d'embrigadement. On prévient les parents récalcitrants que, si leurs enfants ne s'enrôlent pas l'année suivante, on les leur retirera pour les placer dans d'autres foyers plus concernés par l'éducation eunomique.

Chapitre 29

Le soir de la veillée de Noël 2034, à Vila Nova de Gaia dans la banlieue de Porto, une mère célibataire finit de préparer le sapin sous lequel elle a pu déposer, les larmes aux yeux, un cadeau pour chacun de ses deux enfants. Autour de Porto, seule restait encore debout la cheminée de briques rouges, vestige des anciennes usines qui faisaient la prospérité économique de cette région du nord du Portugal. La cheminée, comme le reste, avait fini par s'émietter. L'entrée de la Chine dans l'économie mondiale, l'élargissement de l'Union européenne aux pays de l'Est puis la spéculation immobilière avaient laissé la région, si ce n'est le pays, exsangue. Mis sous tutelle par le FMI, le Portugal avait été, depuis près de dix ans, touché durement par la récession. Elena avait perdu son travail et n'en avait pas retrouvé. Les hangars des quartiers populaires, qui accueillaient autrefois les bataillons d'ouvriers du textile et de la métallurgie, avaient définitivement fermé. Les petites entreprises familiales qui avaient essaimé sur le littoral avaient fini par mettre la clé sous la porte, constituant autant d'îlots désertés. Puis Aurore Henri est arrivée.

Le dirigisme de la chancelière permet en un an à peine d'obtenir ce que l'on pensait impossible. La production dans le pays est multipliée par huit. Les ouvriers ne souffrent plus du chômage, hantise des décennies précédentes, et voient leur pouvoir d'achat augmenter de soixante pour cent par le contrôle des prix maintenus bas par la chancellerie. Une euphorie gagne le continent arborant une économie flexible et forte, hautement diversifiée, relevant le défi d'une transition énergétique à marche forcée. Partout dans le monde, on parle du « miracle européen ».

Vila Nova de Gaia s'étant tournée intégralement vers les productions eunomiques, afin de profiter du label et des aides au développement de la chancellerie, la culture des vignes et du coton de qualité connaît un développement sans précédent. La revalorisation des salaires, mesure phare d'Aurore Henri, a mis en avant les infirmières, médecins, agriculteurs et enseignants, des professions exercées par nombre de femmes touchées de plein fouet par la crise de 2029 quand elles avaient été délaissées par leurs maris ou leurs amants, avec plusieurs bouches à nourrir au moment où l'argent et la nourriture venaient à manquer. Elena l'ancienne ouvrière est maintenant maîtresse dans une école eunomique. Celle que l'on ne considérait pas est devenue une des cellules les plus importantes du nouveau projet politique. Son salaire lui permet à présent de satisfaire l'appétit dévorant de ses enfants sans avoir le ventre serré par le sentiment de culpabilité. Elle a même pu leur offrir les cadeaux qu'ils avaient demandés dans leur lettre à la chancelière, le Père Noël, en tant que figure de l'Ancien Monde, ayant été interdit. Elena, qui n'avait jusqu'alors cru qu'en Dieu, approche l'escabeau pour porter la touche finale au sapin, l'étoile, sur la plus haute branche en son sommet. Sur l'étoile en bois recouverte d'une feuille d'aluminium, elle a collé le portrait d'Aurore Henri. Elena se penche sur la pointe des pieds pour atteindre le haut de l'opulent sapin, place délicatement l'étoile à sa juste place, puis descend doucement pour contempler le résultat avant que les enfants ne rentrent du centre d'activité extrascolaire eunomique. D'en haut, le visage d'Aurore Henri illumine la pièce mieux que nulle autre décoration. Machinalement, Elena fait un signe de croix en direction de l'étoile et adresse une prière à la chancelière. Pourvu que cet état de grâce puisse durer toujours !

Cinquième partie

Vers l'harmonie

Chapitre 1

Que serait l'histoire des hommes sans l'éternel retour des saisons, qui font mourir les feuilles qui tantôt renaîtront ?

Chaque 26 décembre, depuis quarante-trois ans, Yvana se rendait au cimetière du Père-Lachaise. Elle en connaissait le moindre recoin. Mais le 26 décembre 2011 avait été différent. Arrivée la veille au soir à Paris, elle avait pris une chambre face au parc dans un hôtel sans étoile pour âme en perdition cherchant corps à louer. Elle avait payé en liquide le gardien de nuit, qui n'avait posé aucune question, la force de l'habitude. Sous une pluie semblable à un sanglot d'hiver, les cheveux prisonniers d'un foulard sombre et les yeux cachés derrière des lunettes fumées, elle avançait seule à travers les marronniers et les hêtres, les tilleuls et les chênes qui, leurs feuilles perdues, n'étaient faits que du même bois. Deux corneilles noires, posées sur leurs branches nues, piaillaient à bec déployé. Quelques passereaux, réservant leur voix pour le printemps, virevoltaient dans les allées, accompagnant les pas d'Yvana jusqu'à une tombe portant un étrange nom. Cécile Caterina Camilla Portofino, 30 décembre 1922-26 décembre 1991. Yvana était arrivée la première, à 11 heures, puis avait été rejointe par une trentaine de personnes. Le gardien du cimetière observait le curieux phénomène autour de la tombe de Cécile Caterina Camilla Portofino. Désertée de visiteurs le reste de l'année, elle se couvrait de fleurs dès l'aube du 26 décembre. La dame devait être russe, puisque des couronnes et des gerbes aux inscriptions cyrilliques s'entassaient alors sur le marbre noir.

Il connaissait la physionomie des endeuillés et la psychologie du chagrin mieux qu'un peintre romantique. Il y avait les visages fermés, les expressifs, les refoulés, les indifférents. Personne, face à une tombe, ne joue de double jeu, le marbre est le plus sincère des miroirs. Mais ce groupe était différent. Les convives se tenaient là, sans mot dire, évitant soigneusement de se regarder. Certains se faisaient passer de la main à la main de petits papiers cachés dans des recueils de poésie. Ils restaient deux heures, puis chacun repartait de son côté. Depuis vingt ans que ce manège durait, il se demandait qui pouvait bien être cette femme aux initiales CCCP.

Yvana était repartie à travers les allées en goûtant l'air à pleins poumons. Il lui semblait qu'elle ne respirait bien que ce seul jour de l'année. Elle avait marché jusqu'à Ménilmontant, sans prêter attention à l'étudiant qu'elle avait croisé, sous une gabardine marron, un volume des *Filles du feu* de Nerval à la main, remontant le parc vers la tombe du poète damné. Ronan Leroux avait vingt-cinq ans. Il avait un temps prétendu étudier l'économie pour satisfaire l'ambition paternelle, et s'adonnait à présent entièrement à son unique passion, les études de lettres. Comment des poètes pouvaient-ils si bien cerner l'insondable profondeur de son être ? Un volume de Baudelaire ou de Breton à la main, Paris devient le centre du monde.

Il avait jeté un regard à la tombe autour de laquelle se trouvait le petit attroupement et s'était amusé des initiales, CCCP, comme celles de l'ancienne URSS en cyrillique.

Mais c'est le port de tête d'Yvana qui l'avait fasciné. Soudain elle était une des filles du feu de Nerval, noble et belle, embrumée de mystère. Alors, happé par ses pas, il l'avait suivie.

Elle était entrée dans un bar de Ménilmontant et avait commandé une bouteille de vodka. Après l'avoir goûtée, elle avait pesté auprès du serveur au sujet de la mauvaise qualité de la boisson. Celui-ci avait haussé les épaules en montant le son de la radio. Yvana levait son verre face au miroir derrière le comptoir, en direction d'un invisible destinataire, et le descendait avec une forme de radicalité que Ronan trouva poétique. Son foulard enlevé, il s'approcha de sa chevelure blonde qui soudain s'offrait à lui comme une invitation. Elle devait avoir deux décennies de plus que lui, mais jamais Ronan n'avait vu, parmi les étudiantes qu'il fréquentait, de femme aussi singulière.

Yvana, qui buvait seule chaque 26 décembre depuis vingt ans, accepta qu'il la rejoignît et demanda au serveur incompétent un second verre afin que Ronan partageât sa bouteille.

La solitude et le secret pesaient sur elle depuis si longtemps qu'elle devait ouvrir une veine afin de soulager le trop-plein de sang dont elle souffrait. Elle lui avait raconté comment elle avait fui l'Est au lendemain de la chute de la grande Union des Républiques socialistes soviétiques, en direction de Genève, pour y mettre en sûreté ce qu'elle avait de plus précieux avant de gagner Paris. Comment, avec un groupe de sympathisants et d'anciens officiels, ils s'étaient cotisés pour offrir à leur mère patrie une tombe dans un lieu où personne ne viendrait la détruire. Comment, enfin, elle venait à chaque anniversaire de sa mort lui rendre hommage. Yvana ne buvait qu'une fois dans l'année. Plus tard dans la soirée, la bouteille bien entamée, elle lui avait parlé de la petite fille qu'elle avait dû abandonner à sa naissance. Grâce à la complicité d'un des gardes du poste-frontière, elle avait déposé l'enfant emmailloté de l'autre côté du rideau de fer afin que la petite soit adoptée à l'Ouest et ne soit jamais retrouvée. Elle n'aurait pu supporter de la voir, quelques années plus tard, tenant la main d'une autre femme qu'elle appellerait maman. Dans ses langes elle avait simplement écrit son prénom, Anna.

À peine deux ans plus tard, l'URSS s'effondrait. Son passé, son métier, ce qu'elle avait fait, son identité, tout devait disparaître avec elle, car déjà les agents allemands, anglais et américains se ruaient sur ses restes. Elle était venue dire adieu à la fillette en pleine nuit, en s'infiltrant chez la famille qui l'avait recueillie, puis s'était s'évanouie et avait continué à vivre sans exister. Ronan, pris par les vapeurs d'alcool, ne saisissait pas tout de ce qu'elle racontait. Yvana avait veillé à copieusement l'abreuver avant de se laisser aller à parler. Il était fasciné par sa bouche qu'une ride venait couper à la verticale, lui donnant un attrait irrésistible comme celui des fruits que l'on sait éphémères et que l'on s'empresse de croquer. Nerval et Yvana se mêlaient et la réalité se troublait.

Elle avait ri, il avait pleuré, sans véritablement savoir pourquoi. Lorsque le bar ferma, elle l'avait ramené à son hôtel. Ronan s'était déshabillé en hâte et, le pantalon aux chevilles sans avoir pris le temps d'ôter ses chaussures, la précipita sur le lit. Les réverbères de la chaussée projetaient à travers les rideaux de la fenêtre un jeu d'ombres qui démultipliaient la sensualité du corps d'Yvana. Enfiévré, il s'était allongé sur elle pour la couvrir de baisers. Il l'avait pénétrée doucement, presque avec timidité, et la serrait fort contre lui comme de peur qu'elle s'évapore. « Reste avec moi », lui avait-il lancé soulevant ses cheveux et embrassant son cou.

« Je ne peux pas… Les papillons se sont déjà tous envolés », lui avait-elle répondu. Ronan lui avait demandé ce qu'elle voulait dire par là. Yvana avait longuement fixé ce jeune Français en âge d'être son fils, et avait lu sur son visage toute la naïveté de l'amour. Sous le manteau de la nuit, elle lui avait tout dit des papillons, ces femmes des Républiques de l'Est, agents opérationnels pour le compte du Kremlin, veillant au maintien de l'URSS en luttant de l'intérieur contre les forces dissidentes. « "Les papillons se sont déjà tous envolés", c'était le message que nous transmettions à notre hiérarchie une fois que la cible avait été neutralisée. » C'était également la dernière phrase que prononçait, une fois prise au piège, un de ces agents, avant de se donner la mort pour ne pas être questionnée.

« Si tu me l'as dit, cela veut dire que tu vas me tuer ? » s'était soudain inquiété Ronan, se levant d'un bond sur le lit. L'inexpérience du jeune homme venait de lui donner une idée. « J'ai quelque chose de mieux pour toi, lui dit-elle, l'entourant de ses longs bras blancs. Que dirais-tu d'être mon petit agent rien qu'à moi ? Retrouverais-tu ma fille pour moi ? Depuis qu'elle a quitté ses parents adoptifs j'ai perdu sa trace, et je suis un peu rouillée. Tu ne ferais que l'aider, je dois la délivrer… » Ronan, captivé, sentait son cœur battre comme jamais. « De quoi doit-elle être délivrée ? » bredouilla-t-il. « De son destin », répondit Yvana avec une sorte de lueur dans les yeux qui éclipsait l'aurore naissante.

Ronan s'était réveillé seul dans la chambre d'hôtel, Yvana s'était envolée, lui laissant le numéro d'une cabine téléphonique de Budapest sur laquelle appeler lorsqu'il aurait trouvé une piste. Il l'avait d'abord cherchée, suivant les maigres indications qu'Yvana lui avait données, puis les hivers se succédant, d'étudiant il était devenu professeur, il était tombé amoureux et s'était marié. Yvana était devenue un souvenir marchant sur les vers d'un poème de Nerval, une passion de jeunesse par un soir alcoolisé. Mais chaque mois de décembre, à la période de Noël, il ne pouvait s'empêcher de relire les *Filles du feu*.

Une dizaine d'années plus tard, à l'aube de 2020, le bonheur s'était évaporé. La naissance d'une petite fille, suivie d'un divorce, avaient eu raison de la naïveté de Ronan. Pour ne pas sombrer dans la dépression, il avait intégré une association manifestant contre la montée des mouvements nationalistes en Europe. Sur la Marienplaz, il avait senti une présence dans son dos. Une attraction, une crainte. Il s'était retourné et il l'avait vue. La jeune femme, une pierre dans sa main, aussi rageuse que désirable. Dieu, ce qu'elle ressemblait à Yvana ! Soudain tout lui était revenu, son parfum, son injonction, retrouver sa fille pour la sauver de son destin. Ronan s'était approché d'Aurore pour l'empêcher de jeter son pavé, mais le sort avait déjà commencé à se réaliser sous la trajectoire d'une pierre, inarrêtables l'un comme l'autre.

Chapitre 2

Le docteur Virt, médecin attitré de la chancelière, est un savant dont la tête est aussi pleine que le dessus de son crâne est dégarni. Petit, les tempes vénitiennes, Victor Virt aime jouer les chirurgiens pour la propagande lors des punitions collectives des traîtres au régime, comme celle de Roland-Garros. Quelle fierté d'être ainsi précédé par son aura lorsque ses patients le voient entrer dans une pièce ! Amateur de civilisations anciennes et féru d'anthropologie, chercheur à ses heures perdues, le docteur Virt avait une qualification de médecin légiste avant d'être recruté par le régime. De ses voyages dans des tribus amérindiennes ou africaines refusant d'abandonner leur médecine traditionnelle pour la pharmacopée occidentale, il avait retiré un savoir précieux, la conscience que les drogues mêlées à la croyance produisent des miracles qu'un esprit cartésien peine à croire. Il avait vu des hommes boire d'immondes breuvages et guérir d'un mal incurable, d'autres, en pleine santé, se pensant victimes d'un sortilège, perdre leurs forces vitales jusqu'à dépérir. Il avait vu dans ces manifestations des perspectives intéressantes pour la compréhension des douleurs du membre fantôme, dont souffrent une grande partie des amputés, sur laquelle il avait fait sa thèse de médecine. L'esprit était là où le corps n'était plus, formidable erreur du cerveau, pensait-il. L'imagination d'une douleur est plus vive encore qu'une douleur physique réelle, avait-il pu observer en interrogeant des centaines d'affligés.

Victor Virt travaillait ainsi en secret depuis de nombreuses années à la conception de puissants psychoactifs mêlant molécules naturelles et de synthèse, qui rendraient le système nerveux central perméable à une réorientation. Grâce à un cocktail de drogues administrées et d'une profonde suggestion mentale pratiquée sous hypnose, visant à reprogrammer la pensée de patients amputés, il espérait que leur cerveau ne ressentirait plus la douleur fantôme. Ses recherches n'avaient obtenu ni publications ni financements dans l'Ancien Monde. Pis, elles avaient été dénoncées pour leur risque éthique, et le docteur Victor Virt avait été radié de l'ordre des médecins.

Lorsque Hugo Humbert l'avait contacté pour ses recherches sur la malléabilité du cerveau sous emprise narcotique, il avait revêtu sa blouse avec orgueil. La chancellerie lui promettait un financement que jamais il n'aurait pu espérer, de quoi couvrir les travaux des dix prochaines années. Mais Humbert ne s'intéressait guère à la manière de guérir les douleurs fantômes. « Docteur Virt, tout phénomène sur terre a bien son antagoniste ? » l'avait-il questionné. Ainsi, il en va de même dans le corps humain, tout phénomène, toute sensation n'existe pas sans son contraire… Le chaud sans le froid, la veille sans le sommeil, la douleur sans le plaisir… » Virt n'avait pu qu'acquiescer à ce qui lui semblait une platitude. « Dès lors, si votre traitement permet de guérir les douleurs fantômes en indiquant au cerveau de déconnecter une zone du corps qui ne doit plus souffrir, pensez-vous qu'il soit possible de provoquer l'effet inverse ? avait-il demandé en se balançant nerveusement sur la chaise de son bureau. Je veux dire, si l'on peut ordonner à l'esprit de ne plus souffrir, peut-on le programmer pour ressentir une douleur là où il n'y a pas de lésion ? Ressentir une douleur d'amputation, par exemple, alors qu'on a toujours son membre ? » Le docteur Virt s'était figé. « Ma question est simple. Peut-on induire des "douleurs fantômes" et les provoquer chez des sujets sains ? »

Soudain Victor Virt s'était trouvé face à un nouveau champ de possibilités, marqué de sens interdits, sur lequel personne jusqu'alors ne s'était aventuré. Il avait d'abord craint le jugement de ses pairs en entamant de telles recherches, dont les applications pourraient être terribles, mais s'était rappelé que ses pairs l'avaient radié lorsqu'il souhaitait faire le bien. « Ni la science ni la médecine sont morales, elles doivent explorer librement l'univers et le corps humain. Vous serez le pilier médical de la nouvelle Union et vos recherches seront publiées dans le *Journal officiel*, à chaque avancée », avait insisté Humbert. Il avait sorti un petit objet de sa poche qu'il avait épinglé sur la blouse blanche du docteur. Victor Virt, ainsi décoré de l'insigne du parti aux couleurs de la mandragore, s'était enfin senti apprécié.

Ainsi il avait élaboré un nouveau protocole d'interrogatoire eunomique, testé sur des patients des centres de rééducation eunomiques déclarés volontaires. Une fois le mélange de drogues hallucinatoires et de psychoactifs injecté, le praticien soumet les cobayes à une préparation mentale sous hypnose dix heures durant, aidé d'électrodes disposées sur le corps des détenus. Virt incite les patients à s'imaginer courir, sauter, danser, mais une électrode placée sur une partie spécifique envoie une impulsion négative, si bien qu'au bout d'un certain temps, le cerveau considère le membre blessé tandis qu'il n'en est rien. En jouant sur la puissance de l'impulsion électrique, Virt peut ainsi provoquer chez le patient des douleurs similaires aux pires souffrances. En lui induisant l'idée d'une amputation, le patient en ressent réellement les effets et s'en trouve paralysé. En lui suggérant des tortures physiques, il en souffre tout aussi réellement que s'il les subissait, tandis que son corps, au réveil, sera resté intact. Mais son esprit portera les cicatrices de l'expérience.

Chapitre 3

Aurore Henri regimbe à l'idée de soumettre le prisonnier AD00123 à un interrogatoire eunomique. Non qu'elle soit attirée par cet homme sans charisme ni puissance, mais une sorte de lien indicible unit son destin au sien. Assise face à lui, amaigri et éprouvé par ses conditions de détention, elle peut voir ses côtes s'élever puis s'affaisser à chaque respiration. Mauvais inquisiteur, hélas, est celui dont l'esprit est lui-même taraudé de questions.

Aurore avait retourné le problème dans tous les sens : Ronan Leroux connaissait l'existence des papillons, il n'y avait que deux possibilités ; soit il connaissait Yvana et pouvait lui permettre de la retrouver, soit il était envoyé par le maître de l'Est pour la déstabiliser. Crispant le poing sur sa cape, Aurore se rapproche de lui.

« Tout ceci pourrait s'arrêter si vous parliez. »

Ronan ne l'entend pas, absorbé par la contemplation de ses traits. Son cou, long et fin, se dessine à chacun de ses mouvements. Enfin il vivait l'instant romantique qu'un idéaliste attend sa vie durant, être le prisonnier d'une puissante prêtresse dont le cœur endurci requiert un chevalier pour se libérer du sort qui lui a été jeté. Le monde des poètes s'anime devant lui, il est prêt à supporter toutes les douleurs pour qu'Aurore le trouve digne de poser ses yeux sur lui.

« Sont-ce vraiment ces mots qui vous obsèdent au point de faire de moi votre captif, ou celle qui me les a révélés ? » finit-il par répondre, tentant de gonfler la poitrine pour se donner de l'allure.

Sait-il que lorsque Aurore Henri s'abandonne aux rêves, chaque nuit, se dessine le visage d'une femme, que cette femme est sa mère, et qu'elle donnerait tout pour la rencontrer ?

« Est-ce donc moi qui suis interrogée ? Serais-je votre prisonnière ? demande-t-elle sèchement.

— Vous n'êtes pas ma prisonnière, tout comme je ne suis pas votre prisonnier, la défie-t-il encore. Je crois en quelque chose qui me rend libre, et qui vous est inconnu. »

Aurore tourne vers lui ses yeux orangés dansants.

« Si je vous disais le sens de ces mots, vous ne le comprendriez pas. »

La chancelière se fige, comme transformée en statue de sel, puis telle une chimère enragée, se jette sur lui, renverse la chaise à terre et saisit le corps tremblant de Ronan entre ses cuisses. Aurore approche ses mains de sa gorge, ses doigts se déploient comme des serres autour de son cou palpitant et le compriment de toutes leurs forces. Suspendue au-dessus de Ronan congestionné de sang, Aurore sent en elle la mandragore éclore. Elle enferme plus fort le cou du prisonnier, qui, tétanisé par le combat d'Éros et Thanatos, raidit son membre contre les cuisses d'Aurore, avant d'entrouvrir la bouche pour balbutier. Aurore secoue le prisonnier AD00123 par les épaules, le cognant contre le sol comme pour faire jaillir de son crâne le jus qu'il retient hors de sa portée. « C'est l'amour. Et vous ne savez pas ce que c'est », dit-il, avant de tomber inconscient.

Chapitre 4

Avant de devenir chancelière, Aurore Henri avait aimé. Il était maître de conférences en philosophie à la Sorbonne, qu'elle fréquentait, et avait quand il parlait, à l'aube de sa quarantième année, un charme inné. Un homme encore si jeune plein d'une sagesse séculaire, que pouvait-il y avoir de plus excitant pour l'étudiante ? L'interdiction des relations intimes entre élèves et professeurs donnait au répétiteur des attraits insoupçonnés. L'amphithéâtre s'emplissait toujours, à son entrée, d'une rangée de jeunes filles bouche bée dont les robes raccourcissaient à mesure que les jours s'allongeaient. Depuis son estrade, il percevait à peine les longues jambes tricotant sous son nez, seuls les yeux d'Aurore Henri, au troisième rang, à la troisième place, se détachaient. Ils semblaient faits pour la philosophie tant on pouvait y lire tous les questionnements de l'humanité. Ses cours portaient sur la théorie de l'histoire, dont il parlait avec une verve sans égale, si bien qu'Aurore Henri oubliait de prendre des notes en l'écoutant. « Tout homme est plongé dans l'histoire, il ne peut s'en soustraire, puisqu'il en va de la nature du temps de s'écouler, professait-il, s'aventurant dans la pensée de Nietzsche. L'histoire est en cela une entrave dont il faut se débarrasser ! Une pesanteur collective empêchant les peuples de se déterminer d'eux-mêmes ! Le sens ne s'hérite pas, il s'invente ! Débarrassons-nous de celui que l'histoire nous transmet, pour en créer un nouveau, à chaque instant. » Aurore dévorait dans la nuit l'œuvre de Nietzsche et se sentait prête à écouter Zarathoustra.

Il l'avait invitée à prendre un café, il avait salué sa réflexion, après avoir ajouté deux sucres pour ôter l'amertume. Il parlait de l'oubli et du lâcher-prise comme conditions du bonheur, de l'importance de goûter les choses dans l'instant, tandis que les réverbères s'allumaient sur la place de la Sorbonne et que le dôme de la faculté brillait sous les reflets de la Lune. Un être incapable d'oublier quoi que ce soit ne serait-il pas condamné à ne voir partout qu'une répétition de choses qu'il connaît, qu'un devenir incessant dans un torrent où il finirait par se noyer ? Aurore avait bu cinq cafés, elle se sentait connectée à son esprit, tout faisait sens, sa tasse était vide, elle buvait ses idées à même ses lèvres, prenant soin de ne pas en laisser échapper une goutte. « Nous devrions vivre presque sans projet pour être heureux, comme l'animal se contente d'être dans l'instant. Nous devrions fermer de temps en temps les portes et les fenêtres de la conscience, faire table rase de nos souvenirs, pour qu'il y ait de nouveau de la place pour les choses nouvelles. Il n'y a pas de bonheur, de sérénité, d'espérance et de jouissance, si l'on n'est pas capable d'oublier. » Son phrasé était la plus belle des musiques. La tête pleine d'idées, le ventre nu, couvert de la jouissance du professeur de philosophie, Aurore Henri avait cru trouver le bonheur. Leur liaison dissimulée aux membres de la faculté, ils vivaient dans le présent, s'efforçant, sitôt les volets fermés, de devenir des animaux parfaitement heureux, oubliant tout de l'humanité. Il l'abreuvait d'un amour fait de références laissées sur des bouts de papier, « Platon VI, 356 », « Leibniz 1673, p. 59 », de débats interminables en caleçon, assis sur la machine à laver, de nouilles chinoises sur un coin de canapé devant un film de Renoir ou de Fellini, de dimanches après-midi à Orsay ou aux Tuileries, à railler les impressionnistes et à vanter les cubistes. Ses chemises en lin inlassablement froissées qu'il n'aurait jamais songé à repasser, ses cheveux frisés toujours en bataille, sa connaissance des vins suffisamment pointue pour critiquer tous ceux qu'on lui servait dans les troquets, l'insolence avec laquelle il les renvoyait, tout en lui était si abouti. Son vocabulaire était exempt de tout adverbe de temps, nul « jamais », nul « toujours », aucun « souvent » dans sa bouche ne venait ternir le présent. Il passait vite à ses côtés, Aurore avait envie de le faire durer. Jamais un adverbe ne lui avait tant manqué. Elle avait besoin de certitudes, celle d'être aimée, absolument. Puis les dimanches s'étaient espacés, il avait beaucoup de copies à corriger, le sexe se faisait sans se regarder.

Dans l'espoir de resserrer leurs liens par une surprise osée, elle s'était rendue à un marché de livres anciens et avait déniché une édition originale de la *Généalogie de la morale* de Nietzsche. Quelle aubaine, le philosophe auquel elle devait leur idylle ! Ouvrant le livre pour en goûter l'odeur vieillie, elle découvrit avec stupeur les mêmes mots, à la ligne près, que ceux qu'il lui servait depuis deux mois. Des phrases entières qu'elle avait imputées à l'amour qu'elle lui inspirait, à la fugacité de son esprit, se trouvaient là, couchées sur le papier jauni, offertes à tous. Elle le croyait penseur, il n'était que perroquet.

Elle avait gardé le secret toute la journée et l'avait observé dans l'amphithéâtre sourire aux jambes tricoteuses du premier rang, proposant allègrement à celles qui le souhaitaient des cours particuliers. Ses yeux s'ouvrirent sur une tout autre réalité. Jamais elle ne s'était sentie si humiliée ! Elle avait été trahie. Ses sens l'avaient illusionnée. Elle avait cru l'aimer, ce n'était que du désir. Elle, si réfléchie, ainsi trahie par ses propres élans ? Elle ne s'était plus permis de prononcer ce nom grotesque, « amour », cette illusion perfide. « Ah, quel dommage qu'il faille aimer par là même où l'on pisse ! se disait-elle, cela résume parfaitement la bassesse de ce que l'on appelle amour. » De l'amour maternel, elle n'avait reçu qu'une absence inquiétante, une ombre informe ayant laissé un vide à la place qu'il aurait dû occuper. L'amour romantique était laid, arbitraire. Jamais elle ne se compromettrait à nouveau dans ce commerce irrationnel. L'amour véritable ne pouvait être que soumis à des règles de vérité et de pureté.

Pour s'éloigner plus encore de son ancien amant, Aurore s'était plongée dans la lecture de *La Raison dans l'histoire* de Hegel. Il y avait une raison supérieure à l'œuvre dans le devenir des hommes, l'histoire possède une finalité intrinsèque, le processus par lequel l'esprit s'incarne sur Terre. Elle y avait découvert le plus doux des baumes pour guérir son cœur éraflé par l'impermanence des sentiments, la preuve que l'histoire se déroule rationnellement, et que les événements y semblant les plus disparates s'enchaînent les uns à partir des autres. La raison gouverne le monde ! Quel soulagement, quand on se sent ballotté dans l'existence comme une boule de flipper entre les mains d'un gosse les poches chargées de monnaie, que de savoir que la raison toujours domine et nous sauve de l'inanité !

À la bibliothèque Sainte-Geneviève, les ouvrages compilant le savoir de l'humanité lui semblaient soudain de simples feuilles tombées au pied d'arbres stériles. L'idéalisme absolu de Hegel, seul, était vrai. Les individus, les peuples ne sont que des instruments au service d'un plan supérieur. Leur chaos, leurs passions et leurs grandes aspirations, tout ce qu'ils pensent désirer et choisir, tout cela n'est que le déploiement de la rationalité en direction de sa finalité.

Aurore sentait une force intérieure la submerger. Autour d'elle, des étudiants guillerets chicanaient. Les filles se remaquillaient, les garçons tapotaient sur leur téléphone portable. Ils étaient de l'autre côté, de ceux que la raison traverse sans jamais s'y arrêter. Elle avait envie de se lever, de monter sur les épaisses tables de bois et de leur crier : « Réveillez-vous ! Nous devons écouter la raison et la prendre pour guide ! Nous devons en finir avec l'égoïsme de l'individu, les politiques passagères, nous devons construire le monde spirituel auquel nous appartenons ! »

Mais la raison n'avait guère besoin d'une originale hurlant dans une bibliothèque pour advenir. Elle avait besoin d'un État nouveau, régénéré. Un État total harmonieux constituant une unité organique, qui soumettrait la science et la religion, dans lequel la séparation des pouvoirs n'existerait pas. Un État qui subordonnerait le particulier à l'universel pour le bien de l'humanité. Un État qui, par la discipline qu'il imposerait, serait le chemin vers la liberté véritable des hommes.

D'autres, après le maître de conférences, s'étaient succédé entre ses cuisses. Aurore s'était laissée toucher, et avait feint de trouver du plaisir en la chorégraphie de leurs corps nus, mais il n'en était rien. Les amants successifs ne provoquaient que de vagues secousses, aucun n'éveillait ses sens. Ces hommes ne la posséderaient jamais. Sa raison la drapait désormais d'un voile, d'un hymen de pureté. Seul le maître de l'Est, épris comme elle d'idéal, avait su le déchirer. Il s'y était engouffré tout entier, libérant la sombre humeur qui y était contenue depuis tant d'années.

Chapitre 5

Comment être à la hauteur de la tâche qui nous est confiée ? Qui peut prétendre guider le monde sans le corrompre ? Depuis le salon de la Lune, Aurore Henri tente de reprendre ses esprits. Le sol tangue sous ses pieds comme le pont d'un navire sur une mer agitée. Peut-être sont-ce les âmes des condamnés qui font trembler les eaux du lac souterrain ? Son image semble rapetisser à mesure qu'elle se réfracte dans les miroirs, comme si l'enfant esseulée qu'elle était se trouvait encore prisonnière derrière l'étain. Non, non ! Cette enfant n'est plus ! Elle a disparu, l'Ancien Monde l'a tuée, à coups d'hypocrisie et de violence ! Elle est grande à présent, grande et puissante ! Et elle bâtit un monde nouveau où les enfants seront parfaitement heureux ! Où un sens est donné à leur vie, où l'ordre et la rectitude leur sont garantis, où la patrie les aime !

Sa tête, sa pauvre tête tourne. Sa ceinture de contrition ne la soulage plus. Les eaux intérieures d'Aurore montent dangereusement, elle se sent oppressée. La petite mallette de chirurgien du docteur Victor Virt, ravi de se voir enfin confier la plus digne des tâches, soigner la chancelière, entre dans le salon de la Lune et trouve Aurore sur le lit. « Faites-moi une saignée. » Le docteur Virt dégaine une seringue.

« Je préfère ajouter que prendre ! J'ai mis au point un tas de complexes chimiques qui peuvent vous soulager d'à peu près tous les maux.

— Je veux donner mon sang. Je ne peux le garder pour moi, je dois le partager... Pour me purifier. Mon sang n'existe que pour eux, pour ma mission... Donnez-le en priorité à ceux qui souffrent. »

Aurore semble se relâcher en sentant l'aiguille pénétrer sa peau. « Je veux le voir couler », demande-t-elle au docteur Virt, qui approche le petit tuyau de son visage. Chaque goutte sortant de son corps emporte avec elle un peu de poison.

« Vous viendrez chaque semaine faire de même, docteur, afin que je puisse rendre le sang que j'ai pris chez d'autres. Ainsi l'équilibre sera rétabli, l'harmonie triomphera de la violence nécessaire à son avènement sur Terre. » Le docteur Virt voyant la poche de sang presque remplie, retire doucement l'aiguille du bras de la chancelière. Il approche la seringue qui faisait sa fierté, et pique doucement la commissure de son coude. « Je vous fais à présent mon médecin officiel, demandez à Hugo Humbert de s'occuper des formalités. » La mandragore semble quitter le visage de la chancelière, les plis sur son front s'atténuent. Enfin la nuit n'est plus si violente, elle peut dormir.

Chapitre 6

De l'autre côté du Douro se dressent les façades colorées des rues du quartier de Ribeira. Elena, l'ancienne ouvrière de Vila Nova de Gaia, traverse chaque matin avec fierté le pont Louis Ier afin de se rendre à l'école eunomique où elle enseigne à Porto. Elle franchit le perron de mosaïques blanches et bleues au-dessus duquel le mot *Eunomia* a été écrit en lettres grecques. Comme tous les professeurs, elle est soumise à la loi exigeant des enseignants qu'ils soient les exécuteurs de la volonté de l'État, prêts à tout pour le redressement moral de l'Union, et a prêté serment sur la nouvelle constitution avant de pouvoir se voir confier le grand rôle « d'éducatrice des futures générations ».

C'est à elle, ce matin, de diriger la cérémonie du lever de drapeau. Les élèves se tiennent debout dans la cour, si sages dans leurs beaux uniformes unisexes, l'écusson aux couleurs de la mandragore brodé sur le cœur. Au premier son de cloche, tous portent leur main droite sur l'écusson. Tête haute, ils suivent l'élévation du drapeau, qui doit se faire manuellement afin de prendre le temps de méditer sur les efforts humains nécessaires pour que triomphe l'Union. Elena agrippe la corde rugueuse et tire de toutes ses forces. À la seconde sonnerie, les élèves entament la « danse de l'unité ». Face au professeur principal, en rangs parfaitement alignés, leurs pieds martèlent le sol de toutes leurs forces comme pour en réveiller l'énergie vitale endormie, tandis que leurs mains frappent leur poitrine pour exprimer leur passion, leur vigueur et leur identité, face aux adversaires de la démocratie et de l'harmonie.

Telles des cellules unies à un noyau, les élèves forment un cercle autour du professeur, les salles de classe étant disposées de manière à inclure chaque enfant également. Les anciennes matières, aux fondamentaux imprimés sur de lourds et rébarbatifs manuels que les enfants traînaient jour après jour dans leurs cartables, ont été remplacées par de nouveaux programmes. Elena peut se référer au *Guide pédagogique total* qui lui a été distribué en début d'année scolaire. Celui-ci montre l'aberration de diviser la vision du monde en matières. Le *Guide pédagogique total* illustre comment l'histoire, les arts, la médecine, la diététique, la poésie et l'économie ne sont que le reflet d'une seule et même chose, l'eunomie, celle menant l'individu vers le collectif, et le collectif vers le Beau. Deux seules catégories suffisent pour s'y orienter, ce qui est beau tend vers l'ordre et la vie, ce qui ne l'est pas tend vers le désordre et la destruction. Le premier doit être recherché, le second chassé.

Quelles études faire ? Quand se marier ? Combien d'enfants avoir ? Quels loisirs pratiquer ? Tant de questions harassaient l'homme occidental qui, écrasé sous tant de libertés, n'était guère prêt à assumer seul les conséquences de ses choix. La véritable liberté ne consiste-t-elle pas à se savoir important, à faire partie d'un tout au sein duquel, peu importent ses capacités ou son origine, on a un rôle à jouer ? Être libéré des affres des choix quotidiens, avancer de concert avec les autres, dans une même direction, avec la joie chevillée au corps ?

Lorsque son mari l'a abandonnée, Elena a ressenti une grande solitude. Dieu, auquel elle s'adressait à l'église depuis son enfance, lui est apparu soudain si lointain. Ses parents décédés durant la Grande Famine, son mari parti, elle s'est retrouvée seule comme jamais. En découvrant l'appel lancé par la chancellerie pour former de nouveaux enseignants, elle s'est engagée pour avoir quelque chose à donner à ses enfants, le savoir, à défaut de la richesse. Elle s'inquiétait souvent de faire grandir ses deux adorables petits sans père, et craignait qu'ils ne ressentent un manque au plus profond d'eux. Mais à présent elle le sait, il n'en est rien. Ils sont des citoyens eunomiques, ils font partie d'un grand tout qui comble chacun de leurs manques.

Elena doute de sa légitimité, après n'avoir étudié que six mois pour devenir « éducatrice des futures générations ». Mais la présence d'un élève inspecteur au sein de chaque classe, chargé de vérifier la conformité de l'enseignement de la doctrine de l'Union et de rapporter au ministère les éducateurs dissidents, la rassure. Elle ne peut guère faire de faux pas, puisqu'elle est guidée !

Dans l'Ancien Monde, à l'usine, Elena était chargée de l'assemblage de pièces. Son uniforme était synonyme d'une classe sociale inférieure. En levant les yeux de sa machine, elle voyait les dizaines de têtes sous leur charlotte, et se disait qu'elle était elle-même une des pièces qu'elle assemblait, remplaçable si elle cassait. Mais aujourd'hui, elle a un rôle de premier plan dans la construction de la Nouvelle Europe. Sa fonction ne se limite pas à dispenser des connaissances, elle doit aussi repérer les enfants sains, auxquels les parents dispensent une bonne éducation, et ceux dont les parents sont dissidents à la pensée harmonieuse. Les élèves se montrant rebelles, ou répétant en classe les propos contre nature de leurs parents, sont convoqués pour une évaluation. Car

« Protéger le futur est la seule obligation du présent », comme l'indique le *Guide infaillible d'éducation*. Lorsqu'un rapport est envoyé au ministère, une délégation est envoyée à leur domicile, et les enfants sont retirés aux parents pour être confiés à des familles saines. Ces jeunes êtres sont renommés « pupilles de la chancelière », et ainsi trouvent une nouvelle mère vers laquelle diriger leurs prières. Pour encourager les adoptions, les couples accueillant des pupilles se voient attribuer de nombreuses facilités. Appartement sans loyer, énergie et nourriture gratuites, de quoi ravir les nouvelles familles élargies ! La couverture du *Journal officiel* de janvier 2035 a bien raison : « Il n'est d'autre paradis sur Terre que d'être un écolier au sein de la Nouvelle Europe, grâce à la chancelière ! »

Chapitre 7

Il lui vient le tournis à compter les têtes encore si enfantines des élèves, tandis qu'elles embarquent dans la longue file d'autocars, leur sourire plein d'un espoir et d'un enthousiasme qu'aucune ombre ne vient ternir. Par décret de la chancelière, toute jeune fille de la Nouvelle Europe ayant reçu le cadeau de ses menstruations est conviée à assister à la « grande cérémonie du féminin sacré », organisée lors du solstice d'été. Quelle fierté pour Elena de conduire les jeunes filles de son école au plus grand événement de leur vie ! Quelle ne fut pas sa surprise lorsque le directeur de l'établissement lui annonça qu'elle avait été choisie, parmi tous les professeurs, pour les accompagner ! Elena a fait et défait son bagage chaque soir une semaine durant. Que porter pour être présentée à la plus auguste dirigeante de tous les temps, celle qui a ramené la prospérité en Nouvelle Europe ? L'apparence étant le reflet de notre esprit, Aurore Henri dit que l'on doit toujours veiller à s'habiller selon ses idéaux. Elena finit par choisir une robe blanche à manches courtes, en coton et soie issus de cultures eunomiques, brodée dans des ateliers eunomiques de Lisbonne.

L'autocar démarre pour un long trajet à travers l'Espagne et une partie de la France en direction de Rome. Aurore

Henri a choisi la Ville éternelle comme lieu de la cérémonie de 2035, destinée à entrer dans l'histoire. Que n'a-t-elle eu droit à une telle célébration, songe Elena, traversant d'interminables champs ! Quelle femme aurait-elle pu être si, au lieu de culpabiliser sur ce passage du statut d'enfant à celui de femme, on l'avait loué ? Quelle confiance en ses propres pouvoirs aurait-elle eue ! Elle avait à peine douze ans quand sa vie avait pour toujours changé. Elle s'était réveillée un matin, son pyjama maculé de sang, les draps tout tachés. Une telle quantité ne lui laissait supposer qu'une chose, elle était mourante. Elena avait rejoint en pleurs sa grand-mère et sa tante dans la cuisine et, se jetant aux pieds de sa mère, embrassant sa main, lui avait adressé le plus douloureux des adieux. Sa tante avait détourné le regard, sa grand-mère avait juré, avant de glisser à sa mère : « C'est du propre. Aussi jeune. Il va falloir la tenir maintenant. » Elena ne comprenait pas et tendait un visage inquiet à sa mère qui, parlant sous la surveillance de sa propre mère, s'était contentée de lui dire : « Tu es une femme maintenant, c'est comme ça », avec dans la voix une sorte de renoncement tragique. Elle s'était levée, puis, à pas lents, s'était dirigée vers sa chambre d'où elle avait sorti en hâte un paquet de protections périodiques. « Cache-les dans ta chambre ! C'est sale ! Et n'en parle à personne à l'école, tu nous ferais honte ! » Elle avait réajusté son tablier et avait regagné la table de la cuisine où les trois femmes avaient repris l'écossage des haricots.

Le cortège des autocars progresse à travers les routes escarpées des Pyrénées, tandis qu'Elena distribue aux jeunes filles le fascicule qu'a envoyé le ministère afin de les préparer au mieux à la cérémonie. Elle parcourt le document comme un texte précieux. Chacune devra réciter sa « profession de féminité », avant de recevoir son insigne de la mandragore. Tout manquement à l'étiquette conduira à l'exclusion de la jeune femme, qui ne sera pas consacrée et devra se représenter l'année suivante, avec les nouvelles menstruées. Parmi les milliers de prétendantes, l'une d'elles sera choisie pour prendre place au côté de la chancelière et réciter le « poème du féminin sacré », que les autres entonneront en chœur dans son sillon. Le soir, à la veillée autour du feu, les élèves harassent Elena de leurs questions. Se sentiront-elles femmes à l'instant miraculeux ? Seront-elles différentes ? Quel regard porteront sur elles les garçons à leur retour ? Les flammes rougissent de bonheur le visage d'Elena, elles dansent sous les étoiles, les si nombreuses étoiles.

Chapitre 8

Une procession de femmes parlant toutes les langues avance comme un fleuve emporté par son cours dans les ruelles de Rome. Elena tient fermement la main d'Isabel, sa protégée. Bien sûr, un enseignant eunomique ne doit en aucun cas faire de favoritisme, et veiller à appliquer les règles de conduite eunomiques dictées par le ministère, dont le premier principe est : « Le professeur doit veiller à transmettre, par son enseignement mais surtout par son comportement, la notion d'égalité parfaite entre les êtres. » Mais n'ayant eu que deux garçons, Elena n'aura jamais l'occasion d'accompagner une de ses filles à la grande cérémonie du féminin sacré. Et puisqu'une des participantes serait choisie parmi toutes pour diriger la récitation du poème, elle avait secrètement nourri le fol espoir que la petite Isabel serait l'élue. La finesse des traits de cette fillette de treize ans, sa peau plus laiteuse qu'un tableau Renaissance et sa voix de cristal teintée par la timidité de l'enfance, tout en elle inspire l'harmonie. Chaque vendredi, après la classe, Isabel se rendait chez Elena. Elle lui faisait répéter inlassablement le poème édité par la chancellerie, marquant les temps de ses mains, le ventre noué, comme si elle dirigeait un orchestre. Elle lui avait interdit de se couper les cheveux, et les lui nattait avec de l'huile d'olive afin de hâter leur pousse et les rendre soyeux, lui tapotant ensuite le visage avec du lait d'ânesse mélangé à de la poudre de riz afin d'en exalter la blancheur. Isabel se prêtait au jeu avec le plus grand des sérieux, sentant dans la détermination d'Elena l'importance de sa victoire. Encore quelques pas sur les pavés lissés par les siècles, et soudain s'ouvre devant elles, à l'intérieur de la porte septentrionale du mur d'Aurélien, la monumentale *piazza del Popolo*.

Les jeunes filles doivent tourner autour de l'obélisque central afin de symboliser l'éveil de la féminité s'exprimant par cycles. Elena et Isabel piétinent au milieu des milliers d'appelées, tandis qu'au pied de l'obélisque Flaminio, des lions de pierre laissent échapper de leur gueule les rugissements de l'eau. Puis, ses trois tours achevés, chacune se dirige vers l'est, pour faire face à l'immense statue de la déesse Rome, armée d'une lance et d'un casque, dont la robe drapée tombant sur son flanc dévoile un sein défiant le monde qui voudrait le cacher, tandis que devant elle, la louve capitoline allaite Romulus et Rémus. Sous la déesse, une imposante conque remplie d'eau, semblable à celle sur laquelle navigue la Vénus. Les jeunes filles doivent immerger leur tête dans le coquillage vénéré. Elena tient les cheveux d'Isabel, afin qu'ils ne soient pas détrempés ni n'abîment sa belle robe blanche assortie à la sienne. Penchée au-dessus de la vasque, elle ne voit se refléter dans l'eau que le ciel de Rome, éternel, immaculé. Rien n'a jamais été aussi parfait sur Terre que cet instant.

Les jeunes filles prennent ensuite la direction de l'ouest, vers le Tibre, où, au pied du pont Regina Margherita à trois voûtes, des embarcations les attendent. De longues algues vertes caressent la surface du fleuve presque asséché. Les barques reliées entre elles par d'épais cordages évoluent lentement, tandis que sur les rives, parents et amis saluent leur passage par des cris, des baisers et des fleurs. Au fil de l'eau se dessine au loin le dôme de Saint-Pierre. Elena ne peut s'empêcher de faire un signe de croix. Un garde SS2, arme à la main, la rappelle à l'ordre. La religion ne respecte pas l'harmonie eunomique entre les êtres et empêche l'égalité parfaite des citoyens. Elle est une trace de l'Ancien Monde banni de tout espace public comme privé. Le garde appuie sur le boîtier qu'il porte au poignet pour rapporter l'événement à ses supérieurs. Elena, prise de panique, le supplie de ne pas lui en tenir rigueur. Il ne s'agissait que d'un geste machinal, elle ne nourrit plus en elle les croyances archaïques, elle est aujourd'hui une citoyenne eunomique modèle. Le garde, impassible, lui ordonne de regagner sa place. Isabel lui adresse un regard boudeur. L'embarcation s'immobilise. Les jeunes filles débarquent sur l'île Tibérine et empruntent le pont Fabricius.

« Stop ! » crie un zélote pointant son arme en direction d'Elena. Couvrant ses yeux de ses mains, elle sanglote des excuses à peine audibles. Que s'est-elle signée face au dôme de Saint-Pierre alors qu'elle ne voulait se signer que devant la chancelière ! Le garde passe à sa hauteur, déplie un drapeau aux couleurs de l'Union et en couvre les épaules de la jeune fille se tenant derrière elle. Le drapeau, tombant au sol comme une cape, marque son élection. C'est elle qui récitera le poème sacré.

Le SS2 coupe la foule en deux, constituant une haie d'honneur autour de l'élue de la chancelière. « Non ! Non ! s'écrie Elena. Ce devait être Isabel ! Regardez-la ! Regardez comme elle est belle ! dit-elle au garde tentant de l'arrêter. Regardez comme elle sait chanter ! » Puis à Isabel : « Chante, Isabel ! Chante ! » Déjà l'élue disparaît au loin, tandis que les autres adolescentes esquissent des sourires narquois.

Le cortège marche vers l'immense plaine du Cirque Maxime. La plus grande enceinte sportive que le monde ait jamais connue semble s'animer à nouveau, deux mille ans après le faste des triomphes romains. L'odeur d'agrume du jardin des orangers à quelques pas de là, portée par le vent chaud de l'été, suscite la joie dans la procession. Une fumée s'élève soudain au centre du cirque, un tremblement se fait sentir. Une estrade s'élève du sol. Elle est là ! La chancelière ! De longues minutes de clameur, nourrie par la fureur adolescente, se passent avant que le calme soit ramené sur le Circus Maximus.

« Mes chères enfants, commence-t-elle, vous venez d'embarquer pour le plus beau des voyages, celui de la découverte de la féminité dans sa pure expression. Vous venez d'être menstruées, la Terre mère vous a reconnues siennes, il est de votre devoir de vous connecter à elle afin d'être dignes de son don. À l'origine des temps, le féminin était sacré. Nos ancêtres vivaient en harmonie avec la nature. Les hommes voyaient en la femme l'incarnation du mystère de la vie. Le féminin unissait et rassemblait les hommes.

« Puis la femme a été mise en position de soumission. L'homme, par la religion, la culture, l'éducation, a brimé ses aspirations. Elle a été bafouée dans son corps, dans son être, et l'est aujourd'hui encore dans certaines contrées, plus que tout autre être vivant. Les femmes osant affirmer leur puissance féminine ont été cataloguées, violentées, rejetées, tuées pour avoir voulu exprimer ce qu'elles étaient. Mais ni la femme ni la Terre n'appartiennent à l'homme.

« Le féminin est le royaume de la sensibilité, de l'intuition, de l'accueil et des inspirations. Il est la création, la réception, le non manifesté. L'énergie féminine est d'une force et d'une puissance infinies. Les femmes vivent au rythme de la Lune et des saisons, nous sommes l'unité des cycles naturels, nous sommes le temps du monde.

« Cette cérémonie marque votre entrée dans le monde adulte, celui placé sous ma protection. Par mon truchement, vous vous éveillerez à votre nature profonde. Car le féminin sacré est l'énergie créatrice de l'univers. Sans lui, rien ne naît ni ne perdure. Vous êtes toutes un rayon de cette essence lumineuse créatrice de toute vie, et garante de l'harmonie.

« Connectez-vous pour la première fois de votre vie à votre corps de femme. Il est le chemin entre le ciel et la Terre, la matrice reliant le tout, le berceau de la création. L'univers vous a confié une mission, incarner le pouvoir de l'harmonie sur Terre. »

Chapitre 9

La jeune fille portant le drapeau de la mandragore s'avance sur la scène. Le brun de ses cheveux contraste avec le vert de ses yeux. Une enquête approfondie avait été réalisée par les SSR afin de choisir la candidate parfaite pour incarner la grande cérémonie du féminin sacré. Elle avait grandi à Munich, en Allemagne, où elle avait été confiée à un orphelinat à l'âge de quatre ans. En novembre 2023, elle avait été trouvée au milieu de la nuit, errant dans les rues sans aucun document permettant de l'identifier, ne portant qu'un petit gilet sur sa robe sans la moindre écharpe. Elle n'avait prononcé aucun mot deux années durant. Lorsqu'on la questionnait, elle se contentait de dessiner une femme gigantesque avec des éclairs dans les yeux et, autour d'elle, coloriait la feuille de rouge. Tous les signes de traumatisme étaient visibles chez cette enfant. Les parents devaient être des drogués ou de pauvres bougres désargentés comme l'Allemagne en pleine récession en connaissait alors. Ils devaient être déchus de leur autorité parentale. La petite fille avait été appelée Stefi et avait rejoint, sitôt la chancelière au pouvoir, un des premiers centres d'enfance eunomique, où elle avait pu recevoir une éducation harmonieuse et égalitaire. Elle y avait reçu le nom de Henri, en hommage à la chancelière qui adoptait symboliquement les créatures retirées à leurs parents.

Stefi ferme les yeux, goûtant l'odeur des orangers gorgés de soleil, et fait retentir sa voix dans le Circus Maximus.

Ma vulve, la corne,
La barque des cieux,
Est pleine d'ardeur comme la jeune Lune.
Ma jeune terre non cultivée en jachère.

Qui pour moi, Inanna,
Qui labourera ma vulve ?
Qui labourera mon haut champ ?
Qui labourera mon sol humide ?

Qui pour moi, la jeune femme,
Qui labourera ma vulve ?
Qui posera le bœuf là ?
Qui labourera ma vulve ?

Toutes les jeunes filles présentes répètent en chœur l'appel qui avait résonné à l'époque des mythes fondateurs de Sumer, trois mille ans avant notre ère, quand l'organe féminin était le lieu où la vie et la joie s'enracinaient. Inanna était le symbole de la femme, déesse de l'Amour physique et de la Guerre, une divinité souveraine dont la grâce était nécessaire pour régner sur le royaume de Mésopotamie, berceau au sein duquel la civilisation avait éclos. Loups, lions, ours et panthères suivaient chacun de ses pas, son seul contact les animait d'un irrépressible désir.

Sans homme pour la satisfaire, la déesse se désolait, le Tibre et l'Euphrate s'asséchaient. La végétation périssait, les cultures ne poussaient plus, les hommes imploraient le ciel de leur rendre la prospérité. Les dieux avaient parlé, la chair intime d'Inanna devait être comblée. Alors, dans les temples sacrés, les hymnes des prêtres se mirent à vénérer des vulves d'or et d'argent afin de satisfaire les ardeurs de son sexe miraculeux.

Stefi déclame les mots d'Inanna de toutes ses forces, comme un credo la liant à un monde où elle n'avait jusqu'alors aucune racine. On entend résonner au loin la profession de foi des jeunes filles du Cirque Maxime : « Je suis fille d'Inanna, mon corps est son temple. Je suis une expression du féminin sacré, ardente de remplir la mission de répandre l'harmonie sur Terre. Puisse la chancelière sur ce chemin de vie me guider. »

Chapitre 10

Les jeunes filles quittent le Cirque Maxime les yeux écarquillés, allant vers un avenir radieux dans lequel, en tant que femmes, elles constitueront la moitié élue de l'humanité. Elles immortalisent l'événement, prenant la pose en tenant par la taille, par le cou leurs nouvelles amies, avant de sauter à pieds joints dans la fontaine de Trevi, jeux d'enfants pour leur corps de petites femmes.

Après la cérémonie, les participantes rejoignent une école féminine eunomique. Celle de l'île de Schwanenwerder, sur le lac Wannsee, au sud de Berlin, est entourée d'eau pour calmer les esprits tourmentés, ouverte sur la forêt environnante pour vivre au plus près des cycles naturels. Au sein de cet établissement modèle, les adolescentes, réunies par groupes de vingt, reçoivent des enseignements spécifiques en anatomie, génétique et gymnastique. Elles apprennent les subtilités du calendrier lunaire et pratiquent la méditation de « vulve consciente » afin de se connecter à leur puissante intimité. Elles sont initiées au « flux instinctif libre », pour s'affranchir des protections périodiques, substrats antieunomiques de l'Ancien Monde. Dans un apprentissage comparable à celui de la propreté chez le petit enfant, les femmes développent une conscience corporelle fine leur permettant de sentir lorsque le flux doit être libéré, vivant ces quelques jours du mois de la manière la plus harmonieuse possible, n'obstruant plus l'écoulement du féminin sacré à travers elle.

Les bases de la médecine eunomique, à savoir ne pas utiliser de médicaments allopathiques mais soigner toute affection par un rétablissement de l'harmonie entre le corps et l'esprit, ou entre les parties du corps elles-mêmes, leur sont enseignées, au même titre que la cuisine eunomique. Les jeunes femmes s'exercent, auprès de chefs adoubés par le régime, à préparer des produits biologiques et locaux selon des préceptes simples. La cuisine eunomique bannit tout aliment issu de l'industrie agroalimentaire, tout condiment qui, par sa texture ou sa puissance, telles que la moutarde ou le piment, prendrait le dessus sur les autres, afin de respecter l'égalité parfaite des saveurs. Toutes sont en quelques mois délestées des kilos accumulés dans leur vie passée, associés à l'indolence, à l'inactivité et à la mauvaise nutrition. Les étapes de la grossesse, de l'accouchement, des soins à prodiguer aux enfants, afin de ne pas les contaminer avec les reliquats de l'Ancien Monde, sont également abordées. Les jeunes filles sont invitées à vivre leur future grossesse naturellement, de manière eunomique, ce dont la médicalisation forcée de la maternité les avait privées.

Les cours veillent à détourner celles qui, par contamination familiale, rêveraient d'un mariage selon les traditions de l'Ancien Monde. Un véritable mariage eunomique unit harmonieusement deux citoyens de Nouvelle Europe, lors d'une cérémonie néopaïenne officiée par des membres du parti. Chaque mois, des gardes masculins SS1 et SS2 sont conviés à une soirée eunomique au sein du centre, afin de donner aux pensionnaires l'opportunité de rencontrer des hommes impliqués dans la défense des valeurs de l'Union. Elles sont incitées à trouver un amour stable s'inscrivant dans le respect des règles eunomiques. Seules celles qui complètent leur formation se voient décerner leur « certificat de confirmation », sur lequel figure leur nom entouré d'une mandragore calligraphiée. Une femme sans certificat ne se verra pas donner l'autorisation d'épouser un membre du parti, et un citoyen profondément eunomique y regardera à deux fois. Quelle femme sensée voudrait prendre le risque de voir sa vie gâchée ?

Chapitre 11

« Nulle femme en Nouvelle Europe ne subira la honte ni le rejet à cause de son sexe. Elle ne sera plus abusée lorsqu'elle se refusera, son corps ne sera plus l'honneur d'une famille ou d'une nation, il ne sera plus muselé pour avoir pris trop de liberté », la chancelière en a fait le serment.

Elle a pour cela doté l'Union d'un nouvel arsenal judiciaire. La parole d'une femme est désormais comme une preuve indirecte et suffit à déclencher une enquête à charge, faisant sauter, pour l'homme incriminé, la présomption d'innocence. Sur simple dénonciation, les hommes reconnus coupables de viol ou de harcèlement sexuel sont soumis à la stérilisation chimique. Car, selon Aurore Henri, « un homme détruisant le sexe de la femme détruit la matrice originelle. En niant son origine même, il renonce à ses droits ». Pour les récidivistes, la castration chirurgicale. La punition physique exécutée, les coupables peuvent intégrer les centres de rééducation eunomique, où d'aguerris psychiatres leur dispensent des sessions quotidiennes de programmation neurolinguistique et comportementale, afin d'orienter leur esprit vers des pensées harmonieuses. « Un homme qui a sombré dans la violence et la perversion envers la femme est un homme qui entraîne dans le déséquilibre toute la société. Mais un homme guéri de sa violence et de sa perversion envers la femme sauve en lui la possibilité eunomique du monde », martèle la chancelière. Les fortes têtes, les esprits résistant à la pensée harmonieuse et positive sont, en dernier recours, libérés de leurs troubles par une injection létale permettant, par le retrait de l'élément social perturbateur, de retrouver un équilibre dans le monde.

Les violences conjugales sont elles aussi redéfinies par le ministère de la Justice et incluent à présent « l'extrême jalousie et la possessivité, le dénigrement, les injures et les critiques constantes ». Au nom du principe de précaution, les hommes présumés coupables à la suite de la plainte d'une femme se voient expulsés sommairement de leur domicile, dépossédés et séparés de leurs enfants qu'ils ne pourront plus revoir avant leur majorité afin de ne pas corrompre leur esprit.

Mais Aurore Henri va plus loin dans son engagement.

Grâce à la nouvelle loi de « défense eunomique des femmes », le ministère enquête sans relâche afin de protéger celles qui n'ont pas conscience d'être maltraitées.

Des agents sont ainsi déployés dans les hôpitaux, maternités, entreprises et lieux publics, afin de repérer les femmes courant un danger qu'elles ignorent, et d'arrêter l'homme les contraignant à une relation non harmonieuse.

La prostitution, fer de lance du combat de la chancelière, est déclarée antieunomique. Les hommes achetant une femme pour leur sexe auront tout le loisir de prendre conscience du sens de leur acte au sein des centres de rééducation eunomique.

Un soin tout particulier est apporté aux prostituées. La chancelière a conçu pour elles des centres de rééducation eunomique spéciaux dans lesquels elles peuvent retrouver le chemin de la véritable liberté. Elles y apprennent à respecter leur féminin sacré, reçoivent des cours de langues, de maintien, d'histoire. Des méditations collectives quotidiennes sont dirigées par des gardes féminines veillant à leur bien-être.

Parfois, l'une d'elles, trop enracinée dans l'Ancien Monde, inconsciente de sa possible guérison, tente de s'échapper ou de se donner la mort. C'est hélas le signe que son esprit a été trop profondément contaminé. Pour ces femmes-là, plutôt que de prolonger cruellement leurs souffrances, une injection létale est pratiquée.

Dans un long entretien accordé à un célèbre magazine féminin américain, Aurore explique les nouvelles directives données au ministère des Femmes. « Avant moi, les biens les plus sacrés du peuple européen se décomposaient. La valeur de la femme était elle aussi dégradée, les errances d'une époque frivole l'avaient fait chuter de la haute position qui était la sienne, celle de pilier et de gardienne de la société. Elle était devenue une partenaire de l'homme, son égale au mieux, mais elle avait perdu ce faisant sa force et son pouvoir. Aussi, quand s'est dressée parmi le peuple une femme porteuse d'une nouvelle époque, combattante d'un nouvel honneur, comment s'étonner que les femmes se soient placées instinctivement à son côté, et qu'après avoir compris la hauteur de leurs responsabilités, elles soient devenues mes partisanes enthousiastes ? »

L'entretien est accompagné d'une série de photos prises à l'école modèle du lac Wannsee, où des jeunes filles, assises en cercle dans l'herbe, méditent en se donnant les mains, ou participent à un cours d'anatomie tout en tressant des paniers d'osier. Interrogée par la journaliste sur sa routine beauté, ses conseils en maquillage et ses accessoires *must have* pour les femmes qui voudraient lui ressembler, Aurore Henri répond avec un agacement à peine masqué.

« Nous voulons voir à nouveau des femmes, pas des jouets ornés de bagatelles… La femme européenne est un vin noble. La femme européenne est l'éclat du soleil. Le soleil a-t-il besoin d'être accessoirisé ? En Nouvelle Europe, nous prônons la beauté pure, sans artifices, celle qui touche, qui émeut, celle dont on se souvient. Lorsque vous rencontrez une femme, vous souvenez-vous de telle paire de chaussures ou de tel sac qu'elle portait ? Ou vous souvenez-vous de son regard, de sa démarche, de ses mots tranchés, de la douceur de ses traits ? »

Prenant fort au sérieux sa tâche de rendre aux Européennes leur vraie beauté, la chancelière a créé le Bureau de la mode. « La vulgarisation esthétique des femmes, poursuit Aurore, est un grand danger. Songez que l'industrie textile a été jusqu'à présent la première source de pollution environnementale des fleuves et rivières. Songez à ces femmes travaillant sans relâche pour un salaire de misère dans de lointaines contrées pour que des femmes occidentales puissent avoir le luxe de se ruiner pour acheter ce dont elles n'ont pas besoin ! » « Mais alors, qu'est-ce que la mode eunomique ? », interroge la journaliste. « Une mode qui respecte le corps de la femme et ses changements, qui ne vend pas une éternelle jeunesse qui n'est pas de ce monde, une mode qui n'entoure le corps sacré des femmes que de matières nobles, travaillées au cœur de son pays, faisant appel à des savoir-faire locaux et produisant de l'emploi. Nous devons être un modèle de ce que la civilisation humaine peut produire de plus vertueux. Ainsi nous réaliserons la finalité eunomique de la vie.

« Une femme juchée sur d'interminables talons marche-t-elle bien ? Portant au bout de ses mains des ongles peints, touche-t-elle vraiment ? Sur le sommet de sa tête des cheveux travaillés, sur ses yeux des pigments et faux cils, voit-elle bien ? Sur sa bouche du rouge à lèvres, le goûte-t-elle sincèrement ? Vos magazines ont transformé une partie du monde en zone peuplée de femmes aux visages paralysés par la peur de montrer la moindre marque du temps. Vous avez manipulé ces femmes pour leur faire croire que tel était le désir des hommes. Nous dénonçons l'image de cette soi-disant femme libérée. La femme n'est tenue qu'à une chose : être en accord avec rien d'autre que sa propre nature eunomique. »

En direct, sur les réseaux sociaux, nombre de femmes américaines demandent à immigrer en Nouvelle Europe, afin d'avoir la chance d'intégrer une de ces écoles féminines, et de trouver enfin la paix intérieure et l'amour véritable.

Chapitre 12

« Ne serait-il pas merveilleux de pouvoir confier vos désirs à votre chancelière bien-aimée, et que celle-ci trouve chaussure à votre pied ? De rencontrer sans hasard ni questionnement un compagnon partageant vos valeurs ? Ainsi j'organiserai, au mois de septembre, la grande parade des "Fiancés de la mandragore" », avait annoncé Aurore Henri sur le compte officiel Newer de la chancellerie. Le nouveau réseau social européen remplace l'ancien Twitter, interdit sur le sol européen car associé, avec Facebook et Instagram, à l'idéal antieunomique de la Silicon Valley. Symbole du renouveau culturel de l'Occident, Newer constitue l'une des vitrines du nouveau régime. Un jeune entrepreneur de Göteborg travaillant jusqu'alors dans l'Ancien Monde pour un géant informatique méprisant ses capacités de création, avait bénéficié d'aides à la création de la chancellerie pour toute découverte technologique eunomique. En deux ans, Newer était devenu le premier et unique réseau social de la Nouvelle Europe, comptant trois cents millions d'abonnés, tous suivant le compte officiel de la chancellerie en signe d'approbation et de fierté.

À Paris, les filles célibataires défilent sur l'avenue de l'Opéra, derrière Stefi, la porteuse de l'insigne d'or de la mandragore, en direction de la chancellerie. Les cheveux tressés, du haut d'un char recouvert du drapeau de l'Union, Stefi salue la foule. Les vieilles femmes à son passage touchent ses pieds, comme pour être bénies par son féminin sacré. Sur le boulevard des Capucines, des jeunes hommes à peine sortis de l'adolescence avancent à leur rencontre au son des tambours.

Les critères de sélection pour participer à la parade des « Fiancés de la mandragore » sont drastiques. Filles et garçons ont été choisis par l'Union en fonction de leurs critères physiques, devant montrer une silhouette athlétique. Être en bonne santé eunomique étant une des conditions, des tests sanguins ont été pratiqués, ainsi que des échantillons de sperme prélevés, afin de vérifier la virilité des hommes prétendant grossir les rangs des Fiancés de la mandragore. Leurs cheveux coupés à l'identique, leurs poils corporels ôtés, ils avancent par rangées de quatre, en chantant l'hymne de l'Union. La chancelière, sur les marches du Palais Garnier, observe leur progression. Les jeunes citoyens arrivant à hauteur de la moitié qui leur est destinée seront unis sans distinction d'âge, d'origine sociale ou de race, soudés par leurs croyances et leurs valeurs. Chaque participant trouvera l'amour eunomique. La parade, constituée à présent de couples, continue le défilé. Ces derniers s'engagent à confier l'éducation du premier-né de leur union à la chancelière, renonçant à leurs droits parentaux. Ils ne se montreront pas infidèles et ne pourront dissoudre leur lien qu'en motivant par écrit leur choix, le ministère examinant alors le bien-fondé de leur requête.

Des gardes aident Stefi à descendre de son char. Ses seize ans honorent par leur beauté toute la place de l'Opéra qui l'acclame. Elle marche, escortée par une haie de SS2, jusqu'au pied de la chancellerie, et s'incline face à Aurore

Henri. Puis apparaît le jeune homme choisi pour incarner la virilité de la Nouvelle Europe, le torse nu, le crâne rasé, portant autour de la taille un vêtement court révélant le haut de ses cuisses, semblables à celle d'un danseur de l'Opéra. Son corps et son visage sont entièrement peints d'une huile teintée de pigments d'or faisant ressortir les contours de sa musculature, lui donnant l'aspect métallique d'une statue. La grâce de cette idole dorée avançant à pas lents fait taire la foule qui le contemple, le souffle coupé. Aurore Henri l'observe, fascinée, flotter au-dessus du sol, comme s'il chorégraphiait le vent. Le jeune homme de vingt-cinq ans s'avance à la hauteur de Stefi. Aurore pose ses mains sur chacune de leurs têtes. Un courant électrique la traverse, sans qu'elle puisse l'empêcher. Sous sa main gauche, la tête de Stefi la retient, comme si toutes deux étaient liées par quelque force aimantée. Sous sa paume droite, le crâne nu de l'idole dorée dans lequel elle voudrait plonger ses doigts pour s'y enraciner. La foule ovationne le tableau interprété par cette nouvelle sainte Trinité.

Chapitre 13

Au début du mois d'août 1991, Yvana avait été convoquée au Café Sybille, sur la Karl-Marx-Allee à Berlin-Est par l'agent de liaison chargé des « papillons ». L'URSS allait chuter, ce n'était qu'une question de semaines. Le faible, le traître Mikhaïl Gorbatchev avait lancé un programme de réformes allant trop loin dans l'ouverture, trop permissif envers les Républiques. Le pouvoir du gouvernement central était affaibli, fissuré de l'intérieur. Les indépendantistes finiraient de le pourfendre bientôt. « Il a voulu la transparence politique, il n'y aura bientôt plus de pouvoir politique ! » avait pesté l'agent du KGB devant son Mocca Fix. Le bataillon secret des papillons devait être immédiatement dissout, les archives relevant de leurs actions détruites avant que la commission de la *glasnost* ne s'en empare. Yvana avait refusé de rendre les armes. Que ferait-elle d'autre que défendre son idéal ? Tant de risques encourus pour le soutenir, tant de sacrifices faits en son nom ! Elle avait renoncé à sa fille pour la grandeur de l'URSS ! Si on la lui enlevait, elle aussi, que lui resterait-il ? L'agent de liaison, insensible à ses arguments, lui faisait les gros yeux tandis qu'elle élevait la voix, lui avait tendu sous la table une enveloppe à l'intérieur d'un exemplaire du *Berliner Zeitung* contenant un passeport avec sa nouvelle identité, un billet de train pour Paris ainsi que 6 000 marks. « Vous aurez de quoi acheter une télévision avec ça. Partez et regardez les événements depuis votre poste, cela vaut mieux. Ce que nous avons fait, ce que nous avons été, tout cela doit disparaître. » Il avait remis son pardessus et il était parti, la laissant là, tenant entre ses mains une nouvelle vie dont elle ne voulait pas. Le communisme avait triomphé du mal, il avait apporté l'unité et le progrès ! Il avait rendu les hommes et les femmes égaux, avait donné les mêmes droits, les mêmes opportunités à tous ! De retour dans la chambre qu'elle louait au sein d'un appartement occupé par des étudiants non loin du Café Sybille, elle avait rassemblé quelques papillons partisans d'une ligne dure. Pour étouffer l'agitation nationaliste menaçant de déchirer le drapeau de l'URSS, il fallait déposer le traître Gorbatchev, et prendre le contrôle du pays.

L'opération *Nabokov* était lancée. Au matin du 19 août 1991, des chars T80 prenaient la place Rouge tandis que des factions armées marquaient de nouvelles bases aux quatre coins de Moscou. Yvana, à la tête des putschistes, s'était infiltrée au sein du Kremlin et avait annoncé au comité central que Gorbatchev, malade, venait d'être soulagé de son poste de président. Le groupe avait pris soin de programmer le black-out de sa datcha de Crimée dans laquelle il passait ses vacances en coupant les lignes de téléphone. Yvana, debout sur un tank, haranguait les forces spéciales du KGB afin de les rallier à leur cause. « L'Union est notre mère patrie, ne laissons pas ces politiques frileux l'amputer, nous sommes une famille ! Nous sommes un corps dont chaque membre fait partie intégrante ! » Nombre de soldats, à l'appel d'Yvana, marchèrent sur le Soviet suprême, tandis que d'autres prenaient en chasse les conspirateurs. Ilitch, son camarade d'enfance, son fidèle ami, fut happé par les chenilles d'un char avançant impitoyablement sur lui, avalé par la machine de guerre, tendant sa main baignée de sang, appelant à l'aide jusqu'au craquement de sa cage thoracique sous le poids du métal.

Yvana s'était cachée à Léningrad jusqu'à la chute de l'Union. Le lendemain elle avait utilisé les 6 000 marks pour aller jusqu'à Genève et y ouvrir un coffre dans une banque, et était venue dire adieu à Aurore, chez les Henri, avant de se fondre dans une nouvelle vie. La petite, qui n'avait pas encore trois ans, l'avait fixée de ses grands yeux. Et en voyant le papillon tatoué sur sa nuque, elle avait ri. C'était le plus beau son qu'Yvana ait jamais entendu. Elle devait la quitter pour la seconde fois de sa jeune existence. Alors, comme pour lui dire qui elle était, lui laisser une trace de son passage, elle avait prononcé les seuls mots qu'elle connaissait pour dire adieu, « Les papillons se sont déjà tous envolés ». Yvana était désormais recherchée partout où le KGB étendait son influence. Aucun lieu n'était sûr. Où être protégée, si ce n'est au cœur même du brasier, là où personne n'irait la trouver ? Nul ne voit ce qui est sous son nez. Yvana avait toujours aimé les fleurs. Elle savait parler aux plantes et éprouvait un contentement en leur présence silencieuse. Ainsi, sous sa nouvelle identité, s'était-elle fait engager à la serre de l'université de Moscou. Vivant au plus près de son ennemi, échappant à son regard.

Chapitre 14

Derrière les épais murs de la direction générale de la Sécurité de l'Union, le prisonnier AD00123 perçoit la moindre respiration de la chancelière. Quand Aurore est dans le palais, il vibre tout entier ; quand elle s'en absente, c'est comme si son souffle de vie le quittait. Ronan esquisse un sourire. Il reconnaîtrait son pas entre mille, Aurore Henri vient d'entrer dans le bâtiment. Un SS1 ordonne qu'on prépare le prisonnier. Placé au milieu de la pièce, assis sur une chaise, un capuchon couvrant sa tête jusqu'à son torse, il se tient immobile. Il sent sa présence. Il devine ses expressions, ses gestes, sa question.

« Comment l'avez-vous rencontrée ? » demande-t-elle, lui faisant face dans l'obscurité. Ronan donnerait tout pour parcourir les trois pas qui les séparent et la serrer contre lui.

« Par hasard.

— Le hasard ? » s'insurge Aurore. Le hasard, quelle insulte faite à la raison ! « Pourquoi me mentez-vous ? » insiste-t-elle, persuadée de l'inexistence d'une telle chose que le hasard.

« Ce n'est que la vérité ! Je me promenais dans Paris au gré de mon envie, puis je suis entré dans un parc, à la recherche d'un endroit calme pour lire et penser… Et elle est apparue. J'ai été ébloui par ses traits… Vous lui ressemblez tellement ! dit-il, sa tête toujours couverte, incapable de voir Aurore qui rapproche sa chaise jusqu'à être tout près de lui.

— Et ensuite ? le questionne-t-elle sans relâche.

— Je l'ai aimée. Son souvenir m'a hanté durant des années.

— Pourquoi voulait-elle me retrouver ?

— Elle parlait de vous avec une telle émotion qu'on aurait dit que toute sa vie était tournée vers cet unique but… Mais que quelque chose en elle l'en empêchait. » Aurore, sentant le souffle chaud de Ronan sous son capuchon, enrage. Le hasard, l'amour, deux notions irrationnelles impropres à constituer une explication tangible. Une justification *a posteriori* d'inclinations. Un purgatoire de la causalité.

« Pourquoi ne l'avez-vous pas fait ? Pourquoi ne m'avez-vous pas cherchée ?

— Je ne suis pas agent secret. Le temps d'une nuit, avec Yvana, je me suis persuadé d'en être un, j'ai fait une promesse que je ne pouvais pas tenir. J'ai recommencé ma vie. J'ai fini par l'oublier, j'étais heureux. Je pensais l'être. Puis je vous ai vue sur la Marienplatz, et en instant tous ces sentiments me sont revenus. Je ne connaissais ni votre nom ni votre lien, mais je savais qui vous étiez, d'instinct. »

Aurore soulève le capuchon comme on retire celui posé sur la tête d'un faucon capturé pour le dresser. « Je ne me l'explique pas moi-même, j'étais dans la manifestation avec ma fille, soudain vous étiez là. J'aime à penser que c'est Yvana qui nous a réunis.

— Comment voulez-vous que je croie un tel récit ?

— Ce n'est pourtant que la vérité. J'ai rencontré Yvana par hasard, je vous ai retrouvée par la force du destin. Ce jour-là, j'ai payé un lourd tribut pour avoir failli à la promesse que je lui avais faite. J'ai perdu ce que j'avais de plus cher au monde, ma fille, ma chair, mon bébé. Cela m'a fait sentir plus proche encore d'Yvana, de sa douleur de mère. J'ai compris ce à quoi elle avait renoncé. Alors je me suis juré de suivre à distance chacun de vos déplacements, de veiller sur vous, espérant qu'un jour ma fille me serait rendue. J'ai quitté mon emploi, pour ne jamais vous laisser. Je vous protège depuis, même si vous ne me voyez pas.

— Pour qui travaille-t-elle ? C'est pour mieux me supprimer qu'elle vous a chargé de me surveiller ?

— Je vous le répète, je ne fais cela que par amour. Pour celui de ma fille, celui d'Yvana… le vôtre.

— Je pourrais vous faire tuer pour tenue de propos anti-eunomiques. Seul l'amour enfanté par la raison, dans l'harmonie et l'équilibre est sain ! Les passions, les inclinations, fugaces, égoïstes, destructrices, ne causent que la perte des hommes. C'est bien l'amour dont vous parlez qui empêche la réalisation de l'absolu ! »

Ronan approche lentement sa main du visage d'Aurore pour le caresser.

« La mère qui berce son enfant guérit toute l'humanité de ses souffrances. Le père prêt à mourir pour sa fille rachète tous les péchés des hommes », dit-il à voix basse, passant ses doigts sur la joue d'Aurore qui, pour la première fois, ne se défend pas. Le prisonnier AD00123 déraisonne, l'amour ne peut exister entre les hommes. Les pensées s'animent dans son esprit, engagées dans une lutte terrible faisant vaciller ses certitudes, ouvrant le précipice insondable du doute. « L'amour absolu existe, Aurore. J'aime ma fille, je donnerais tout pour la revoir. Vous pourriez me tuer, cet amour continuerait d'exister. C'est pourquoi je ne vous crains pas. »

Trois coups sourds résonnent contre la porte. Un SS2, tremblant dans ses bottes, tend une enveloppe à la chancelière.

Aurore parcourt les tests sanguins réalisés sur l'ensemble des Fiancés de la mandragore, afin de n'autoriser que les unions eunomiquement pures entre citoyens d'origines européenne. Ce que nulle raison, pas même la plus aiguisée ne pouvait prévoir se trouve sous ses yeux. Les résultats d'un des citoyens testés, surlignés de rouge, ne font aucun doute. De sa main jusqu'à son oreille, la chancelière frissonne, pantelle, des spasmes agitent la partie gauchc dc son corps. Ses jambes menacent de céder, ses genoux plient. Aurore Henri s'effondre au sol, prise de convulsions. Ronan, au-dessus d'elle, appelle des renforts avant de la serrer contre lui.

Chapitre 15

« Vous allez ressentir comme une détente profonde, accompagnée d'une légère ébriété. »

Le docteur Virt retire l'aiguille du bras d'Aurore Henri avant de prendre son pouls. Son corps, étendu sur le lit du salon de la Lune, semble être celui d'une poupée de chiffon désarticulée. « Nous avons parlé de l'importance de mieux vous nourrir, d'effectuer des marches quotidiennes et de vous reposer sur de plus longues périodes », lui dit-il, sans provoquer d'autre réaction qu'un grognement. Depuis sa nomination en tant que chancelière, Aurore Henri ne dort guère plus de trois heures par nuit. Comment dormir, quand le monde a besoin d'elle ? Comment préférer le sommeil à son peuple, quand celui-ci attend rien de moins que la salvation ?

L'attentat du Grand Palais a laissé une longue entaille dans son dos. Les tissus autour de la cicatrice se sont durcis, adhérant les uns aux autres, rendant Aurore prisonnière de leur étreinte de chair mâchée. Tout mouvement est douloureux et les longues stations debout une torture. Ni la presse ni l'opinion ne doivent percevoir le moindre signe de faiblesse. Le pouvoir total exige la tenue totale, il ne tolère aucune défaillance.

Le docteur Virt fait en sorte de masquer tout symptôme apparent chez la « Patiente A », grâce à des injections régulières de mélanges chimiques dont il est le savant alchimiste. Analgésiques, antibactériens, antitussifs, fortifiants, hormones, sédatifs, antispasmodiques et stimulants constituent les ingrédients de base de ses préparations, auxquelles il ajoute du Cardiazol contre l'insuffisance cardiovasculaire, de la Coramine pour les œdèmes et les problèmes respiratoires, de l'Eupaverine, un opiacé à l'action relaxante, mais également de l'oxycodone, un antidouleur et dont les effets sont plus puissants que ceux de la morphine. Ces dernières substances risquant de provoquer une baisse de vigilance de la patiente A, le docteur Virt ajoute une préparation à 10 % de cocaïne afin de provoquer un coup de fouet, la dose allant jusqu'à 20 % en cas de longue cérémonie ou de discours à prononcer.

Lors de déplacements, plus coûteux en énergie, ou d'interventions télévisées, Victor Virt donne à sa patiente deux « Vitamultin forte », comprimés contenant de la méthamphétamine psychostimulante. Les pilules destinées à la chancelière, élaborées par ses soins dans la plus grande discrétion, sont emballées dans un papier doré portant la mention « AH ».

Contre les insomnies et les sautes d'humeur liées à la prise de cocaïne, il injecte un barbiturique à effet sédatif, le Luminal, ainsi que du Tempidorm, utilisé habituellement en traitement de la dépression et des troubles bipolaires, ayant de bons résultats sur la patiente A. Pour enrayer les épisodes de fatigue aiguë, il agrémente sa potion de stéroïdes tels que l'Orchikrin, extrait de testostérone d'origine bovine, de Testoviron, un anabolisant, ainsi que de Gyconorm à base de pancréas de porc. Contre les microbes il adjoint une dose d'Omnadine, un mélange de protéines et, contre les infections liées au froid, de l'Ultraseptyl. Pour les douleurs digestives, il prescrit à la patiente A des suppositoires composés de belladone et de strychnine, un alcaloïde toxique à fortes doses utilisé dans la morts-aux-rats, mais aux propriétés naturellement stimulantes.

L'éclat de verre ayant déchiré le dos d'Aurore Henri lors de l'attentat a entamé les nerfs commandant son bras gauche, provoquant, en cas de surmenage, un léger tremblement.

« L'atteinte neuropathique s'amplifie, je crains que nous ne puissions plus longtemps la cacher, et que l'opinion prenne cela pour une maladie dégénérative, chancelière.

— Alors amplifiez les doses et inventez de meilleurs traitements ! N'êtes-vous pas capables de faire pousser des queues à des rats, ne pouvez-vous pas que diable me faire repousser quelques tendons ? »

Sentant les effets de l'injection poindre dans l'élocution maladroite d'Aurore, Victor Virt saisit une occasion attendue depuis de nombreuses années.

« Mon laboratoire ne suffit pas à de telles expérimentations. Et avec les agents guettant le moindre de nos mouvements, je ne voudrais pas risquer de dévoiler le contenu de mes travaux. Il me faudrait être mieux équipé. Si je dirigeais un centre de recherches dont l'existence serait tenue secrète, je pourrais sans nul doute mieux vous soigner.

— Accordé.

— Bien sûr, il faudrait que je puisse avoir sous mes ordres une équipe totalement dévouée.

— Accordé.

— Il me faudrait également avoir de nombreux patients, pour tester les traitements. Je ne pourrais les administrer à notre chancelière sans en avoir testé l'innocuité. Il me faudrait ainsi avoir des cobayes, des sujets sains, bien sûr.

— Ce sera fait, balbutie Aurore, les yeux presque révulsés, tournés dans leur orbite comme pour mieux observer son monde intérieur. L'a-t-il trouvée ? » lui demande-t-elle. Le docteur Virt, pensant à une hallucination liée à l'injection, prend les constantes de sa patiente sans répondre. « L'a-t-il trouvée ? répète-t-elle.

— Qui cela ?

— La femme originelle… La première déesse… L'a-t-il trouvée ? Dites au professeur Bell de me la ramener, j'ai besoin qu'elle soit auprès de moi. J'ai besoin de sa force. »

Victor Virt hoche la tête, replace minutieusement ses seringues et ses fioles dans leur étui, et referme sa petite mallette de cuir avant de quitter le salon de la Lune, avec la satisfaction du devoir accompli.

Chapitre 16

Aurore Henri ne peut se contenter d'invoquer le féminin sacré. Pour l'inscrire en tant que valeur cardinale de la Nouvelle Europe, elle doit en découvrir l'origine et la mettre au jour. Ainsi seulement, une fois son sens profond révélé, le féminin sacré s'érigera au rang de croyance suprême de la Nouvelle Europe. Le sexe féminin revêt pour toutes les sociétés antiques une dimension sacrée. Sa fertilité et sa fécondité y sont vénérées. Pourtant, toutes sans exception ont transféré le pouvoir au sexe masculin, abandonnant le principe féminin premier. Peut-être n'avaient-elles guère trouvé sa source originelle, son principe le plus ancien, dans lequel serait retenu, à l'état pur, le secret de son pouvoir. Quiconque percerait à jour le secret du féminin sacré instaurerait durablement sur le monde un ordre nouveau. Une nouvelle ère, une nouvelle foi, dont Aurore serait l'unique voix.

Invoquer la déesse première Inanna ne suffit pas. Cela n'est fait que de mots, tandis qu'il faut l'apparition de la matière pour que l'homme croie.

Ainsi Aurore Henri a fait appel au professeur Bell pour organiser une expédition archéologique afin de remonter le temps à la recherche de la plus ancienne représentation de l'organe originel qu'il devrait lui rapporter.

Bell, las de quitter sa bibliothèque de Harvard, mais motivé par les financements et la renommée promis par le régime, s'était tout d'abord rendu dans les îles Britanniques afin de contempler les étranges sculptures féminines à la vulve démesurée que l'on trouve dans les églises et les châteaux d'Irlande, et que l'on appelle les Sheela Na Gig. Il avait embarqué pour Fethard, dans le comté de Tipperary, et avait cherché dans les brèches des édifices religieux ces « sorcières des murs ». Il s'était retrouvé face à une gargouille grotesque ouvrant de ses deux mains son puits à péché, dans lequel un homme aurait pu tomber tout entier.

Le professeur Bell, qui n'avait étudié les antiques civilisations que dans les livres et n'avait guère l'âme d'un explorateur, avait été fasciné par l'incongruité de ces représentations. Pourquoi diable sculpter des sexes déformés sur des églises ? Confrontant ses théories dans un pub aux pierres humides avec un érudit local dont la moustache trempait dans sa pinte remplie à ras bord, ce dernier lui confia que les Sheela Na Gig représentaient, selon lui, des femmes en train d'accoucher, symbolisant la fertilité. Un pasteur se joignant à la conversation argua qu'il s'agissait au contraire de représentations infernales destinées à mettre en garde le croyant contre la convoitise, l'exhibition et la perte des repères moraux. Pour les anciens du village, il s'agissait de détourner le diable, qui serait repoussé à la vue d'un sexe de femme.

Hélas, les édifices des îles Britanniques ne datant que du Moyen Âge, il fallait encore remonter le temps. Poursuivant ses recherches, Bell n'en croyait pas ses yeux : des sculptures hindoues semblables aux Sheela Na Gig représenteraient elles aussi des sexes de femmes béants. Comment les hommes avaient-ils pu représenter, à plusieurs siècles d'écart et sans aucune communication, les mêmes organes féminins ?

Il s'était alors plongé dans la lecture du *Rig-Véda*, rédigé entre 1500 et 900 avant notre ère, et y avait découvert le principe du Yoni. Plus qu'un organe, il est le temple sacré de la féminité, l'entrée dans le mystère et la puissance de la vie, le lien avec la spiritualité et les dieux. Pour le texte canonique de l'hindouisme, la terre et les quartiers du firmament naquirent de celle qui s'accroupit, les jambes écartées. Le triangle symbolisant le sexe féminin, réceptacle où les énergies humaines se conjoignent, est source de vénération. Il est la « bouche inférieure » de la déesse primordiale avec laquelle le sage doit s'unir pour parvenir à la fusion avec l'absolu. Bell, dont la perception du féminin avait été formée par la pensée occidentale, marquée par le christianisme, était bousculé dans ses croyances.

Celui qui veut s'élever doit rendre grâce au sexe de la déesse Shakti, l'épouse du dieu hindou Shiva. Shiva était un sage ayant connaissance de tout ce qui se passait dans le monde. Le père de Shakti invita un jour tous les dieux à une cérémonie, à l'exception de son gendre. Blessée par le choix de son père, Shakti s'ôta la vie. Son époux éperdu de douleur emporta dans ses bras le corps de sa compagne autour du monde pour ne pas la quitter. Celle-ci se décomposa, et des lambeaux de son corps s'éparpillèrent au sol. Son vagin tomba sur Terre et l'on construisit le temple de Kamakhya, à Guwahati, en l'honneur de sa puissance féminine.

Le professeur Bell avait dépassé sa peur des transports pour arriver sur les rives du fleuve Brahmapoutre, jusqu'au temple Kamakhya au nord-est de l'Inde. À l'entrée, des musiciens, à même le sol, entonnaient un chant dévotionnel accompagné d'un harmonium traditionnel et d'un *dholak*. L'humidité de la mousson, l'odeur des encens en offrande, le rythme entêtant à huit temps de leur musique firent tourner la tête du professeur, qui s'essuya le front de son mouchoir en tissu brodé de ses initiales, tandis qu'il marchait en direction du temple central. Sur les piliers extérieurs, des figures féminines sculptées dans la pierre. À l'intérieur, la déesse est représentée accroupie, jambes écartées, pour exposer aux fidèles son *yoni*, tenant dans chaque main une fleur de lotus. Bell sort son enregistreur vocal pour consigner ses pensées : « Déesses nues accroupies. Caractéristiques iconographiques saisissantes. Organes sexuels ouvertement exhibés. Aucun visage ni tête. »

Deux hommes arrivent à moto à sa hauteur. Ils se présentent comme guides amateurs et lui proposent, moyennant une somme d'argent, de lui faire découvrir un lieu abandonné bien plus ancien que celui de Kamakhya. Il se trouve sur une île à l'ouest, dans l'Andhra Pradesh, à laquelle on n'accède que par voie maritime à travers la mangrove. Le temple, immergé depuis près d'un siècle, a refait surface après la construction d'un barrage et a ainsi été préservé des pillages. Après une journée de route à travers les montagnes, le professeur Bell embarque avec les deux hommes sur un rafiot de fortune sur lequel est ficelé un moteur de voiture bricolé. Arrivant à la nuit tombée, il découvre, à la faveur de la lune, sur le temple écroulé, une sculpture de déesse qui lui coupe le souffle. Le visage orné de boucles d'oreilles et d'une coiffe travaillée, le cou paré d'un riche collier de fleurs, elle tient ses deux jambes relevées au niveau des genoux, offrant à son regard une ouverture insondable. La pierre est teintée de rouge, depuis les seins, ronds et gorgés, jusqu'au pubis sacré. « Il paraît que les prêtres qui y officiaient sont tous morts mystérieusement. On dit que c'est elle qui les a tués. Elle les a rendus fous. Chacun voulait s'unir avec elle, ils ne pouvaient lui résister. Pris de jalousie, ils ont fini par s'entretuer », commente un des guides autoproclamés. Le professeur Bell, poussé par une curiosité plus que scientifique, se sent appelé par cet orifice premier. Approchant sa main de la statue, l'homme l'interrompt : « 50 000 », lui dit-il, tandis que le second sort de la barque une masse et un piolet. Bell, tétanisé, ouvre sa sacoche et donne au « guide » le contenu de son portefeuille. Les deux hommes échangent quelques mots dans leur langue avant d'acquiescer. En quelques heures, ils parviennent à détacher la déesse de la pierre, l'enroulent dans une couverture et, à l'aide de cordes, la tirent vers la rive. Ils la chargent enfin à bord de leur barque. Le professeur Bell, dans la nuit, veille sur le corps inanimé de la déesse, impatient de la ramener à la chancelière.

Chapitre 17

Le pas saccadé des ânes soulève la couverture recouvrant la statue, et donne à son bassin un balancement hypnotique. La roche fait résonner leurs sabots jusqu'en bas, dans la vallée. Le professeur Bell contemple la distance parcourue. Devant lui, les falaises apparaissent comme de gigantesques piliers au-dessus de la plaine de Thessalie, des colosses naturels gardant le plus précieux des temples. Impossible d'accéder aux Météores en avion, en voiture. Aucune route, à peine un sentier pour préserver ce qui ne doit pas être vu. D'après la mythologie grecque, les roches des Météores furent envoyées sur la Terre par la Providence pour permettre aux ascètes de se retirer du monde et prier. Là-haut, sur les sommets, ils bâtirent des monastères suspendus aux nuages. Perché sur un piton rocheux sculpté par l'érosion, déchirant le ciel de Grèce aux couleurs primaires, la mandragore a bâti son palais, le Megala Mandragora. Porté par la brume annonçant le soleil, il se dresse face au professeur Bell tel un château dans le ciel à plus de six cents mètres au-dessus d'une gorge vertigineuse. Les derniers pas se font à l'aide d'échelles de corde hissées par les gardes grâce à un système de poulies. Bell, dans la nacelle de bois, s'accroche fermement à la statue, rassuré par son sein charnu, fermant les yeux pour ne pas céder à la tentation de regarder en bas.

Sa pierre claire donne au palais une impression de pureté irréelle. Bell passe les tourelles des gardes puis entre dans le bâtiment principal. Les plafonds rouges contrastent avec le sol de marbre blanc sur lequel la chancelière a fait poser, au centre de la salle de réception, une rosace noire dessinant le sigle de la mandragore.

À peine nommée à la chancellerie, Aurore Henri s'était mise en quête d'un lieu secret qui serait à l'image de sa philosophie, un lieu fait d'équilibre et de beauté. Elle avait cherché en Grèce le terrain de ce renouveau. Les Météores, en équilibre entre ciel et terre, entre Orient et Occident, entre terre et mer, étaient la quintessence géographique de son projet politique.

Le Megala Mandragora avait demandé trois ans de travaux. Il était fin prêt à accueillir un musée eunomique rendant grâce au féminin sacré. Ce ne sont guère la rationalité ni la mythologie, les guerres ni les inventions qui ont fait éclore en Europe la plus lumineuse, la plus brillante des civilisations, mais bien le pouvoir occulte de ce principe premier selon Aurore Henri.

À la tête de la faction AA, Art absolu, composée de quatre-vingts archéologues et spécialistes, Bell s'est évertué, pour le compte de la chancelière, de localiser, d'identifier et de rapporter au Megala Mandragora toutes les œuvres d'art représentant l'organe féminin. Les peintures et statues appartenant à des institutions sont réquisitionnées au titre de prêts gracieux pour une durée de cent ans, tandis que les œuvres de collections privées sont achetées. Les propriétaires récalcitrants sont conduits en centre de rééducation pour comportement antieunomique. La chancellerie devient alors leur unique héritière, saisissant les œuvres pour les protéger.

Sous les voûtes du plafond rouge, disposées en cercle autour du sigle de la mandragore, les plus belles pièces, ayant traversé les millénaires détaillent celui qui prétend les observer. Bell flatte de sa main chacune d'elle, contemplant le moindre de ses aspects, comme un commandant passe en revue ses troupes avant la visite inaugurale de la chancelière.

Il replace sur son socle la *Vénus de Willendorf*, trouvée en Autriche. Elle représente une femme nue d'à peine dix centimètres, dont la chair généreuse déborde de sensualité, ses bras posés sur son imposante poitrine, sa tête penchée en avant couverte de tresses enroulées, regardant son sexe sculpté vingt-cinq mille ans avant notre ère. À côté d'elle, la *Vénus de Lespugue* en ivoire de mammouth, trouvée en Haute-Garonne dans le sud de la France, dont les seins, le ventre et les hanches s'inscrivent dans un cercle autour duquel un losange inclut la tête et les jambes. Sa petite tête contraste avec sa vulve volumineuse, sphérique.

Entre les Sheela Na Gig rapportées d'Irlande et les déesses romaines, *La Dame de Karpathos* compte parmi les plus belles pièces. Sculptée vers 4 000 avant notre ère sur l'île de Karpathos, cette figurine burinée sans visage, sans bras, comporte une vulve stylisée magnifiée, un mont-de-vénus poli par les âges. « Qui sait combien de prières a-t-elle exaucées ? » se demande Bell. Sa pièce favorite, saisie dans les réserves du British Museum de Londres, est une vulve en forme de triangle. Pas plus grande qu'un sabot de chèvre fendu en son milieu, elle tient dans la paume de la main, fragile et majestueuse à la fois. Un signe alpha apparaît sur une face, un signe oméga lui répond sur l'autre. Au-dessus, une ligne d'inscription en linéaire A, écriture des Minoens, civilisation régnant sur la Crète et Santorin quatre millénaires plus tôt. Si seulement il pouvait déchiffrer le secret de cette langue encore non décryptée ! Peut-être l'alpha et l'oméga ne sont-ils pas le Christ, mais bien la vulve sacrée ? Alors se développerait en Europe un nouveau courant de pensée, une nouvelle religion qui changerait d'ère et recréerait l'histoire à partir du commencement. Il serait l'un des apôtres de ce nouveau courant.

Dans la salle à côté, de nombreuses sculptures provenant d'Éthiopie, du Tchad, du Népal, de Colombie, de l'île de Pâques, une amulette du pays de Canaan.

« Voilà qui nous satisfait pleinement. » La chancelière, suivie de l'architecte Alberto Sperucci, entre. Bell s'essuie le front de son mouchoir brodé tandis qu'Aurore Henri s'avance jusqu'à lui. « Nous devons aller plus loin ! Je veux que l'antériorité des représentations trouvées sur le sol européen par rapport à celles d'autres civilisations soit scientifiquement établie et incontestable ! Je veux que l'antériorité du féminin sacré sur tout autre dieu, toute autre croyance soit définitivement prouvée. Je veux par ce fait montrer au monde entier la supériorité du peuple européen sur les autres civilisations.

— Chancelière, nos AA ont excavé le moindre objet, visité chaque réserve de chaque musée, je puis vous assurer que vous avez ici les premières représentations de l'histoire.

— Il en existe d'autres, je le sens. Trouvez-les ! »

Bell s'essuie le front de son mouchoir détrempé, cherchant dans les recoins de son esprit une solution. « Sans doute les sites préhistoriques français recèlent-ils encore quelques trésors, mais je puis vous assurer que vous avez ici les plus beaux spécimens.

— Cela n'est pas assez ! répète Aurore Henri. Il me faut la plus ancienne représentation, celle par laquelle tout a commencé. Celle qui, plus encore que l'écriture ou le feu, marque le début de l'humanité. Ainsi nous prouverons au monde qu'avant que l'homme soit homme, les forces du divin étaient féminines. Peu importe ce que cela coûtera, je veux que Megala Mandragora soit le centre du monde nouveau, poursuit-elle. Il trônera au milieu d'une vaste cité dans laquelle on viendra en pèlerinage contempler la supériorité de l'esprit européen, et du féminin auquel il doit son origine comme principe divin. Il sera le cœur d'un ensemble en arc de cercle doté de bâtiments monumentaux, propres à accueillir le centre intellectuel et spirituel névralgique de l'Union. » Sperucci, carnet à la main, note les idées de la chancelière. « Nous le doterons d'un planétarium… d'un arboretum ! poursuit-elle parcourant la pièce. Il y aura une université comportant un amphithéâtre à ciel ouvert ! Des intellectuels eunomiques viendront y enseigner. Au sud la salle philharmonique, à l'ouest celle dédiée aux arts du corps, la danse et le sport, à l'est celle destinée au cinéma. » Sperucci acquiesce, griffonnant sur son carnet, levant vers Bell un œil troublé. « Megala Mandragora deviendra notre capitale, messieurs. » Sperucci applaudit et donne un coup de coude à Bell ; celui-ci, en se demandant si en recherchant la première femme, Aurore Henri ne cherchait pas tout simplement celle qui l'avait mise au monde, a oublié de ponctuer d'applaudissements nourris les propos de la chancelière.

Chapitre 18

« Monsieur mon architecte, un mot s'il vous plaît, s'interrompt Aurore, tandis que Bell fait encore battre ses mains à contretemps. Professeur Bell, il y a là de jeunes étudiants qui intégreront l'université de Megala Mandragora dès son ouverture. Voulez-vous bien leur donner un aperçu de l'enseignement majeur qu'ils recevront ici ? Montrez-leur en quoi Megala Mandragora surpassera toutes les autres universités du monde dans les classements ! Allez-y, professeur… Enfin, devrais-je dire, monsieur le recteur. »

Le professeur Bell, la tête tournée par l'altitude des Météores ainsi que par les promesses de la chancelière, suit un SS1 vers une autre aile du palais, laissant Aurore Henri seule avec Albert Sperucci. Aurore avance lentement ses pieds le long de la mandragore de marbre, prenant soin de ne marcher que sur la pierre noire, comme pour ne pas dépasser une ligne imaginaire au-delà de laquelle, un pied posé sur le marbre blanc, elle tomberait.

« Quand les travaux seront-ils finis, cher architecte ?

— D'ici deux ans, chancelière.

— Deux mois, dites-vous ? C'est parfait.

— C'est impossible ! Ce que nous avons réalisé ici n'est rien d'autre qu'un exploit ! Chaque matériau a dû être amené sur des centaines de kilomètres... Nous avons rendu ce désert autonome en eau, en électricité, selon les préceptes de l'écologie eunomique ! Il a fallu planter les essences nécessaires à la venue d'insectes afin de créer un microclimat lui-même nécessaire à la naissance d'un écosystème entier.

— Ma salle spéciale est-elle terminée ?

— Le bunker aménagé est ce qui nous a demandé le plus de temps. Pour plus de sécurité, il a été décidé de le déplacer par rapport aux plans d'origine. » Sperucci déroule ses rouleaux sur le marbre blanc.

« Je ne comprends pas, où est-il puisqu'il ne se trouve pas sur le plan ?

— À l'endroit originel du bunker se trouve une pièce vide dans laquelle des gardes, en cas d'attaque, pourront entreposer les œuvres. Le bunker final se trouve sous vos pieds. »

Les yeux de Sperucci s'illuminent. « Il a été creusé à même la roche, sous les fondations du bâtiment, à l'intérieur de la falaise. L'entrée se fait par le disque de la mandragore sur lequel vous vous trouvez. Aucun sonar ne peut le détecter, il résisterait à l'effondrement du complexe. Il est alimenté en air par des cavités que nous avons dégagées. Il n'y a qu'une entrée, mais une galerie permet d'en sortir, six cents mètres plus bas, au pied du mont sur lequel nous sommes perchés. Je l'ai construit comme une pyramide inversée. J'ai, pour vous, repoussé les limites du possible et élevé l'architecture au rang d'art, chancelière. »

À ses pieds, cherchant désespérément son approbation, Sperucci lui semble minuscule.

« Une pyramide inversée ? C'est en effet des plus ingénieux » le félicite-t-elle. Sperucci, se redressant, pose un pied sur la mosaïque de marbre noir. « Personne ne connaît l'emplacement du bunker ?

— Je suis le seul, chancelière. J'ai fait travailler plusieurs équipes d'hommes, que j'ai amenés les yeux couverts d'un bandeau, chacun changeant d'affectation à chaque étape de la construction. » Sperucci continue l'éloge de son grand œuvre. « Il y eut les pyramides, le Colisée, Saint-Pierre, il y aura Megala Mandragora, s'extasie-t-il.

— Je suis très satisfaite, Sperucci. Monsieur Humbert va veiller à vous raccompagner. »

Aurore fait un signe de la main à Hugo Humbert, prenant congé de Sperucci qui lui baise la main, heureux d'être en cet instant l'égal des plus grands bâtisseurs de tous les temps. « Réservez à notre architecte le meilleur des départs. Veillez à ce qu'il prenne le chemin le plus court pour quitter le complexe, afin de lui éviter une route cahoteuse. »

Albert Sperucci contemple le soleil qui disparaît tandis que le cortège de la chancelière s'apprête à faire route vers Paris. L'architecte contemple en contrebas le chantier de son *opera magna*, son grand œuvre, la cité eunomique idéale qui lui survivra pour mille ans. Sur le bord du précipice, il voudrait pouvoir la contempler depuis le ciel, comme aucun homme ne la verra jamais. La chaleur accumulée tout le jour durant émane de la pierre. L'air sent l'immensité. Tout à sa contemplation, Sperucci n'entend pas les pas avancer en sa direction. Soudain une pression dans son dos. Dans sa chute, il lui semble voir, trônant sur le rocher, Hugo Humbert, le jeune protégé de la chancelière. Il a oublié que les pharaons confiaient la construction de leurs pyramides à des architectes de génie qui, seuls, connaissaient l'emplacement du tombeau royal. Afin qu'aucun pilleur ne vienne jamais souiller le corps du puissant, le chantier achevé, l'architecte était exécuté, emportant dans sa tombe le secret.

Chapitre 19

En 2023, sur la Marienplatz et ses pavés froids et détrempés, Aurore Henri avait assisté à la chute d'une petite fille depuis les épaules rassurantes de son père. Elle avait entendu ses cris sans pouvoir l'aider. L'enfant avait disparu sous des dizaines de jambes anonymes, elle l'avait crue piétinée. Elle avait ramassé au sol sa petite écharpe rouge tachée de sang afin que son âme, sacrifiée par des agitateurs égoïstes sur l'autel de leur politique nationaliste, ne soit pas oubliée. Elle l'avait serrée contre son cœur durant les longues années de prison, chaque fois qu'elle était tentée de renoncer. Pas une seule nuit, depuis treize ans, Aurore n'avait oublié ce cri déchirant la foule, le visage de cette créature de trois ou quatre ans tordu par la peur. Parfois, dans ses rêves, elle parvenait à saisir sa main et la tenait fermement.

De la laine imbibée de sang, elle avait fait analyser le matériel génétique, et imposé des visites médicales à chaque enfant de chaque école eunomique. La petite n'avait certainement pas survécu, mais tant qu'elle continuerait d'habiter ses pensées, peut-être un jour serait-elle retrouvée. Aurore Henri avait, pour elle, renoncé à la pure rationalité et nourrissait l'espoir d'un miracle.

Par le plus incommensurable des hasards, l'empreinte génétique d'une des Fiancées de la mandragore avait épousé celui de la fille à l'écharpe rouge. La belle de la parade, Stefi, n'est autre que la petite de la Marienplatz. Figée dans le souvenir de ce jour, Aurore avait oublié que l'enfant avait grandi, qu'elle approchait à présent de la majorité.

Le document entre les mains, Aurore regarde en direction du prisonnier AD00123. Ronan Leroux affirme depuis des années de captivité être l'homme de la Marienplatz. S'il dit vrai, Stefi est donc sa fille. Celle qu'il dit tant aimer et pour laquelle il serait prêt à tout. Aurore tient à présent un moyen d'éprouver l'absoluité de son prétendu amour.

L'encolure de sa chemise de prisonnier laisse apparaître une partie de sa gorge. Ses côtes se soulèvent et s'effacent comme le ressac d'une houle, tandis qu'un agent du département de la santé prélève son sang.

Aurore ne peut s'empêcher de détailler son cou parcouru de cordes tendues, soutenant sa tête aux tempes creusées.

« Pourquoi souriez-vous ainsi ? l'invective-t-elle.

— Vous m'avez manqué. Même si je ne vous vois que pour être torturé, vous m'avez manqué. »

Les privations et les menaces, rien n'a pu altérer l'expression du visage de Ronan Leroux qui, chaque fois qu'il est face à Aurore, semble contempler une image magnifique, une totalité suffisante et idéale, comme celle dont parlent les philosophes ou les sages et que les hommes ne connaissent que dans les livres. Il a au fond des yeux quelque chose qu'elle ne peut ôter, une tare indécrottable, l'espoir.

« Je pensais que votre fille vous manquait ? À présent c'est moi l'objet de votre manque ?

— Vous me manquez toutes deux, à deux endroits différents. Elle est ma chair, vous êtes mon âme. » Puis, retroussant ses lèvres : « Ne soyez pas jalouse, chancelière, je vous appartiens, puisque je suis votre prisonnier. »

Aurore, outragée de se voir prêter un sentiment si trivial, claque le visage de Ronan.

« Quelle espèce d'importance croyez-vous vous donner ? La jalousie est un miroir déformant qui grossit les détails insignifiants, elle transforme les nains en géants, et à mes yeux vous êtes un nain se prenant pour un géant face à la chancelière d'un empire ! Vous n'êtes pas digne de toucher ne serait-ce que mon pied.

— Je me contenterai d'un orteil, si vous me gardez auprès de vous, dit-il, la mine baissée, mais ragaillardi par ce contact physique.

— Vous n'êtes ici que parce que vous m'êtes utile. Je ne vous désire pas.

— Je ne vous suis pas indifférent, pour que vous preniez le temps de me faire souffrir autant.

— J'attends de vous que vous me disiez comment retrouver Yvana.

— Je conçois que vous ne m'aimiez pas. Mais dites-moi que vous voulez la retrouver parce que vous l'aimez, elle. Alors je vous dirai où la trouver », répond Ronan avec une simplicité désarmante.

Aurore, muette, laisse résonner leur conversation dans sa tête. Jamais, en plus de quatre décennies, Aurore Henri ne s'est tue. Depuis le jour où elle a su parler, elle n'a plus cessé. Le langage lui est apparu comme une impérieuse nécessité dont elle s'est emparée avant l'âge de deux ans. Du plus loin qu'elle se souvienne, les mots sont la promesse de la salvation. En disant non, en inventant sa propre narration, elle s'est construit un monde dans lequel elle a eu des parents qui la chérissaient et écoutaient ses babillages d'enfant, et lui trouvaient du génie.

Yvana est sa mère, mais rien, mis à part cette filiation biologique, ne la relie à elle, elle ne sait pas au fond d'elle le sens de ce mot, le premier, le plus doux, le plus terrible de l'humanité.

« Non, je ne l'aime pas ! Elle m'a abandonnée, peu importent les raisons que vous invoquez. Elle ne mérite pas que je nourrisse pour elle un sentiment aussi grand, aussi pur, que peu d'êtres peuvent exprimer sans risquer de le dénaturer. On ne peut aimer que ce qui ne nous abandonne jamais, les idées, la patrie, la liberté. On ne remet ni son cœur ni ses sentiments dans les mains d'autres êtres qui, au jour du jugement dernier, choisiront de sauver leurs propres intérêts.

— Vous ne pourriez pas gouverner si vous ne croyiez pas un tant soit peu à l'amour.

— J'aime l'humanité, mais aucun homme ne mérite d'être aimé individuellement.

— L'amour, chancelière, est la loi du monde. Vous pouvez le fuir, mais pas lui échapper. »

Ronan se saisit d'un objet dissimulé à la ceinture de son pantalon. Aurore bondit en direction de la porte, prête à appeler les gardes. Dans sa paume étendue, une rose ouverte, à la tige coupée. Elle est là, ses pétales outrageusement offerts, drapée de velours rouge aux fines nervures, parfaite dans son architecture.

Aurore contemple la fleur. Comment a-t-il pu se la procurer ? Bénéficie-t-il de faveurs de la part des SS2 chargés de le surveiller ? Toute à ses pensées, Aurore ne peut s'empêcher de faire rouler un pétale entre la pulpe de ses doigts. Se sentant épiée, elle resserre le poing sur la rose, la froisse et la jette au sol. Mais la rose, loin de se rebiffer d'être ainsi chiffonnée, toujours entière, embaume toute la pièce.

« Voyez, chancelière, vous pouvez la broyer, vous ne l'empêcherez pas d'exister. » Aurore se saisit de la rose à terre et en arrache un à un les pétales comme enragée. « Sa couleur, son parfum…, vous ne pouvez que les répandre, pas les détruire. La rose est maintenant partout sur vos mains. » Aurore regarde ses doigts, pleins du carmin de la rose. « Dites-moi que vous voulez retrouver Yvana car vous l'aimez, que vous ne lui ferez aucun mal. »

Aurore est incapable de dire une telle chose. Elle doit retrouver Yvana pour ne plus marcher avec son ombre.

« Si vous n'êtes toujours pas décidé à me dire où la trouver, nous allons changer de méthode, ajoute-t-elle, le parfum de la rose se dissipant enfin. Si je vous disais que j'ai retrouvé votre fille ? » Soudain le visage de Ronan se fige. Treize ans qu'il la cherche. Il avait fini par essayer de l'oublier, s'accrochant au souvenir de sa petite fille qui n'arrivait à s'endormir que s'il lui souriait. « C'est une jeune femme tout à fait délicieuse », commente Aurore avec malice. Elle avait survécu, elle était devenue une femme ! Depuis qu'elle avait disparu, le temps pour lui s'était arrêté. Il ne reprendrait son cours que lorsqu'on lui rendrait son bébé. Elle avait continué de pousser, ailleurs, sans lui. « Je l'ai vue. Je l'ai embrassée. Je connais son nom et bien d'autres choses encore, avertit Aurore, reprenant le dossier qu'elle avait posé et l'agitant sous le nez du prisonnier. Donnez-moi Yvana, et je vous amènerai votre fille, conclut-elle, somptueuse, tel un fauve s'affairant autour de sa proie.

— Chancelière, je vous en prie. Ma fille ! C'est toute ma vie ! Mais je ne peux vous dire où se trouve Yvana si vous avez l'intention de lui faire du mal. Je le lui ai juré. Je l'ai déjà trahie une fois.

— Je suis curieuse de savoir lequel de nous deux cédera en premier. De votre amour ou de ma haine, lequel des deux obtiendra ce qu'il veut ? » Si Aurore avait pu s'empêcher de détruire la rose au lieu de la caresser, elle aurait découvert, nichées sous ses pétales, les coordonnées du rendez-vous qu'elle espère depuis toujours.

Chapitre 20

« La mandragore est le symbole du combat pour la singularité de notre culture. Elle est notre signe de ralliement dans la lutte contre les excluants en tant que destructeurs d'unité et d'égalité. » Hugo Humbert, promu nouveau ministre de l'Intérieur, annonce en live sur Newer la nouvelle « Loi sur la protection de l'honneur européen » servant à purger la société de ses éléments négatifs, ceux qui par leurs mots, par leurs pensées contestataires contradictoires avec les valeurs de l'Union, mettent en péril son grand projet. « Il existe sur notre territoire des individus refusant le progrès ! Oui, des individus désireux de déséquilibrer notre marche, et de nous faire tomber ! J'ai entendu votre colère et votre indignation face à ces oiseaux de mauvais augure appelant au retour du monde d'avant. Notre gouvernement a le devoir de veiller à ce que la pureté de l'Union ne puisse plus jamais être corrompue !

« Toute personne dite excluante, proférant dans l'espace public, radio, télévision et journaux, à l'intérieur de son entreprise ou de son commerce, des idées négatives contraires à celles souhaitées par l'Union, sera arrêtée et conduite en camp de rééducation eunomique afin de ne plus répandre le venin du doute et du cynisme parmi la population. Ses droits civiques seront déchus, ses biens confisqués et distribués à la collectivité.

« Le service de renseignement SSR passe sous mandat exclusif du nouveau ministre de l'Intérieur, qui affilie des escadrons de surveillance accrue à chaque sphère de parole publique. La télévision en direct est interdite, seules les émissions enregistrées sont autorisées. Les agents chargés de surveiller les médias visionnent des heures de programmes, afin de traquer, censurer et punir toute utilisation de mots négatifs ou dénigrants. Avant leur sortie, les livres sont relus par les auxiliaires de surveillance, les albums écoutés, les films visionnés. La liberté de l'art s'arrête lorsque le bien du peuple doit être garanti. D'autres auxiliaires de surveillance rejoignent les comités d'entreprise afin de repérer, lors des réunions à la machine à café, ceux qui émettraient, par leurs actes, par leurs propos, une énergie contraire à celle de l'Union.

« Les universités, les barbiers, les brasseries tombent également sous le coup de la loi sur la protection de l'honneur européen.

« Nous allons être enfin débarrassés de ceux qui polluent nos esprits ! Ainsi nous recréerons, en une génération seulement, un peuple avec chevillés au cœur la probité, le courage et l'engagement. Honte à ceux qui critiquent, dénigrent, rabaissent, ils sont les rebuts de notre civilisation ! »

En bas de l'écran défilent les nombreuses réactions des internautes suivant l'intervention *live* de Hugo Humbert. Des likes, des cœurs, des émojis le gratifiant de baisers, des dénonciations d'individus excluants parmi des collègues ou des voisins.

Au sein du nouveau ministère de l'Intérieur établi au sein de la Comédie-Française, en ligne droite face à la chancellerie, de l'autre côté de l'avenue de l'Opéra, Hugo

Humbert, l'ancien contrôleur des impôts, respire un air plus pur que jamais. Il n'est plus ce garçon grandissant dans une petite ville de province, prisonnier de l'autorité d'un père à la main leste et d'une mère spectatrice impuissante de ses explosions. « Il a un fort tempérament, disait-elle lorsqu'elle venait, le coup de sang passé, réconforter son enfant et appliquer sur ses contusions de la glace pilée. Il agit ainsi pour ton bien, c'est sa manière de nous aimer », disait-elle, la lèvre parfois elle aussi tuméfiée.

La violence appelle la violence. L'enfant blessé était devenu, comme par appel d'air, le souffre-douleur d'une école entière. Lorsqu'il arrivait au collège, ses petites lunettes rondes sur le bout de son nez étriqué, les épaules rentrées sous le poids de son cartable empli de livres trop lourds pour lui, les insultes pleuvaient. « Coton-tige », « blanc-bec », « teubé », « binoclard », « cassos », « suceur d'allocs », il subissait chaque jour l'ingéniosité verbale des jeunes découvrant l'insulte comme on découvre à cet âge avec excès l'onanisme. Il avait pris l'habitude de ne pas riposter. Alors d'autres réjouissances l'attendaient, notamment celles du gros Samy. Combien de fois était-il rentré à la maison, trempé d'avoir été plongé tête la première dans les W.-C., combien de paires de lunettes avait-il cassées, si bien que son père refusait qu'on lui en payât de nouvelles, réparant les siennes avec de l'adhésif marron qu'il devait garder toute l'année. Il déjeunait seul à la cantine chaque jour, entouré de ses livres. Ils parlaient du Moyen Âge et de ses mystères, de valeureux chevaliers et de guerre.

Hugo Humbert ajuste son uniforme, replace son brassard et fait le tour de son nouveau bureau, satisfait. Les excluants d'hier seront les prisonniers d'aujourd'hui. Rien ne se perd, tout se punit.

Chapitre 21

« Les obèses, les alcooliques, les drogués, les journalistes, ceux qui, volontairement ou non, ont perdu le sens de l'équilibre et de la mesure menant à une vie saine et épanouissante, ces individus dysfonctionnels, réfractaires aux principes eunomiques, seront placés hors d'état de nuire. »

Dans l'ancienne maison de Molière, jamais foule ne fut si silencieuse. Une main se lève dans l'assemblée pour poser une question.

« Marie-France Stahem, pour *Le Monde*. L'obésité morbide est reconnue par l'OMS comme une maladie, punirez-vous donc les gens malades ? Y aura-t-il un poids limite pour les citoyens de la Nouvelle Europe ? ose-t-elle demander, ouvrant la conférence de presse.

— L'OMS ? Une bande de dégénérés vendus aux laboratoires pharmaceutiques de l'Ancien Monde ! s'énerve Humbert. Mais vous avez raison, il s'agit d'une maladie. Laisseriez-vous des êtres malades contaminer les autres, ou feriez-vous en sorte de les soigner ?

— Mais, insiste la journaliste, s'ils ne veulent pas être soignés ? S'ils sont satisfaits de leur mode de vie et de leur apparence, que ferez-vous ?

— C'est bien tout le drame des malades, la plupart d'entre eux n'ont même pas conscience d'avoir besoin d'aide. Il est de votre devoir, lorsque vous tenez à quelqu'un, de tout faire pour le préserver, même contre sa volonté. »

La journaliste se levant de nouveau de son fauteuil pour poser une question, Hugo Humbert s'avance au-devant de la scène.

« Notre peuple doit se sentir encouragé, soutenu. Il doit recevoir les nouvelles de nos succès, pour retrouver sa propre estime ! Vous, la presse, avez un grand rôle à jouer dans la réalisation de notre grand projet ! » Les journalistes, dans la salle à demi éclairée, échangent des regards inquiets. Je devrais tous vous faire arrêter ! Dois-je vous rappeler que vous êtes dès à présent concernés par la “loi sur la protection de l'honneur européen” ? Ce n'est pas à moi de dicter votre conduite, mais vous devriez centrer davantage vos articles ou reportages sur les solutions, les innovations et les réponses apportées à nos problèmes. Montrez de l'information positive ! Renoncez à votre dogme sacré selon lequel il faut montrer le pire pour avoir le plus d'audience, montrez dès à présent le meilleur !

— Mais alors, monsieur le ministre, interroge Régis Fauché du *Parisien*, ne pouvons-nous plus informer les citoyens ?

— Vous déformez tout ! Il y a une vérité qui détruit et une vérité qui encourage. Tout est une question de narration. Voudriez-vous que je vous dise qu'il vous reste deux mois à vivre, ou préféreriez-vous que je vous incite à vivre les prochains soixante jours avec la certitude d'être immortel ? » Le journaliste retombe dans son fauteuil, regardant derrière lui pour voir si les SS2 n'y sont pas.

« Quoi de plus vivifiant que d'avoir de grands principes directifs à suivre, pour un artiste ? Michel-Ange s'est-il plaint de devoir respecter les formes du corps humain lorsqu'il peignait le plafond de la chapelle Sixtine ? Le génie triomphe de la règle ; s'il est écrasé par elle, c'est qu'il lui manquait le talent », conclut Hugo Humbert sur la scène de la Comédie-Française. Les journalistes, applaudissent sa sortie, de la même façon que, des siècles plus tôt, on applaudissait *Le Tartuffe* ou *Le Misanthrope*.

Chapitre 22

Stefi prépare son baccalauréat dans son école munichoise. Quel bonheur d'écouter les cours d'histoire eunomique ! L'histoire telle qu'on essayait de lui enseigner jusqu'alors n'était guère passionnante. Une suite sans fin de guerres et de nombre de morts, de balances commerciales et de traités de paix sitôt signés sitôt bafoués. Des noms de généraux et de ministres vieillissants, sur une frise du temps qui semblait marcher à l'envers. Sa professeure, une trentenaire portant sur le bras droit un brassard aux couleurs de la mandragore, évoque des notions autrement plus fascinantes. L'histoire universelle gravite autour de la civilisation européenne, élue parmi toutes pour faire briller l'esprit humain. Nos ancêtres, Grecs et Romains, ont combattu sans relâche pour faire triompher l'équilibre et l'harmonie, idéal de beauté hellénique et de raison, et maintenir jusqu'à nous la pureté de notre civilisation, toujours mise en péril par la conjuration malfaisante de races inférieures qui tentent de s'infiltrer dans le « corps » du peuple sain.

La chancelière a en effet, à l'aube de la rentrée 2037, fait le terrible constat de l'enseignement défaillant reçu par la jeunesse. « L'histoire est le pilier de notre civilisation. Hélas, le résultat de notre enseignement actuel de l'histoire est lamentable dans quatre-vingt-dix-neuf pour cent des cas. On ne retient que des dates, sans aucune grande ligne directrice qui fait totalement défaut. L'essentiel n'est pas enseigné du tout. L'accent doit être mis sur la compréhension des grandes lignes de l'évolution de la Nouvelle Europe. » Il convient de débarrasser l'enseignement de l'histoire du fatras de noms qui la composent, de l'abréger pour se concentrer sur l'essentiel. Des groupes de SSR relisent chaque manuel scolaire tandis que des historiens sont sommés de récrire l'histoire selon les principes eunomiques. Les racines européennes doivent être mises en valeur, les égarements des guerres et du libéralisme gommés ; les événements nuisant à l'esprit de cohésion collectif et détruisant la fierté européenne censurés au profit de ceux montrant la grandeur de l'Union.

« Le peuple doit être enflammé par l'amour suprême de la patrie et pénétré d'une exaltation eunomique. Notre éducation a manqué de l'art de resserrer la nation entière par les liens d'un savoir commun et d'un enthousiasme partagé, de faire émerger des héros éminents afin de concentrer sur eux l'attention générale et, par là, provoquer une communion de sentiments. On n'apprend pas l'histoire pour savoir ce qui a été, mais pour en tirer les leçons pour l'avenir et pour le maintien de sa culture. C'est cela le but, et l'enseignement de l'histoire n'est que le moyen de l'atteindre. L'Union doit prendre soin de préserver, par une éducation adéquate de sa jeunesse, la génération future qui sera prête à affronter les suprêmes et fatidiques décisions qu'il faudra appliquer à l'échelle du monde ! L'adolescent, en quittant son école, ne doit pas être un falot, mais un fier Néo-Européen à part entière ! explicite-t-elle dans son adresse au corps enseignant.

« Dans les semaines et les mois qui viennent, lorsque vous serez en classe devant vos élèves, peut-être vous demanderez-vous parfois : “Mon enseignement est-il en accord avec les valeurs actuelles ?” Aussi vous demanderai-je de songer, avant chaque leçon, à ceci : “Que puis-je faire maintenant pour enflammer la pensée nationale ?” »

Ouvrant son manuel d’histoire eunomique, Stefi découvre la vie des nouveaux héros, à commencer par la grande et adorée chancelière Aurore Henri. Le récit, qui enchaîne les péripéties, est traité comme une de ces *heroic fantasy* dont raffolent les jeunes gens. Des illustrations montrent la chancelière vêtue de sa cape, les cheveux tressés, saluant un interminable défilé d’adolescents, bras tendu vers elle, prêts à réaliser, contre vents et marées, le grand rêve de l’Unité. Stefi remonte le cours de l’histoire, jusqu’à ce que Cléopâtre ou Hatchepsout, la première femme pharaon, commandant des légions et combattant les ennemis mettant en péril son royaume, apparaisse comme son ancêtre. La chancelière donne par son exemple un sens à l’histoire et indique aux générations futures le chemin à suivre.

À la dernière page du manuel, la chancelière se tient debout sur une haute falaise, contemplant le futur qui semble radieux. « Ainsi se réalise enfin une espérance millénaire, la prière de nombreuses générations, celle de l’unité et de l’équilibre pour lesquels se sont battus tant de héros. Aurore Henri nous a conduits au seuil d’une grande époque. Chancelière, nous te remercions », répète Stefi en chœur avec sa classe, sa fine mâchoire relevée.

Chapitre 23

Qui pourrait deviner, en regardant sa robe de pétales, ce qu'une rose a traversé ? De quelle terre elle est le fruit, de quel soleil, quel vent et quelle pluie ? On juge du raffinement d'un homme à sa connaissance des fleurs, songe Yvana, son bouquet de roses entre les mains, avançant dans les allées du cimetière du Père-Lachaise, le lendemain de Noël, le 26 décembre 2037. Yvana était devenue botaniste par accident. Elle ne connaissait rien aux végétaux qu'elle prétendait étudier, son poste au sein de la serre de l'université de Moscou lui servant de couverture. Elle avait appris à aimer ces fleurs qui l'entouraient. Il y a quelque chose de rassurant à se dire que la rose, que l'homme pense avoir inventée, existait quarante millions d'années avant lui et qu'elle lui survivra, se dit-elle, ne pouvant s'empêcher de faire rouler un pétale entre ses doigts pour en flatter le velours. Yvana, engoncée dans sa parka et sous une perruque brune coiffée d'une chapka, hâte le pas, guettant de droite et de gauche. Il y a à ses yeux dans la fugacité de la rose une allégorie de la beauté, fleurissant au matin, flétrissant le soir, mais laissant à celui qui la contemple un impérissable souvenir.

Le cimetière déserté par les touristes offre à ses pensées vagabondes une aire de repos. Elle avait choisi des roses

Osaka pour leur rouge foncé capiteux et leur nombre de pétales porté à quarante-huit, en faisant une des roses les plus complexes qui soit. Arrivée devant la tombe de Cécile Caterina Camilla Portofino, Yvana dépose son bouquet de onze roses sur la pierre, ôtant son gant pour gratter de son ongle une mousse verte s'immisçant dans les initiales CCCP tandis qu'un corbeau perché sur un saule semble commenter le moindre de ses gestes. Sur la douzième rose, elle avait inscrit un message indiquant un lieu de rendez-vous, et l'avait fait parvenir au seul homme qui avait sa confiance, Ronan Leroux.

Cela faisait quarante-huit ans qu'on avait posé sur son ventre le petit corps gigotant d'Aurore. Il avait fallu pratiquer en urgence une césarienne, lui ouvrir les entrailles pour la sortir de son giron, comme si elle ne voulait guère la mettre au monde, la garder à l'intérieur d'elle, pressentant peut-être qu'une fois née on les séparerait.

Yvana avait grandi dans un orphelinat de Gyöngyös en Hongrie, et avait été recrutée par les services de renseignement russes un après-midi à la sortie du lycée. Sa beauté et son effronterie, sa débrouillardise et son absence d'attaches familiales en faisaient un atout. Elle avait été séduite par l'impétueux recruteur du KGB, un homme du tout ou rien, qui savait rendre terriblement érotique la peur du lendemain. Il avait des yeux d'acier, petits et mutins. Qui aurait pu prédire qu'il deviendrait le maître de l'Est ? Il l'avait quittée au bout de quelques mois d'une liaison contrariée, puis Yvana avait rencontré un Français. Il avait su dompter sa peur du lendemain, l'apaiser pour qu'elle se taise enfin. Alors elle avait connu pendant deux années ce qu'on appelle le bonheur, au point d'avoir souri quand le département médical du KGB lui avait appris qu'elle était enceinte.

Elle avait prétendu avaler les pilules qu'ils lui avaient données pour se débarrasser de l'enfant. Elle avait porté l'urine d'une autre comme preuve de son avortement, et elle avait tenu secrète la rose qui grandissait dans son ventre, jusqu'à son éclosion. Elle était allée à Berlin-Est pour accoucher, prétextant la filature de traîtres au régime. Yvana avait regardé la petite chose aux yeux immenses encore presque aveugles. La petite avait de ses cinq doigts attrapé sa main. C'était la chose la plus simple, la plus évidente qu'elle eût jamais vue.

Sortant du cimetière, remontant le boulevard de Ménilmontant, Yvana pousse la porte d'un café. À l'entrée, des agents du SSR peu discrets observent les allées et venues des clients, notent leurs conversations. Dans chaque salle de cinéma, chaque bistrot ou restaurant, autour des vendeurs à la sauvette, dans les rames de métro, les agents du SSR sont partout, plus efficaces qu'un satellite pour rapporter chaque conversation des habitants. Yvana avait connu cette époque dorée où Berlin comme Moscou étaient des nids d'espions. Sous le communisme, elle se sentait vivante. La démocratie avait éteint en elle le feu de la passion. La diplomatie n'était plus une affaire de têtes brûlées, mais de bureaucrates, de minets.

Une indicible forme de nostalgie mêlée de fierté s'empare d'elle tandis qu'elle marche sous une fine pluie, engoncée dans le col de sa parka. Sa fille, son sang, fait revivre au monde la grandeur de l'Occident.

Au Kremlin, le maître de l'Est, voyant d'un très mauvais œil l'ascension d'Aurore Henri, a fait appel à un ancien agent qu'il avait lui-même formé afin de la surveiller et, dans le cas où elle deviendrait une menace pour son hégémonie, de la supprimer. Il a choisi une femme qui a su se faire oublier depuis des années. Un papillon qu'il sait protéiforme, Yvana.

Le maître de l'Est ignore tout du lien de parenté l'unissant à sa cible. Yvana a vu dans cette mission un signe du destin, elle serait là pour protéger Aurore, à présent qu'elle en a le plus besoin. Mais est-on jamais certain de ses propres desseins ?

Le doute s'empare d'Yvana. Au moment où elles se feront face, l'amour qu'elle ressent pour Aurore sera-t-il plus fort que celui qu'elle éprouve pour la Grande Russie ? Si elle doit empêcher l'une des deux de briller, agira-t-elle en mère ou en patriote ?

Chapitre 24

La douleur a terrassé Aurore toute la journée, l'empêchant de se lever. Elle traverse son dos, de son omoplate jusqu'à ses poumons, comme une épée. Jamais le salon de la Lune ne lui a semblé si confiné. Le jour paraît si long quand la douleur s'y attarde. Le pas lourd de Victor Virt résonne en elle comme la promesse d'un soulagement, comme le cliquetis de sa mallette, les flacons de verre s'entrechoquant. « La patiente présente des troubles neurologiques sensori-moteurs persistants avec aggravation des symptômes », note le docteur, préparant déjà une seringue miraculeuse. Une injection faite dans le ventre, Virt remplace le flacon, prêt à tirer une seconde rafale médicamenteuse. Il approche son aiguille du bras d'Aurore qui se met à trembler, suant à grosses gouttes. « Tremblements avec fièvre et aphasie, probablement une spasmophilie », observe-t-il, appelant un garde pour maintenir immobile sa patiente tandis qu'il cherche une veine exploitable dans le pli de son bras. Les injections quotidiennes rendent la tâche malaisée, la peau d'Aurore Henri s'est brunie, comme pour cacher ses précieuses veines. Enfin les secousses cessent.

« Cela devrait vous soulager pour la nuit, la rassure le docteur Virt. Hélas, l'effet s'estompera d'ici quelques heures.

Bientôt je pourrai vous soulager plus durablement. Bientôt j'aurai trouvé le moyen de supprimer la douleur. Vous en serez débarrassée. Mes recherches sont très avancées, il ne me manque que quelques cobayes supplémentaires. Ah, chancelière, si seulement je pouvais les trouver, je ne vous laisserais pas souffrir.

— Accordé », murmure Aurore.

Lorsque la chair est éprouvée, l'esprit est prêt à céder à toutes les tentations.

Chapitre 25

Un laboratoire, deux chambres froides dont les murs sont entièrement recouverts de carreaux de faïence blanche, une salle bétonnée ventilée par une haute cheminée sont installés au camp de rééducation eunomique du Struthof, près de Strasbourg. Un judas permet de surveiller de l'intérieur les chambres sans en ouvrir les lourdes portes métalliques. Dans une annexe qui fait face aux bâtiments administratifs, la section V, créée par le docteur Virt pour ses recherches médicales, est camouflée par une pancarte indiquant « réfectoire des officiels ».

On appelle le centre de rééducation de Struthof « le camp de la dernière chance ».

Sur un sol poisseux, 25 kilomètres de barbelés. Une route longue de 1 700 mètres coupe en deux les rangées de baraques collectives regroupées en îlots séparés par un muret surplombé de barbelés. En tout, 382 cabanes de bois recouvertes d'une toile imperméable sortent de terre, comme autant de serres où l'on plante des damnés. La capacité d'accueil de dix mille hommes est dépassée.

Les prisonniers réfractaires à toute thérapie et ne présentant aucun espoir de guérison sont internés ici. À leur arrivée, les gardes les font se déshabiller entièrement avant de les tondre intégralement, afin de provoquer en eux le renouveau eunomique. La première semaine au sein du Struthof est consacrée à des lavements extérieurs et intérieurs quotidiens visant à purifier l'organisme. Des agents soignants spécialisés entament, la deuxième semaine, des protocoles de désensibilisation destinés à provoquer une rupture psychique chez les pensionnaires, pour leur faire abandonner leurs anciens mécanismes de défense ou de pensée.

Le docteur Virt recrute, parmi ceux ne présentant aucun espoir de recouvrer un jour la liberté, des volontaires qui pourront avoir la chance de participer au premier protocole mondial d'éradication de la douleur.

En tant qu'expérience sensorielle négative et émotionnellement désagréable, la douleur est par définition antieunomique. Pour en émanciper l'homme, il faut d'abord en saisir la nature. Mais sa complexité la rend difficile à appréhender. N'est-elle qu'un stimulus transmis par le système nerveux, un signal d'alerte face à un danger ? Les douleurs éprouvées par la plus superficielle partie de nous peuvent-elles être aussi intenses que celles provoquées par les organes vitaux ? Telles sont les questions qui obsèdent le docteur Virt dans son approche révolutionnaire. Pour trouver un antidote parfait, il faut auparavant trouver le poison parfait.

Les sujets entrent nus dans la chambre stérile les uns à la suite des autres. Un officier SS2 dépose une goutte de liquide environ dix centimètres au-dessus de leur avant-bras. Les participants sont ensuite conduits dans une des chambres froides avoisinantes où ils doivent rester debout, bras étendus. Le docteur Virt consigne les réactions des patients au mélange d'acide, de gaz et de bactéries des plus virulentes. Au bout de quelques minutes, des brûlures commencent à apparaître et s'étendent au corps entier. En une heure, certains sont devenus aveugles, tandis qu'un autre s'est griffé le bras jusqu'à s'arracher la peau. Virt photographie l'évolution des brûlures et questionne les patients sur leur échelle de douleur. « Entre 0 et 10, à combien estimez-vous vos symptômes ? », demande-t-il, nez dans son carnet, à un Grec de quarante ans fort comme un Turc. L'homme ne répond pas. Les yeux révulsés, il n'a pas résisté à l'intensité du mélange appliqué sur sa peau. Une crise de panique s'empare des autres patients qui tentent de se ruer vers la porte. Les gardes font usage de leurs armes. « Qu'on prépare ma table de dissection, ordonne-t-il à ses assistants, sortant de sa petite mallette un nécessaire chirurgical. Apportez-moi des bocaux stériles, je vous prie. » Rien ne se perd, tout se transforme, le docteur Virt a fait sienne la maxime d'Anaxagore.

Quel progrès pour la civilisation que de permettre aux hommes de s'affranchir de leur plus insidieux ennemi ! La mort de quelques dizaines de condamnés se justifie par la possibilité d'améliorer le sort d'un seul être eunomiquement pur. « On accepte bien qu'un policier ou un pompier donne sa vie pour sauver celle des autres, mais pas qu'un criminel fasse don de la sienne, voilà qui est absurde ! » se justifie le savant.

Victor Virt est un homme au raisonnement méthodique et ordonné, à la curiosité intellectuelle fougueuse. Un chercheur opiniâtre, bien meilleur théoricien que médecin, regardant toujours ses patients comme des données d'expérimentation. À la base de son serment d'Hippocrate il n'y avait point l'altruisme, mais le souvenir d'une enfance cacochyme. Suisse de naissance, il avait fait ses études à la faculté de Lausanne. La médecine avait été pour lui une évidence lorsque, enfant, il avait dû subir plusieurs opérations chirurgicales à cause d'un pied-bot. Des mois durant, il avait dû supporter des tiges de métal traversant sa jambe pour remettre droit les os, qu'une infirmière venait resserrer chaque jour d'un tour de clé. Le garçonnet pleurait à torrents, rien ne justifiait qu'à un si jeune âge on doive supporter d'infernales douleurs, pensait-il, se jurant de trouver, une fois grand, le remède à cette souffrance qu'aucun médicament dispensé par sa mère ne parvenait à adoucir. Il avait rédigé une thèse sur le système nerveux sympathique avant d'entamer des recherches en France à l'hôpital de Garches sur l'algohallucinose, le syndrome du membre fantôme. Interne dévoué mais froid, il avait été recalé à ses examens de chirurgie et avait donc dû se tourner vers la médecine légale pour pouvoir exercer. Son utilisation audacieuse et illicite des vitamines et amphétamines couplées à des hormones de synthèse en avait fait un de ces médecins sans cabinet dont parlent les célébrités. Virt masquait sa boiterie grâce à une talonnette à l'intérieur de sa chaussure droite dont personne, pas même la chancelière ne connaissait l'existence.

Il s'était fait une promesse, rendre l'homme meilleur, parfait, comme la nature l'a voulu, mais n'a pas eu le temps de le finir.

Sur les corps inanimés de sa chambre à dissection, il prélève des organes afin d'en étudier la réactivité. Dans un bocal des fragments de peau, dans un autre le contenu d'un intestin et d'un estomac et un matricule pour identification.

Sur d'autres prisonniers, il pratique sans anesthésie des essais chirurgicaux sur la conductivité des nerfs, mettant à vif ceux de certains membres tantôt supérieurs, tantôt inférieurs, perçant des trous dans la mandibule des patients pour avoir accès aux nerfs faciaux supposés plus sensibles. À nouveau, certains sujets décèdent lors des procédures tandis que d'autres survivent. Pourquoi certains sujets résistent-ils à la douleur et d'autres pas ? S'agit-il d'une faiblesse de l'esprit ou de caractéristiques propres à leur constitution ?

Songeant aux pouvoirs anesthésiants de l'oxygène à haute dose, le docteur Virt place plusieurs volontaires dans des caissons hyperbares et en augmente la concentration, afin d'observer les effets qu'il espère miraculeux. « Au bout de cinquante minutes, j'ai entendu un bruit sourd – comme si on frappait des mains. C'était les poumons de deux détenus qui avaient "éclaté" et qui tournaient autour du ventilateur. Par leur bouche sortait une écume brunâtre, de même que par leurs oreilles et par leur nez », note-t-il face à ce nouvel essai peu concluant.

Des thérapies par électricité, par radiations sont essayées sans guère plus de succès, les détenus se trouvant brûlés au dernier degré. La douleur est le système d'alarme du cerveau, qui transmet un déséquilibre du corps. La solution serait-elle alors de désactiver cette alarme ? Des injections de kétamine, un puissant anesthésique utilisé par les vétérinaires pour les chevaux, accompagnée de vitamine K, connaissent une réussite relative. Les cobayes ne ressentent plus de douleur, mais ils ne ressentent plus rien du tout, le mélange conduisant la plupart d'entre eux à l'arrêt cardiaque. Des électrochocs sont pratiqués en même temps que le docteur Virt procède au retrait d'une ou plusieurs dents, tandis que le détenu est maintenu la bouche ouverte par des écarteurs afin de court-circuiter le système nerveux en lui donnant plusieurs informations. Hélas, la nature de la douleur se refuse à ce grand scientifique, qui décide de pratiquer des trépanations afin d'avoir une fenêtre ouverte sur le cerveau.

Peut-être la différence de ressenti de la douleur d'un individu à un autre se situe-t-elle dans sa composition sanguine ? Virt effectue des prises de sang à répétition afin de tester dans son laboratoire toutes les possibilités, jusqu'à saigner les détenus dont l'aiguille ne quitte jamais le bras.

Il fait rechercher dans l'ensemble des centres de rééducation eunomique de vrais jumeaux, afin de les exposer, dans des salles séparées, à tel virus, tel champignon, afin d'observer les mécanismes de défense de leur organisme infecté. L'ablation d'une phalange d'une même main, sur trois paires de jumeaux, le conduit à des conclusions distinctes quant à la quantité de douleur ressentie par les sujets.

Il s'intéresse ensuite au cas des douleurs menstruelles, ressenties inégalement chez les femmes. La prise de drogues fortes et les électrochocs se montrent sans effet durable. Virt pratique alors des injections intra-utérines de composés chimiques de son cru, avant de dénerver les ovaires de certaines patientes. Peu de femmes ressortent vivantes de la section V. Mais le féminin sacré ne saurait prendre ombrage de ces sacrifices nécessaires. Bientôt la médecine eunomique aura guéri l'homme de la douleur. L'homme de la Nouvelle Europe ne connaîtra plus aucune limite.

Chapitre 26

Le professeur Bell poursuit sa descente dans les entrailles de la Terre, avec la sensation d'avancer dans une cathédrale de roche inviolée depuis des millénaires. Dans la Dordogne française, les premiers hominidés ont déposé des pigments sur les murs des grottes qui les entouraient pour marquer leur passage. Ils ont sillonné les gouffres vertigineux nichés sous chaque falaise afin de graver les représentations de leurs rêves, de leurs succès, de ce qu'ils voyaient, de ce en quoi ils croyaient.

Bell était certain de trouver les plus anciennes représentations du sexe féminin quelque part près des grottes de Lascaux. Sa curiosité intellectuelle l'a conduit à croire au postulat de la chancelière ; avant l'écriture et avant même le feu, les hommes vénéraient la vulve sacrée.

S'il remontait à la surface la première de ces représentations du paléolithique ou de l'aurignacien, une nouvelle ère s'ouvrirait. L'histoire débuterait à la date de cette manifestation première, le féminin sacré aurait sorti l'homme de la préhistoire. La civilisation serait née en France et non plus au Moyen-Orient.

Parmi des dizaines de cavités, il a choisi une entrée adjacente à la grotte du Pech Merle. Armé d'un équipement léger de spéléologue amateur, Bell évolue dans les boyaux sur plus de deux cents mètres. Le sol, en pente, l'entraîne jusqu'à un niveau inférieur. Sur la droite, l'entrée effondrée d'un gouffre forme un talus de pierre. S'essuyant le front de son mouchoir brodé, le professeur déplace deux blocs de pierre suffisamment grands pour permettre le passage d'un homme de corpulence moyenne. Une première salle s'ouvre devant lui et se prolonge par une galerie semblant s'enfoncer toujours plus profondément. Son étroitesse l'oblige à progresser à genoux, son pantalon de velours râpe le sol humide et s'alourdit à chaque pas. Le passage ouvre sur une nef aux incroyables dimensions, une salle immense creusée par une ancienne rivière souterraine. Les concrétions se reflètent dans l'eau de petits lacs souterrains, la lumière noire fait scintiller la roche. Des stalagmites, certaines de plus de dix mètres de hauteur, se hérissent autour de lui comme les cierges de cette cathédrale minérale. Bell consigne les coordonnées dans son carnet. Il n'avait pas voulu se signaler auprès de l'office de spéléologie et d'archéologie afin de ne pas risquer de se faire souffler sa découverte, qu'il rapporterait triomphalement à la chancelière. La nef semble se rétrécir en son bout pour former comme un entonnoir. Bell contourne le lac à l'immobilité parfaite et s'approche de la fente. Sa frontale tournée vers l'ouverture, il aperçoit des reliefs colorés. Hélas, il ne peut guère s'en approcher davantage, une crevasse d'un mètre environ le sépare de la cavité. Il envisage de sauter au-dessus de ce vide informe, puis se ravise. Bell sort une corde d'alpiniste de son sac à dos et l'attache solidement à une stalagmite, avant de nouer l'autre bout autour de sa taille. Ainsi peut-il se pencher au-dessus du vide pour mieux éclairer la forme. Quelle merveille ! Un triangle d'un rouge vif, dépourvu de base, arrondi en sa partie supérieure comme un mont poli par le temps, marqué en son milieu d'une large fente sculptée dans la roche. Deux parties colorées de pigments ocre ressemblent à des lèvres charnues. Elle est là, l'origine du monde, le secret de l'humanité, dansant sous la lumière jaune de sa frontale ! Bell, fasciné par la forme, voudrait s'y jeter pour y entrer tout entier.

L'homme qui avait bravé le froid et l'obscurité pour venir immortaliser ici le féminin sacré devait être un prêtre, un chaman. L'endroit choisi, si difficile d'accès, révèle à n'en pas douter son caractère précieux, le culte dont elle devait être l'objet. L'absence de soleil ou de variations thermiques l'avait parfaitement préservée. Ses contours, ses couleurs, la trace de main de l'artiste donnent des frissons à Bell. Probablement trente mille ans avant notre ère, un groupe d'humains qui n'étaient pas encore organisés en sociétés, qui ne connaissaient ni l'agriculture ni l'élevage, se protégeant des intempéries sous des abris de roche, avait pris des risques inconsidérés pour graver une vulve. Combien étaient-ils alors, vingt mille hommes à tout casser pour l'ensemble du territoire européen ? Cette vulve était probablement leur dieu. Bell se penche plus encore, ôtant la lumière de son front pour la tendre à bout de bras. Quelle étonnante qualité anatomique que celle de cet organe ! Les détails les plus intimes se révèlent à ses yeux, sous les plis de la vulve. Quelle devait être l'agilité de son sculpteur !

L'artiste premier était-il en interrogation ou en fascination devant cet organe ? Un craquement lointain résonne dans toute la cavité. Tirant sur la corde, Bell sent celle-ci solidement attachée, et tend plus encore le bras pour toucher du doigt cette beauté. Il la lui faut. S'il la touchait, peut-être enfin les femmes s'offriraient-elles à lui. Étaient-ce ses yeux mi-clos sitôt qu'il enlevait ses lunettes, les poils dans son dos, sa silhouette peu élancée dans un milieu où les sportifs sont vénérés depuis ses années d'université, les femmes prenaient un malin plaisir à se détourner de lui. En tant que professeur, la donne avait quelque peu changé. Son statut lui conférait un certain attrait. Des étudiantes venaient frapper à la porte de son bureau, que le règlement de l'université de Harvard obligeait à laisser ouverte en toute occasion, mais qu'il refermait sitôt la demoiselle entrée. Aucune ne s'était ouverte devant lui comme celle se tenant à quelques centimètres de son nez. Jamais il n'avait pu contempler d'aussi près sans percevoir un râle d'agacement, un regard de désapprobation, l'organe sacré. Bell tend encore sa main pour l'atteindre. Le craquement devient plus sourd, la stalagmite se décroche. Quelques secondes en suspension, Bell, entraîné par son poids, est aspiré par le gouffre, laissant entendre depuis la surface un cri à peine plus long qu'un orgasme.

Sixième partie

La chute

Chapitre 1

« Un groupe de rebelles a investi le Palais de la Culture de Varsovie. Ils retiennent en otage une trentaine d'étudiants. » Edward Golling était un exécutant doué, mais un terrible messager, déversant de ses bajoues les mauvaises nouvelles sans aucun assaisonnement. Sa vilenie aimait à se nourrir de catastrophes pour les régurgiter aux pieds de la chancelière. Golling se tient droit comme un *i* dont le ventre aurait digéré un bœuf. Aurore revêt sa longue cape sans laquelle elle n'est pas chancelière. Ses gestes lents donnent à l'instant la solennité du lever du roi.

« De quelle faction se réclament-ils ? demande-t-elle.

— Ce sont des nationalistes de Nowa Prawica, chancelière. Cela n'est pas tout. Un autre groupe s'en est pris à une patrouille de SS2 dans le nord-est de l'Espagne à Mataró, près de Barcelone. Les cinq agents sont morts.

— Et de quelle mouvance se déclarent ceux-là ?

— Ce sont des indépendantistes radicaux de Terra Lliure. Des citoyens en ont profité pour se mutiner. Des vitrines de magasins eunomiques ont été brisées, on compte plusieurs blessés.

— Quelques marginaux idéologisés par de funestes puissances qui utilisent leurs souffrances pour mieux les détourner de l'équilibre. Qu'ils soient arrêtés et placés en centre de rééducation eunomique.

— Madame, c'est que beaucoup ont profité de ces heurts pour tenter de s'évader… Enfin, de quitter la zone de citoyenneté libre et eunomique de Nouvelle Europe. » Aurore se fige, comme sous le choc d'une nouvelle incompréhensible.

« Comment cela s'évader ? Pourquoi diable voudraient-ils s'évader du paradis de l'humanité ?

— Environ deux cents individus ont gagné des embarcations au large de Mataró et sont parvenus à échapper à la surveillance côtière. Ils font route vers le sud en direction des eaux marocaines. Profitant des heurts à Varsovie, ils sont plus de cinq cents à avoir forcé la frontière à l'est pour rejoindre la Biélorussie. »

Aurore fait plusieurs pas de recul, oubliant de cacher le tremblement de sa main droite qui s'agite de manière incontrôlée le long de sa cuisse.

« Pourquoi s'évader lorsque l'on n'est pas retenu contre sa volonté ? Nous avons réalisé l'Occident rêvé ! Nous avons décrété la liberté parfaite, l'égalité parfaite, pourquoi fuir vers d'autres pays que le nôtre, où l'avancement humain est sans égal ?

— Chancelière, il est capital que nous empêchions les embarcations rebelles d'atteindre les eaux marocaines. Aucun citoyen ne doit sortir de l'Union pour ne pas risquer de vendre aux puissances étrangères ou à la presse des détails que nous voudrions garder pour nous.

— Quels détails vendraient-ils ? Nous pouvons être fiers de nos réalisations, Golling. Les systèmes de santé et d'éducation ont été refondés ! Nos citoyens vivent en paix et en harmonie les uns avec les autres. Ils ne manquent de rien et ont retrouvé le sens de la fierté nationale. Ils vivent en accord avec la nature et leur empreinte carbone atteint des taux record quasi négatifs ! La création artistique foisonne dans nos capitales, la consommation de produits addictifs a chuté, l'alcoolisme et l'obésité ont quasiment été vaincus ! Les maladies humaines que sont la haine, la douleur, l'envie, la bassesse et la lâcheté elles aussi éradiquées ! Jamais l'humanité ne fut si près du bonheur collectif ! Ces individus doivent souffrir d'un trouble mental, c'est évident. Ils doivent être ramenés et traités !

— Je demande votre autorisation de faire intervenir nos forces navales afin de détruire discrètement cette embarcation. »

Aurore Henri contemple l'avenue de l'Opéra. Paris n'a jamais été si propre, si harmonieux. Des citoyens en contrebas acclament son apparition à la fenêtre, des enfants défilent au son du tambour ou de la harpe de leur maîtresse, le présent est radieux !

Qui pourrait croire, aveuglé par un lustre aux mille facettes, qu'existe quelque part l'obscurité ? Edward Golling malgré sa laideur a une qualité, celle de savoir mettre en scène la beauté. Aux abords de la capitale, dans les quartiers populaires à sa périphérie, on coupe l'électricité le soir pour économiser l'énergie.

Les feux de signalisation ont été remplacés par des stops, mais aucune voiture ne circule. Passé l'engouement des inaugurations, les usines eunomiques produisant la voiture eunomique, la Henri, avaient pourri sur pied, faute de commandes. Les citoyens s'étaient vus fortement encouragés à soutenir l'activité industrielle du pays par des visites hebdomadaires du personnel du « centre de contrôle de la consommation eunomique des ménages », mais ils n'en ont guère les moyens.

Golling, en charge du plan de financement depuis 2036, a bien supprimé, comme la chancelière s'y était engagée, l'impôt sur le revenu. Selon les prévisions du ministère, la formidable reprise économique des premières années du règne de la chancelière avait suffit à financer spontanément les dépenses publiques. Mais face aux investissements massifs nécessaires à la transformation de l'Union, une multitude de mesures participatives dites volontaires aux efforts de l'éducation, de la santé, de l'agriculture ont germé. Les salaires, gelés depuis trois ans, ont fait baisser les dépenses des familles. La consommation de pain a diminué de 44 %, d'œufs de 41 %, de viande de 37 %. Cet effondrement de la consommation a conduit à une chute de la production ainsi qu'à celle de la masse salariale. Près de la moitié du revenu national semble s'être envolée.

Les enseignes des grands magasins, vestiges de l'Ancien Monde, ont cessé de scintiller pour être remplacées par des centres culturels eunomiques désertés. Derrière Montmartre, faisant figure de village témoin pour les touristes encadrés par le régime, près des portes de Clichy ou de Clignancourt, des hommes et des femmes errent comme des damnés à la recherche d'un emploi, de quoi manger, habillés en guenilles mais arborant un sourire figé. Les SS2 rôdent, il est interdit de véhiculer l'image de la négativité. Les citoyens doivent être positifs. On dit dans le quartier qu'un enfant dont le ballon était dégonflé et dont les parents n'avaient pas les moyens de lui en offrir un nouveau avait écrit à la chancelière pour lui en demander un pour Noël. Le gamin avait trépigné découvrant la lettre portant le sceau de la mandragore, la grande chancelière lui répondait, sans doute lui enverrait-elle un ballon doré ! Le secrétariat privé avait pris soin de lui répondre qu'il n'était guère eunomique de souhaiter un bien pour soi, mais qu'il devait espérer le bien pour tous. À l'intérieur de son cœur, il pouvait se figurer le plus gros ballon qui soit, avec lequel joueraient tous les petits enfants eunomiques de l'Union. Et ce ballon valait tous les autres ballons périssables. Il avait déchiré la lettre, et s'était roulé au sol de colère en maudissant la chancelière. « L'eunomie c'est nul, moi je préférerais être mort ou vivre ailleurs », avait-il hurlé en pleine rue, refusant d'avancer, tandis que sa mère, prise de panique, tentait de le faire taire en le serrant contre sa poitrine. Les gardes du régime étaient arrivés et avaient emmené le petit garçon que l'on ne revit plus jamais. Ainsi la population qu'Aurore Henri ne voyait jamais souriait sans cesse, avec une mine de chien battu. Pour elle, le chômage avait été combattu miraculeusement par de grands programmes de travaux. La construction des autoroutes eunomiques, la restructuration du rail eunomique, ne furent hélas achevées que dans les grandes villes sur lesquelles l'attention était portée. Partout ailleurs sur le territoire, le chômage atteignait à présent des taux record allant jusqu'à 60 %. En Pologne, certains agitateurs, le soir venu, hissés sur des caisses de bois, haranguent les habitants en leur narrant le bon vieux temps des usines à charbon qui donnaient une paie à la fin du mois. L'agriculture était promise à devenir le premier secteur de production. Les champs eunomiques n'ont employé que deux cent mille paysans sur toute l'Union, qui ont jeté l'éponge un à un. Leur rôle placé au sommet de la pyramide sociale leur a garanti un statut enviable, mais une assiette vide.

Les nouvelles centrales thermiques ou sismiques, par manque de connaissances ou de moyens, ne fonctionnent plus. On se chauffe en brûlant ce que l'on trouve encore. À travers les fenêtres des appartements, on ne distingue aucune lumière, tout au plus quelques visages guettant dans la rue le passage des SS2 que l'on craint plus que l'on avait craint la grande famine de 2029.

Derrière la Ville lumière qui brille encore comme un décor dans lequel on promène les hôtes étrangers, l'Union apparaît en noir et blanc. La misère, la peur. Quelle vision étrange que ces bâtiments parfaitement propres et restaurés, ces êtres arborant la même expression, ces hommes en armes montant la garde, une impression de désespoir sous la rigidité de parade.

Les universités, qu'Aurore Henri voulait propulser au sommet des classements mondiaux, subissent une perte record de fréquentation. Les programmes eunomiques ont en deux ans vidé les amphithéâtres. Les jeunes ne viennent plus s'y former, ne voyant en leurs diplômes aucune perspective d'avenir, préférant trouver un emploi sans qualification, sans lendemain. La Sorbonne, Heidelberg ou Oxford disparaissent des listes des meilleurs établissements mondiaux.

Le marché intérieur effondré, il ne restait que les exportations pour maintenir une production économique nécessaire à la survie. Hélas, la Chine, la Russie et les États-Unis, voyant en ce nouveau géant un rival dont il fallait dégonfler les ambitions, scellèrent un pacte économique de libre-échange sans taxes douanières, excluant l'Union de leurs achats. Les accords de Shanghai de 2037 virent l'économie de l'Union au bord de l'effondrement. L'habile Edward Golling trouvait sans cesse des solutions pour renflouer les caisses, des crédits discrets soutirés à des banques aux avoirs fragiles, des souscriptions privées auprès de groupes souhaitant commercer sous le manteau avec l'Union et bénéficier de ses matières premières ou ses savoir-faire. Véritable manipulateur des chiffres, Golling les rendait toujours positifs aux yeux de la chancelière.

Dans les Balkans, en Suède, en Allemagne ou en Espagne, du fait des ressources manquantes, les populations que l'on avait forcées à vivre ensemble sous l'égide d'une idéologie qui devait les rassembler et gommer leurs aspérités, commencent à se détester. Des citoyens de peau noire d'origines russe, asiatique ou arabe sont pris pour cibles, accusés de faire échouer le projet européen. La chasse au bouc émissaire ne résiste pas à l'appauvrissement d'un pays. La religion, qui était interdite, fait un retour fracassant au sein de certaines communautés, qui trouvent dans la prière l'espoir d'un au-delà meilleur. L'amour eunomique ne suffisant guère aux hommes frustrés, le nombre de viols connaît une flambée, transformant chaque coin de rue des contrées reculées en coupe-gorge pour les femmes non accompagnées. Voyant dans ces désirs brutaux la perspective d'un profit, le long des frontières est de l'Union, des mafias russes ouvrent sous le manteau des bordels à peine déguisés.

Chapitre 2

« Tout citoyen tentant de quitter l'Union sans permis de voyager commet un acte antieunomique. Il ne mérite plus de porter le nom qui était le sien, de travailler ou d'exister au sein d'une communauté qu'il a déshonorée. Il n'a pour moi plus de visage. »

Les fugitifs arrêtés sont conduits à la section V, où Victor Virt s'est mis en quatre pour faire des mots de la chancelière une réalité.

Que ne ferait-il pas pour la satisfaire et espérer d'elle un compliment, un regard de satisfaction !

Il s'était entraîné sur plusieurs prisonniers du centre du Struthof, afin de ne rater sous aucun prétexte son galop d'essai.

Virt passe soigneusement la brossette sous ses ongles, un à un, tandis que derrière la vitre, Aurore Henri, assise à côté de Golling, scrute chacun de ses gestes.

Le premier fugitif est un Polonais d'une vingtaine d'années, au teint de lait des hommes de l'Est, aux arcades profondes, aux pommettes ciselées, défiant la gravité. Virt rapproche la lumière du visage du patient, et abaisse lentement vers lui un masque de silicone épousant son visage. Le jeune homme se débat, supplie, espérant être gracié. « Ce sont les Russes qui nous ont payés pour nous échapper ! Nous ne l'aurions jamais fait ! » hurle-t-il, fermement sanglé. Le masque étouffe ses cris. Virt s'est inspiré des procédés de médecine esthétique utilisés par les belles de l'Ancien Monde pour améliorer leur grain de peau, les peelings chimiques aux acides. Il a eu l'idée d'augmenter la concentration d'acide placée à l'intérieur d'un masque de collagène thermoformé appliqué sur le visage du patient afin de ne laisser passer aucune molécule d'oxygène et créer ainsi une cyanose cutanée. Privées d'oxygène, les cellules deviennent bleues et finissent par éclater. Il a mélangé à l'acide des molécules de fer afin que la peau s'obscurcisse définitivement et que le patient garde une coloration d'ombre aux reflets gris.

Les larmes coulent sur les joues du jeune Polonais et s'évaporent sous l'effet de l'acide provoquant une douleur plus vive encore. Une odeur d'épiderme brûlé se dégage de la pièce. Le docteur Virt soulève peu à peu le masque, avide de découvrir sa création. Les traits du fugitif ont disparu. Sa peau sclérosée a fondu, il n'est plus qu'une cicatrice violacée. Virt essuie d'une compresse le cou et les oreilles du patient qui perdent de grosses gouttes de sang.

Le fugitif se voit remettre par deux officiers SS2 ses nouveaux papiers. Ils ne comportent aucun nom, aucun pays d'origine ou de résidence. Une date de naissance, un numéro. « Voici désormais ta nouvelle identité. Tu n'auras plus droit d'avoir un emploi au sein d'une administration ou d'une entreprise officielle. Tu n'auras plus droit aux services sociaux, à l'éducation, à la santé. L'Union ne garantira plus ta sécurité. Tu es à présent l'unique dépositaire et l'unique gardien de ta vie. Voilà un exemple qui va calmer ceux qui voudraient l'imiter ! se satisfait Golling. Faites entrer la presse ! » ordonne-t-il aux gardes qui, tétanisés à la vue du monstre créé par Virt, n'entendent pas son ordre.

Victor Virt rejoint la chancelière, guettant, fébrile, sa réaction. Mais Aurore Henri lui offre son dos, visiblement tourmentée.

Chapitre 3

« Quel jour sommes-nous ? demande le prisonnier AD00123.

— Le 23 décembre.

— De quelle année ? »

Le détenu le plus surveillé de l'Union perd quelque peu la tête. L'alternance du jour et de la nuit, le passage des saisons, ne sont plus pour lui qu'un souvenir lointain, le seul astre rythmant sa vie n'est qu'Aurore Henri. À chaque interrogatoire, Ronan Leroux voit ce que la politique fait à ses traits. Ses joues se creusent, sa lèvre supérieure dessine des lignes verticales comme des herses pour en barrer le chemin, la mèche de cheveux blancs gagne du terrain. Ce que le pouvoir fait au corps des femmes est affreux, songe-t-il, une machine à broyer leur beauté.

Il voit dans les yeux d'Aurore, derrière son masque de dureté, la jeune fille qu'elle était. Ses rêves d'enfant, ses jeux de poupée. Il voudrait prendre sa main pour la guérir de ses soubresauts. Certains hommes sont ainsi faits, ils ne peuvent aimer sans se sentir chevaliers, investis d'une femme à laquelle dédier leur âme, supportant ses coups de dague pour un seul baiser.

Aurore tourne en rond dans la pièce comme un fauve en cage, tandis qu'elle en détient la clé. Elle répète, seule, des mots inaudibles. « Les papillons… Les Russes… C'est un signe ! Elle n'est pas venue me chercher, elle les a choisis ! gronde-t-elle. Et vous ne valez pas mieux qu'elle ! » Aurore frappe rageusement dans ses mains. Sur l'écran situé sur le mur du fond, une vidéo se met en lecture.

Un groupe de jeunes filles en uniforme sort d'un lycée eunomique. La caméra de surveillance se rapproche du visage de l'une d'elles, belle comme Aurore en ses jeunes années. « La reconnaissez-vous ? demande-t-elle avec un air inspiré. C'est votre fille. Elle s'appelle Stefi. » Ronan Leroux ne peut détacher son regard de la vidéo. Il avait perdu un bébé, il découvre une lycéenne. Depuis sa disparition, il avait fait semblant d'être vivant. Les images défilant sur l'écran réveillent en lui une décennie d'espoir et de chagrin. Ronan tombe à genoux comme délivré, il a été exaucé. Les rides et les plis qui striaient son visage ont disparu. Face à l'écran, il sourit. Un irrépressible sentiment de colère s'empare d'Aurore. Elle n'existe plus pour son prisonnier, il n'a d'yeux que pour Stefi.

Soudain, les gardes postés devant le lycée semblent recevoir un ordre, et hâtent le pas en direction du groupe d'étudiantes. « Non, non ! Dites-leur d'arrêter ! » hurle Ronan, se traînant aux pieds d'Aurore. « Vous qui prétendez aimer avec pureté, si une seule de nous deux devait vivre, laquelle sauveriez-vous, elle ou moi ? » Face à l'impossible dilemme, Ronan attrape les chevilles d'Aurore qu'il mouille de ses larmes en les couvrant de baisers. « Je vous en supplie. Je sais que la politique vous a transformée, mais je ressens votre âme. Elle est belle… Ne vous laissez pas contaminer par la noirceur. Si vous lui faites du mal, c'est à vous-même que vous en ferez, Aurore. Je veux vous sauver toutes les deux… »

Les gardes arrivent à la hauteur de Stefi. Le premier, à sa gauche, saisit son bras.

« Trois jours ! Dans trois jours vous verrez Yvana. Le 26 décembre au matin, si aucun mal n'a été fait à Stefi, je vous dirai où la trouver.

— Et si elle n'y est pas ?

— Vous prendrez ma vie, puisqu'elle vous appartient déjà. »

Chapitre 4

Victor Virt, blessé dans son for intérieur, décide de réagir en scientifique. S'il réussit son pari, on lui remettra le prix Nobel. Enfin il sera digne d'elle ! Il lui dédiera le plus vibrant des discours depuis la scène de l'Académie, à Stockholm. Au premier rang, portant une longue robe fendue, elle l'applaudira, il ne sera plus un raté.

La vengeance offre souvent une force de motivation qu'aucun autre sentiment ne peut égaler. De retour à la section V, Virt, las d'attendre l'arrivée de nouveaux prisonniers pour tester ses préparations, décide de passer à l'étape supérieure. Cette fois, aucun doute, il a trouvé le dosage parfait. Un mélange de substances anesthésiques, de neurotoxiques et du sang du propre patient, activé par une centrifugeuse avant d'être réinjecté. Le cocktail, ainsi intégré aux cellules souches, se fixera immédiatement sur le système nerveux central, désactivant toute douleur.

Seul sur la table en métal de sa salle de dissection, il tire sur l'élastique qui lui serre le bras, se saisit du flacon, plonge l'aiguille à travers le bouchon de plastique, prélève le précieux liquide et l'introduit dans la centrifugeuse qui tourne à plein régime, séparant les cellules graisseuses et inutiles, passagères de troisième classe, du riche plasma.

Prêt pour l'injection, Virt appuie sur une télécommande. Un *Nocturne* de Chopin. L'aiguille pénètre son bras sans qu'il ressente aucun pincement tant son excitation est grande. Il appuie lentement, jusqu'à la lie. D'ici quelques minutes, il frappera son genou avec le burin chirurgical qu'il a placé près de lui. Il ne sentira aucune douleur. Il aura triomphé de la loi la plus puissante qui soit, celle de la nature.

Victor Virt ne s'entend plus penser, son cœur squatte ses tympans. La tachycardie doit être un effet secondaire, se rassure-t-il, essayant de prendre son carnet de notes à côté de lui. Il se sent essoufflé. De plus en plus. Haletant jusqu'à l'angoisse, il se débat avec son bras inerte pour atteindre le carnet. Peut-être a-t-il commis quelque erreur dans le dosage, il doit s'injecter l'antidote tant qu'il est encore temps. L'assaut est lancé par des fourmis et picotements. Une chaleur qui irradie depuis son bas-ventre et semble vouloir l'étrangler, comme un serpent remontant le long de sa poitrine pour enserrer sa gorge. Il tente de libérer son cou, ses doigts sont moites. Ils se liquéfient. La pression atrabilaire gagne maintenant son torse, bientôt la poitrine. Dans un effort surhumain, il parvient à s'asseoir sur le rebord de la table, et regarde en direction du plan de travail pour découvrir avec horreur le flacon du véritable sérum, toujours intact. À côté de celui-ci, renversé, celui qu'il s'est injecté, le neurotoxique organophosphoré utilisé dans ses recherches sur les armes chimiques, le VX 20 mg, qu'il avait mélangé à une décoction de toxine botulique.

L'angoisse se fait alors douleur, et se répand dans son bras gauche désormais parfaitement engourdi. Il voudrait crier. Mais son larynx semble paralysé, pris par des crocs invisibles. Ses poumons ne s'emplissent plus d'air, le souffle lui manque, il s'allonge au sol, les bras en croix. Les médecins assistants, alertés par le bruit de sa chute, se pressent autour de lui, ne sachant quel antidote injecter, ne connaissant pas le poison qui le tue. Victor Virt aurait été le seul à pouvoir se guérir.

Chapitre 5

« Nous avons identifié près de trois cents agents russes parmi nos citoyens, œuvrant en toute impunité, annonce triomphalement Hugo Humbert. Le Kremlin soutient activement au sein de l'Union une rébellion ayant pour but de vous déstabiliser. Grâce à leur présence sur les réseaux sociaux, ils recrutent de jeunes citoyens dont l'esprit est encore malléable, et les orientent vers certains de leurs agents infiltrés. Ils financent leurs projets de mutinerie, leur fournissent du matériel et du soutien logistique, mais ils distribuent également des passeports russes à ceux désireux d'abandonner l'Union ! » enchérit-il, jetant sur le bureau de la chancelière un passeport russe fraîchement imprimé comme preuve irréfutable de sa découverte. Aurore s'empare du document qu'elle déchire. Après trois jours de sevrage forcé des injections quotidiennes du docteur Virt, ses tremblements sont compliqués par de terribles maux d'estomac, des crampes abdominales empirant lorsqu'elle tente de se tenir debout. Seuls les comprimés d'arsenic microdosés qu'il lui avait laissés la tiennent encore éveillée. Un toutes les quatre heures, avait-il recommandé. Quatre toutes les heures, cela fait bien plus d'effet.

« Que fait donc le nouveau médecin que vous deviez me trouver ? s'agace Aurore. N'y a-t-il dans l'Union aucun spécialiste capable de prendre soin de sa bien-aimée chancelière ?

— Je peine à trouver un praticien à votre hauteur, et tous ceux approchés craignent les représailles en cas de mauvais diagnostic ou d'échec de traitement, se justifie-t-il, évitant soigneusement de croiser son regard. Chancelière, revenons aux Russes. Il nous faut envoyer un message fort en direction du Kremlin. »

Le maître de l'Est intrigue contre elle, malgré son avertissement. Ne la prend-il donc pas au sérieux ? Parce qu'elle est une femme, ou parce qu'elle est une femme qu'il a possédée ?

Les pupilles dilatées d'Aurore semblent chercher la lumière en plein jour. Le noir y fait refluer le bleu.

« Si nous ne pouvons séparer le bon grain de l'ivraie, alors coupons toutes les herbes folles. Faites arrêter tous les agents et les citoyens russes de la capitale, filmez-les et diffusez les images. Cela fera des remous jusqu'à Moscou.

— Les arrêter ne suffit pas, chancelière, il faut les empêcher de nuire définitivement. Frapper un grand coup. Notre adversaire ne s'en laisse pas conter. Il mord pendant que nous aboyons. Il faut le saigner ! continue Hugo Humbert, déterminé. Ordonnez la coupure du réseau internet de l'Union, à effet immédiat, et jusqu'à nouvel ordre, je m'occupe du reste. Je ne vous décevrai pas. »

Aurore n'ayant pas la force de parler, acquiesce d'un mouvement de tête. Humbert appelle un de ses hommes : « Transmettez ce message à toutes les forces de la direction générale de la sécurité de l'Union. Demain, 26 décembre 2038, à 8 heures du matin, dans la capitale de l'Union, les ressortissants russes seront arrêtés. Ceux-ci seront conduits au ministère de l'Intérieur dans l'attente de nouvelles instructions. Signé : Hugo Humbert, ministre de l'Intérieur. »

Le garde part au pas de charge diffuser le message, Hugo Humbert contourne le bureau d'Aurore pour se poster derrière elle, comme un oiseau de mauvais augure sur son épaule, puis lui glisse à voix basse : « Il est impossible que les Russes aient agi sans une aide à l'intérieur de l'Union. Le maître de l'Est a forcément un complice au plus haut niveau de l'administration. »

Le souffle chaud d'Humbert déverse à son oreille un flot de haine, éveillant en elle le doute. « Que savons-nous réellement de Golling ? » Rien n'arrête le soupçon lancé au galop dans un esprit agité. « Une épuration est nécessaire, si nous voulons mener notre projet à bien, chancelière. » Qui ne dit mot consent, Hugo Humbert, encouragé par le silence d'Aurore, rebrousse chemin, satisfait. « À partir de ce soir minuit et jusqu'à demain midi à la fin de l'opération, l'ensemble des services de la chancellerie tout comme l'espace de l'Union doivent rester *incommunicado*, pour éviter toute fuite », dit-il encore en refermant la porte derrière lui. Tel Chronos dévorant ses propres enfants, l'ambition ne tolère aucun rival, aucun délai.

Chapitre 6

Aucune notification sur son téléphone, pas de réseau. Edward Golling allume son ordinateur et tente de se connecter à Newer, rien n'y fait. Le numéro deux de la première puissance eunomique mondiale ne peut-il avoir des moyens de communication dont on garantisse les performances ? « Envoyez-moi quelqu'un immédiatement », hurle-t-il dans le combiné, dans lequel aucune tonalité ne retentit. En pyjama de soie aux motifs anglais, Golling ouvre la porte de son appartement pour secouer le SS2 qui y monte la garde.

Au sein de l'Union, chaque minute, 80 millions de mails sont envoyés, 481 000 publications Newer sont postées, 24 millions de messages envoyés *via* les messageries privées, autant de recherches internet sont lancées. À minuit, sur les ordres d'Hugo Humbert, l'espace de la nouvelle Europe est devenu *incommunicado*. Jamais encore en Occident n'avait été utilisé le « *kill switch* », un commutateur d'arrêt d'urgence pouvant stopper tous les réseaux de communication.

Les hommes d'Hugo Humbert ont, ce 26 décembre, basculé les communications opérationnelles sur un réseau *mesh*, un réseau maillé permettant une communication indépendante, en circuit fermé, entre ordinateurs ou téléphones portables, empêchant ainsi toute fuite potentielle. L'ensemble des réseaux de communication de Nouvelle Europe a été coupé. Plus un seul fichier informatique n'est partagé.

Les données financières, stockées sur des serveurs, sont gelées. Au guichet des banques, dans les magasins, au petit matin, les citoyens sont incapables de régler leurs achats. Tout transfert électronique étant tout simplement impossible, les cartes de crédit ou de débit ne sont que de vulgaires morceaux de matière inanimée. Les passagers prêts à s'envoler pour rejoindre leur famille, leur travail, ceux ayant obtenu un visa pour les États-Unis comptant bien ne jamais revenir, se trouvent cloués au sol. Aucun avion ne décolle ni n'atterrit. Les navires et les trains restent à quai.

Golling fulmine, dans son pyjama en soie, contre ce garde qui ne revient pas. Combien de temps faut-il à un technicien pour venir le dépanner ?

« Enfin ! crie-t-il, enfilant son uniforme à la hâte sans prendre la peine de le boutonner. Ni mes téléphones ni mon ordinateur ne fonctionnent, dépêchez-vous d'intervenir, j'ai des affaires urgentes à régler », grommelle-t-il en ouvrant la porte au technicien qui vient de sonner. De dos, peignant ses cheveux épars vers l'arrière, Golling n'entend pas Hugo Humbert entrer.

« Qu'est-ce que vous foutez là, mon vieux ? s'étonne-t-il, le découvrant enfin. Vous aussi vous n'avez plus d'Internet ? Ce n'est pas une cyberattaque au moins ? » Hugo Humbert, qui a pris soin de refermer la porte à clé derrière lui, sort son arme de son uniforme. Golling fait un pas de côté vers la commode sur laquelle est posé son revolver et s'écroule l'instant d'après dans un fracas. Le garde tambourine à la porte. Hugo Humbert se saisit de l'arme sur la commode et la place dans la main moite et inerte de Golling. Le zélote parvient enfin à enfoncer la porte de son épaule pour découvrir son supérieur gisant sur un tapis d'Orient. « Une minute de silence pour notre ami qui s'est donné la mort », lui ordonne Humbert. Le jeune SS2, n'osant mettre en doute, ne serait-ce que par la pensée, la parole du ministre, s'exécute. « Je n'ai pas réussi à l'empêcher, continue Humbert. Le pouvoir, cela vous ronge de l'intérieur, vous savez… Tenez-vous-en loin, lui conseille-t-il en l'éloignant. Par respect de notre camarade, n'ébruitons pas l'affaire. Je ferai moi-même mon rapport à la chancelière. Nous devons bien cette discrétion à Golling. »

Chapitre 7

Par mesure de sécurité, tous les étrangers en provenance de Russie, les citoyens de l'Union originaires de pays affiliés à la Russie doivent être arrêtés et rassemblés sans délai devant le ministère de l'Intérieur, hommes, femmes, enfants. Depuis le règne de la chancelière, l'Union avait pourtant ouvert ses bras aux malheureux qui avaient réussi à fuir le maître de l'Est, qui poursuivait et empoisonnait ses opposants sans procès, pour leur origine, pour leurs idées. Les premières années de son règne, des milliers de Russes, de Tchétchènes, de Criméens ou d'Ukrainiens, réfractaires à l'hégémonie du géant, arrivaient tous les mois et se voyaient, après s'être enrôlés pour cinq ans au sein d'un service de la fonction publique eunomique, offrir la citoyenneté.

Tel est le principe d'absorption de l'immigration de la chancellerie, l'acculturation par la participation aux forces vives de l'État comme condition d'intégration, quelles que soient l'origine ou la religion. Mais aujourd'hui que le maître de l'Est infiltre les rangs de l'Union pour en détruire le glorieux succès, combien parmi eux seraient prêts à se retourner pour mordre la main qui les avait nourris ?

Par petits groupes, la police politique interroge les passants et vérifie leur identité. Les agents du SSR procèdent aux arrestations. Chaque immeuble, chaque palier, chaque cave de Paris sont examinés. Les camions militaires débâchés attendent, moteur allumé, ceux que l'on déloge comme des rats. Une jeune femme en robe de mariée est arrêtée sur le parvis de la cathédrale Saint-Alexandre-Nevsky près de l'Arc de triomphe, tandis que les agents font une razzia sur les bancs des invités. À 9 heures du matin, les premiers convois affluent déjà en direction du ministère. Certains tentent de s'échapper par les jardins du Palais-Royal, qui pieds nus, qui en tenue de secrétaire ou de plombier. On ferme les grilles, une chasse à l'homme commence à travers les arbres séculaires et les massifs de rosiers. La mariée dans sa longue robe blanche tente de fuir par les colonnes de Buren. Fauchée par la balle d'un SSR débutant, elle s'effondre sur le damier noir et blanc sur lequel on venait du monde entier se faire photographier.

À 11 heures, une garnison fait irruption dans le cimetière du Père-Lachaise, et avance vers la section russe. Yvana marque une pause dans la récitation de son poème sur la tombe de Cécile Caterina Camilla Portofino pour ne pas éveiller les soupçons. Yvana, tête baissée, guette la sortie des agents. « Papiers d'identité eunomique », entend-elle dans son dos. Yvana ne réagit pas. Son silence exaspère l'agent. Main sur son arme, il réitère l'ordre, prenant soin d'ajouter un mot pour ponctuer son effet, « salope ».

Yvana le fixe de ses grands yeux. L'homme tire dans les roses trônant sur le marbre. Le vase éclate sous une myriade de fissures, laissant s'échapper toute son eau. Les fleurs, dispersées par l'impact, semblent grièvement atteintes, leurs pétales éventrés. Abasourdi par sa propre détonation, l'agent s'empare d'Yvana. « Tu ne veux pas donner tes papiers, je n'en ai pas besoin, c'est du russe que je t'ai entendu parler, c'est bien assez ! Tous des traîtres et des menteurs envoyés pour déstabiliser notre chancelière ! » Les mains attachées par une lanière de cuir eunomique, Yvana descend l'allée de platanes, escortée par deux gamins en uniforme. Ils n'étaient même pas nés à l'époque de l'URSS, que pouvaient-ils connaître du courage politique, songe Yvana, poussée à l'arrière du camion dans lequel s'entassent déjà quatre autres femmes et deux hommes.

Le convoi remonte la Seine à vive allure, en avale les quais. Déversée avec le flot de prisonniers sur le parvis du ministère, Yvana fait la queue au milieu de dizaines de Russes, pour être identifiée par un commandant SSR. Jamais elle ne s'est sentie aussi seule qu'encerclée par cette foule indécise qui l'enlace, la bouscule, dont les effluves lui soulèvent le cœur, un interminable essaim bourdonnant à ses oreilles. Qu'y a-t-il pourtant de plus humain que des centaines de paires d'yeux pleurant et questionnant qui regardent dans la même direction ?

Chapitre 8

Stefi s'annonce au garde chargé du filtrage des visiteurs. Se contentant de lever la main droite en guise de salut, il la conduit jusqu'au bureau de l'aide de camp de la chancelière. Aurore, depuis la galerie, aperçoit la jeune femme aux cheveux tirés en arrière rehaussés d'une natte brune joignant ses deux tempes, sur laquelle tous les gardes masculins se retournent.

Stefi est le modèle exemplaire de l'Union, le fruit à peine éclos de sa doctrine. Une femme eunomiquement parfaite, éduquée en sciences autant qu'en botanique ou en gymnastique, au goût esthétique raffiné, à l'indépendance émotionnelle à l'égard de l'amour et des institutions de l'Ancien Monde telles que le mariage ou la parentalité, vivant en accord avec les lois naturelles, ayant appris à contenir ses pulsions égoïstes, pratiquant l'empathie et l'humanisme, un être au courage et à la probité dignes de l'Antiquité, prête à donner sa vie pour le pays qui l'a élevée.

Hélas, Aurore ne ressent nulle fierté face à sa création, le sentiment démiurgique de toute-puissance d'avoir donné vie à un être à son image est absent. Elle éprouve à son encontre de la froideur et du dédain, politesse d'une jalousie en habits de gala. Elle voudrait qu'on l'arrête, que l'on ôte à son visage ses traits parfaitement insouciants.

Aurore avait fait retirer tous les miroirs de la chancellerie. Elle avait en se regardant l'amer sentiment d'avoir frôlé de près la beauté, mais de ne l'avoir jamais rencontrée. À l'aube de sa jeunesse, elle était en colère contre le monde entier et cherchait à endurcir ses traits. Journaliste, elle portait un casque de protection militaire sur le terrain et ne songeait guère à son reflet. Quand, enfin arrivée au pouvoir, son visage s'est trouvé sur les drapeaux et les monnaies, hélas ! il avait déjà souffert de tous les combats qu'elle avait dû mener. Et aujourd'hui qu'elle aimerait la retrouver dans la glace, l'apprivoiser, la caresser, la beauté s'est fanée. Elle a niché sur le visage de Stefi. La trouverait-il plus belle qu'elle ?

Donnant pour consigne aux SS1 de placer Stefi sur le balcon du premier étage à 11 heures précises, Aurore traverse la rue vers la direction générale de la sécurité de l'Union, située en face.

Aurore ordonne qu'on conduise le prisonnier AD00123 jusqu'à la fenêtre donnant sur l'avenue de l'Opéra. Ses muscles atrophiés le portent à peine. Soutenu par un garde, il avance pas à pas en direction de l'ouverture. Depuis combien d'années n'avait-il pas senti l'air frais se poser sur son visage ? Soudain une percée de lumière déchire les ombrageux nuages. Ronan, aveuglé, contemple les rayons du soleil comme s'ils étaient ceux du premier matin de l'univers. « Sur le balcon de la chancellerie, une fenêtre va s'ouvrir. Regardez celle qui y apparaîtra », dit Aurore à son prisonnier, déposant dans ses mains émaciées une paire de jumelles. La tresse brune d'une jeune femme apparaît. Elle semble contempler le ciel de Paris, que de fins flocons de neige viennent animer. Ronan, doutant encore de cette apparition à l'intérieur de sa lunette, ne montre aucune émotion. Un flocon termine sa course sur le bout du nez de Stefi qui, prise par une joie d'enfant, sourit irrépressiblement. Ce sourire, il n'y en avait qu'un, les années n'auraient pu le changer. Ronan lève avec peine son bras pour faire signe à Stefi. Bien sûr, elle ne peut pas le voir, mais qu'importe. Ronan tremble de joie, empli d'un espoir nouveau pour le genre humain.

« J'ai fait pour vous un effort qui m'est plus qu'inhabituel, je me suis pliée à votre souhait. Votre fille est en sécurité au sein de la chancellerie. Dites-moi à présent où trouver Yvana. »

Persuadé de la résilience que l'amour peut provoquer chez une âme tourmentée, Ronan Leroux livre à Aurore son secret.

« Depuis la chute de l'URSS, votre mère se rend chaque 26 décembre en fin de matinée au cimetière du Père-Lachaise. Elle s'arrête dans la section russe, sur la tombe d'une certaine Cécile Caterina Camilla Portofino. » On entend au loin le bruit d'une détonation, un coup de feu. « Elle dépose un bouquet de roses et récite un poème, avant de disparaître pour une année. Elle doit encore s'y trouver. » Un deuxième coup de feu retentit, plus fort que le précédent.

Pourquoi Yvana se rendrait-elle chaque année sur cette tombe et prendrait le risque d'être découverte ? Pan, pan, pan, trois coups se succèdent. Aurore pousse un cri si strident qu'il tétanise les gardes. Ronan connaît la palette des émotions parcourant son visage. Jamais il ne lui a vu une telle expression d'horreur. Il semble que ses yeux se soient révulsés, et que ses lèvres, sous l'effet d'une soudaine torpeur, aient perdu leur couleur. Le cimetière du Père-Lachaise fait partie de la liste des lieux ciblés pour l'arrestation des ressortissants russes.

« Prévenez le ministère de suspendre l'opération en cours, dépêchez-vous ! hurle-t-elle aux SS1 qui l'entourent.

— Madame, c'est impossible, les systèmes de communications sont coupés. Nous sommes jusqu'à midi *incommunicado.* »

Aurore se précipite en bas du bâtiment et, ôtant ses chaussures, remonte en courant l'avenue de l'Opéra vers les jardins du Palais-Royal. Les détonations s'accélèrent, et résonnent bientôt chaque seconde. Des papillons, minuscules et colorés, entourent de leur vol sa course folle. Leurs ailes grandissent à chaque coup de feu tiré, l'empêchant d'avancer.

Yvana regarde le peloton progresser lentement. Un tireur unique à l'avant, secondé à l'arrière par trois autres, chargés de faire feu dans le cas où le premier aurait manqué sa cible, ou l'aurait seulement blessée. C'est fascinant le raffinement dont les hommes sont capables pour s'entretuer, songe-t-elle.

Que n'a-t-elle prévenu le maître de l'Est de son arrestation pour empêcher son exécution ! Elle aurait dû alors remplir sa funeste mission, mettre hors d'état de nuire la chancelière de l'Union.

La femme à côté d'elle s'effondre sur le sol blanchi comme une chose. Déjà les flocons recouvrent son corps, comme un voile de neige effaçant son humanité. Dans la poche du manteau d'Yvana, un objet dont jamais elle ne se défait, un portrait de Lénine avec, collé au dos, une mèche de cheveux de l'enfant qu'elle a abandonné. Jamais cette douleur, éperonnée par le remords, ne l'avait quittée. Durant presque cinq décennies, elle avait tenté d'étouffer ces sentiments, mais tels les perce-neige, ils avaient fini par triompher de la glace. Une fleur trop tardive pour survivre, hélas. Dans quelques instants, tout serait fini, Aurore ne saurait rien de l'insondable vide que son absence avait laissé derrière elle. Yvana aurait tant voulu la voir grandir, changer, devenir femme. Quelque chose en elle, pourtant, la poussait à rester éloignée, comme si elle avait la certitude d'être un danger pour sa fille. Depuis leur séparation, son unique obsession était de l'observer de loin quand elle le pouvait. Tant de fois elle l'avait vue tomber sans pouvoir l'aider à se relever ! C'était un sentiment terrible et délicieux à la fois, le seul qui lui donnait l'impression d'être mère.

L'arme dirige sa sombre tête vers elle, Yvana ferme les yeux. L'odeur des rosiers se mêle à la poudre et au sang.

« Ouvrez la grille ! » hurle Aurore face aux longues pointes de métal noir aux flèches dorées qui encerclent les jardins du Palais-Royal. Le SS2, face à cet ordre contraire à celui de son supérieur, marque un temps. « Je suis la chancelière de l'Union, j'ai le droit de vie et de mort sur toi, ouvre cette grille avant d'être passé par les armes ! », fulmine-t-elle encore, en posant sur lui son regard vulcain.

Aurore court sur la neige fraîche, criant au peloton d'arrêter leur terrible exécution. Le coup part tout droit en direction d'Yvana. La douille vidée de sa poudre tombe au sol, déjà presque froide, inanimée. Le corps d'Yvana, au milieu des épines des rosiers, semble aussi pâle qu'une rose thé. Aurore se penche sur elle, une claire buée sort encore de sa bouche, elle vit ! « Faites venir les meilleurs médecins, réquisitionnez l'hôpital entier ! Je les veux dans l'instant ! » s'étrangle-t-elle, agenouillée près d'Yvana, n'osant pas toucher la poupée de porcelaine de peur de la briser. La chancelière défait la cape de ses épaules pour la couvrir, espérant la réchauffer. La rose thé s'affadit, bientôt semblable à la blanche fleur de lys. La mère et la fille se dévisagent sans mot dire. Yvana rend son dernier souffle dans les bras d'Aurore, comme elle avait inspiré son premier dans les siens.

Chapitre 9

« Elle était la seule à pouvoir me sauver. Elle est morte et avec elle est mort tout sentiment chaleureux pour l'humanité. Tout est tellement désolé ici, si indiciblement désolé. Il ne me reste plus qu'à faire mon devoir », se lamente Aurore.

Tout ce qu'elle avait fait, c'était au nom du progrès. Elle avait recherché le beau comme symbole du bien moral, il avait été une étoile du Berger qui avait éclairé de sa lumière chacun de ses pas. Mais quand la douleur menace de vous étouffer, on perd tout sens de moralité. La laideur devient une douce éventualité qui ne demande qu'à vous embrasser à pleine bouche. Alors, lorsque le bien ne nous aiguille plus, on est prêt à marcher à travers le difforme et l'atroce, à épouser l'abject.

« Madame, il n'y a plus d'électricité. » Un SS1 chargé de l'intendance entre en trombe dans la rotonde où Aurore parle seule. « La coupure touche la moitié de Paris. Selon nos informations, nous avons été piratés. Nous pensons que l'attaque provient de…

— Je sais de qui elle vient. Vous pouvez disposer, le coupe Aurore, sans faire montre d'une once d'énervement.

— Pour la lumière… Que faisons-nous, chancelière ?

— Réquisitionnez partout où vous le pourrez les stocks de cire et de bougies. »

Jamais à la chancellerie, on ne l'avait vue si calme, de quoi terrifier l'ensemble du personnel.

À 19 heures précises, les portes de l'Opéra s'ouvrent comme par enchantement. Un orchestre symphonique, placé sur le premier balcon, invite les convives à entrer. Tremblant de froid sur leurs archers, les violonistes jouent avec passion, tenus en joue par un garde. La chancelière, dont les services de sécurité pensaient qu'elle porterait le deuil, a au contraire exigé que soit donné le soir même le plus grand des banquets. Des milliers de chandelles reflètent sur le grand escalier de marbre les dorures de l'Opéra.

Tous les membres du parti ont été conviés à la fête. Les officiels des provinces de l'Union se pressent, qui en smoking, qui en manteau de vison. À la lumière trompeuse de la bougie, on ne fait plus bien la distinction entre l'Ancien et le Nouveau Monde. Au pied de l'escalier, les citoyens. Quiconque portant une tenue de gala est le bienvenu. Des SS2 ont sillonné les rues de Paris pour inviter de force des citoyens qui, sous leur robe trop ajustée ou leur costume bien trop grand pour eux dont on les a affublés en hâte, portent encore leurs pantoufles. Au premier, les journalistes. À l'étage au-dessus, les dignitaires et personnalités les plus importantes du régime. Tout en haut, sous les toits, le personnel de la chancellerie. Aurore Henri apparaît, triomphale, dans une longue robe de soie rouge, les cheveux rassemblés en un chignon bas. Elle tend aux notables sa main, les rassure d'un sourire, tentant de masquer les tremblements qui parcourent son autre membre en le tenant fermement dans le dos, tandis qu'un feu d'artifice est tiré depuis le toit. Les bouquets de couleurs se reflètent sur la neige qui, avec le soir venu, s'est transformée en une fine couche de givre. Rose, bleu, vert, le feu, les cris de joie.

D'un battement de mains, Aurore intime à l'orchestre de jouer une marche eunomique pour accompagner son discours.

« Durant des décennies, je me suis obligée à parler de paix. Mais il y a certaines situations qui demandent des solutions qui ne peuvent être pacifiques. Je n'ai aucune idée de combien de millions de personnes m'écoutent à la radio ce soir, à la maison, aux confins de l'Union. Je veux vous parler du plus profond de mon cœur, au plus profond du vôtre. Le peuple de Nouvelle Europe, éduqué et discipliné par l'eunomisme, peut supporter la stricte vérité.

« Il connaît la gravité de la situation qui était la sienne avant notre arrivée au pouvoir. Il sait la puissance des forces qui veulent nous voir échouer. Il sait que l'équilibre et la paix peuvent demander les dures mesures nécessaires, oui, même les plus dures mesures.

« Les coups ne font que décupler nos forces et nous donner une volonté spirituelle de combattre pour surpasser toutes les difficultés et les obstacles. Les famines et les guerres ne nous ont jamais empêchés de marcher vers la liberté.

« Aujourd'hui, des puissances ennemies, inquiètes de nous voir réussir, souhaitent nous déstabiliser et continuer à faire régner dans le monde le chaos et le profit. Nous ne pouvons ignorer ces forces antieunomiques comme l'autruche se met la tête dans le sable pour ne pas voir le danger. Nous sommes suffisamment braves pour y faire face, nous y mesurer impitoyablement, puis agir décisivement, la tête bien haute.

« Tant comme nation que comme peuple, nous avons toujours fait de notre mieux lorsque nous avons eu besoin de notre volonté déterminée pour surpasser et éliminer le danger. Il en sera ainsi aujourd'hui. La Russie vient de nous prendre ce que nous avions de plus cher. Elle a tenté de supprimer votre chancelière, elle nous a atteints dans notre chair. Ainsi ce soir, nous faisons face au plus grand des défis. Voulons-nous continuer à élever le genre humain, tandis que d'autres l'avilissent ? »

Des applaudissements s'élèvent depuis le parterre de l'Opéra.

« Voulons-nous prendre soin de la terre, d'autrui, agir selon le beau et le bien, quand les autres déversent par les fleuves, les rivières, l'air et la terre, le mal et le laid ? Au-delà de nos frontières, les hommes violentent, pillent, bâfrent, comme des enfants mal élevés.

« Ces êtres qui refusent de se soumettre à la loi eunomique, mettent en péril l'humanité tout entière. Allons-nous les regarder mettre le feu à notre maison sans les en empêcher ? Ou devrions-nous les éduquer, comme on corrige son enfant ? »

Les applaudissements résonnent jusqu'au toit.

« Nous avons élevé la voix pour mettre en garde ces pays. Nous avons tenté de leur ouvrir les yeux sur les dangers horribles auxquels ils nous exposaient, eux qui ont assujetti sept milliards de personnes à la terreur, à la pauvreté.

« Notre voix n'a pas été entendue. Il est temps que nous agissions.

« Ce complot international vise à plonger le monde dans le plus grand des chaos afin de détruire notre culture !

« L'Union n'a pas l'intention de céder face à cette menace ! »

Les chants de la foule empêchent la chancelière de continuer plusieurs minutes durant.

« Notre juste et courageuse bataille contre cette peste mondiale sera totale ! »

De forts cris se font entendre.

« Parce que aucune force démocratique n'a su le faire, nous apporterons aux dérèglements du monde une solution finale. Enfin l'environnement sera préservé et les hommes vivront dans une parfaite égalité. La violence sera éradiquée.

« Je vous le demande : croyez-vous avec moi en une victoire totale et finale du peuple européen ? Je vous le demande : êtes-vous résolus à me suivre à travers toute épreuve jusqu'à la victoire ? Voulez-vous enfin d'une solution finale pour que règne l'harmonie ? »

Des cris résonnent jusque sur le parvis de l'Opéra : « Notre foi, notre sang pour toi, chancelière ! »

« Je vous le demande : voulez-vous la guerre totale ? Je vous le demande : est-ce que votre confiance en votre chancelière est plus grande, plus fidèle et plus inébranlable que jamais ? »

Des milliers de voix entonnent en chœur : « La chancelière dirige, nous suivons ! »

« Je vous le demande : êtes-vous d'accord que ceux qui mettent en péril notre effort méritent qu'on leur coupe la tête ? » La foule se lève comme un seul homme.

« Je décrète ainsi souverainement le droit de la Nouvelle Europe d'annexer les territoires et les ressources nécessaires à sa survie. Je décrète l'impérieuse nécessité de conquérir les puissances délétères afin d'éduquer les peuples qui détruisent l'harmonie et l'équilibre sur Terre. Je décrète la nécessité de leur infliger une correction qui fera trembler sur des siècles leurs descendants ! Levons-nous maintenant pour protéger l'espace vital du peuple européen !

« Maintenant, peuple, lève-toi et tempête, déchaîne-toi ! »

Les derniers mots de la chancelière sont perdus dans une bruyante ovation sans fin.

Chapitre 10

Tout au long de l'hiver et une partie de l'été, on mobilise. Galvanisés par le discours de la chancelière, des millions de jeunes gens répondent avec enthousiasme à la conscription. On ne sait plus ce que c'est la guerre, la vraie, on a oublié. Cela semble beau. On voit aux fenêtres les parents agiter une serviette, un mouchoir, au passage des formations de soldats aux uniformes impeccablement coupés et repassés avec soin, le cheveu court, l'épaule droite, le pied assuré. Leurs bottes de cuir inspirent le courage et la fierté. Rien ne peut leur arriver tant qu'ils portent les couleurs de la mandragore. Sa force et ses idées leur serviront de bouclier.

« Notre attaque sera aussi inattendue qu'un éclair dans un ciel pur », s'enthousiasme Hugo Humbert en présentant ses effectifs aux journalistes. Depuis le début de l'année, il s'est octroyé des crédits illimités afin de développer une armée eunomique d'un genre nouveau. Hugo Humbert avait démantelé l'armée de terre, destitué ses vieux tanks et ses fantassins, et vendu les chasseurs français et les spitfire allemands aux pays émergents afin de s'en faire des alliés, sûr du développement de son armée eunomique. Ainsi lance-t-il une avalanche de programmes révolutionnaires, dont un vaste essai sur les hautes fréquences, destinés à la mise au point d'un système permettant d'abattre un avion en paralysant ses circuits électriques à distance.

Les chars sont remplacés par des véhicules blindés propulsés par une turbine se déplaçant sur coussin d'air, ce qui leur permet de se déplacer sur terre, mer ou glace sans contact avec le sol, avec à son bord des armes, des hommes ou des charges explosives.

Dans les usines nichées au cœur des vallées autrichiennes, on développe des bombes eunomiques. De type thermobarique, elles sont vides de toute charge explosive et ne contiennent qu'un combustible gazeux qui s'embrase au contact de l'air et produit une puissante onde de choc capable de souffler toute vie sur son passage. L'eau, l'air, la terre et le feu doivent être combinés pour donner naissance à des armes parfaitement eunomiques, en harmonie avec les éléments.

« Utiliser avec ordre les éléments de la nature rendra l'armée eunomique invincible, prophétise Hugo Humbert, car jamais elle ne manquera de matière première.

« La lumière peut elle aussi devenir une arme, la plus puissante de toutes, s'enorgueillit-il face à la presse, en soulevant un drap recouvrant un canon. Une arme à énergie dirigée. Invisible et silencieux, le canon laser concentre un faisceau de lumière capable de percer des trous dans n'importe quel blindage ou de détruire sa cible instantanément. Celui-ci est un prototype, mais d'ici la fin de l'année, nous serons capables d'en produire des milliers, continue-t-il. Songez au gain de coût avec la conception de cette arme eunomique ! Un simple faisceau de lumière, quel prodige n'est-ce pas ? »

Hugo Humbert fait fièrement l'inventaire de ses créations. « Ici, nous travaillons sur un projet de canon à son. Magnifique ! Le canon diffuse une onde sonore très concentrée, dont l'intensité peut dépasser les 150 décibels, bien au-delà du seuil de douleur de 130 décibels suffisant pour déchirer un tympan. Les premiers essais, effectués sur des prisonniers, sont des plus concluants ! D'ici quelques mois, nous serons en mesure de diriger ce canon vers les villes ennemies. C'est une question de temps. »

Chapitre 11

Au dernier jour d'août 2039, on peste face aux étals des marchés trop vides, on échange des banalités dans les files d'attente des centres de distribution alimentaire en maudissant les premières nouvelles de la matinée. On ne parle que de cela, la guerre. Certains la pensent nécessaire pour purger la violence d'une génération d'hommes, d'autres s'y opposent avec timidité, craignant d'exprimer une opinion négative contre la politique du régime.

On s'allonge sur l'herbe des parcs publics, on enlève ses escarpins aux semelles usées, on ôte ses collants rapiécés, on ne veut pas voir l'été s'en aller. Le soleil a le don de rendre les hommes inconscients des frissons de l'hiver à venir. « La guerre ne se déclare pas, elle se fait », proclame Aurore Henri avant de se coucher.

Depuis la mort d'Yvana, Aurore se sent comme une barque dont on aurait coupé les amarres, s'éloignant peu à peu du rivage. Emmenée au large par de puissants courants, elle appartient désormais à la solitude des naufragés. Personne ne viendra plus la sauver.

Le lendemain matin, à 4 h 45, des bombes eunomiques embrasent le ciel de Biélorussie et d'Ukraine. En quelques heures, les soldats de la Nouvelle Europe se déploient sur

Minsk et Kiev. « Les vainqueurs dessinent les frontières, les autres signent des traités », commente-t-elle au journal télévisé la prise de contrôle éclair sur les deux capitales faisant face à la Russie.

Informé par ses services de renseignement de l'invasion de la chancelière, le maître de l'Est balaie d'un geste l'ensemble de son bureau. Celle qui lui a toujours résisté le défie personnellement. Au pouvoir depuis deux décennies, face à de rigoureuses contestations intérieures et étant ostracisé sur la scène internationale, il ne peut reculer. Il doit l'affronter, jusqu'à l'anéantissement. Aurore Henri vient de lui offrir l'occasion qu'il attendait pour faire oublier à son peuple la pauvreté, la récente chute du rouble, la difficulté d'accès à une éducation et à une médecine de qualité.

Convoquant son bureau politique, le maître de l'Est forme en quelques heures une coalition.

Le 2 septembre, les forces alliées turques marchent sur la Grèce, la Bulgarie et la Roumanie, rejointes au nord par les forces russes qui créent en six jours une percée à travers la Lettonie et la Lituanie, arrivant aux portes de la Pologne. La ligne Dostoïevski sépare la Nouvelle Europe en deux. De chaque côté, on espère une accalmie qui ne vient pas.

Tout comme la Nouvelle Europe, l'Union soviétique était le nom d'un pays conceptuel, d'une idée.

Aurore Henri a trouvé chez le maître de l'Est pis qu'un ennemi, un semblable. Tous deux se battraient jusqu'à la fin pour les frontières d'un pays qui n'existe déjà plus. Il faut être deux pour donner naissance à un monde, deux pour l'anéantir.

Chapitre 12

Le maître de l'Est a engagé des raids aériens punitifs quotidiens contre la plupart des villes de Pologne : des bombardements d'infrastructures civiles, d'hôpitaux, d'écoles, de cimetières. Huit cent mille Polonais périssent au cours des premières semaines de la guerre. Les réfugiés et les troupes affluent sur les routes, pris entre la ligne Dostoïevski à l'est et les bombardements à l'ouest. La campagne de Pologne brise le moral et épuise les effectifs aéronautiques de l'armée eunomique en quelques mois. L'ensemble des appareils étant engagés dans la défense de ce territoire frontalier, la chancelière est incapable de lancer des attaques sur le territoire russe. Les inventions technologiques d'Hugo Humbert se sont montrées bien imprécises face à l'artillerie militaire de la Russie et de ses nouveaux alliés, la Turquie et les États-Unis. En dépit de moyens considérables, l'armée eunomique n'a pas réussi à reconstituer ses effectifs. Pour la chasse on manque de pilotes, pour les bombardements on est à court d'appareils.

Ainsi fragilisée, la Nouvelle Europe est prête à tomber. Les forces terrestres turques procèdent à la destruction systématique de cibles clés, des voies de chemin de fer et des aéroports, empêchant les populations civiles de fuir, prenant bientôt le contrôle des ports stratégiques de la Méditerranée vers laquelle des sous-marins russes font route.

L'après-midi du 7 septembre 2040, trois cents bombardiers russes escortés de cent chasseurs turcs et américains prennent leur envol en direction de Londres.

De 17 heures à 4 h 30 du matin, les bombardiers alliés déversent une pluie incessante de bombes incendiaires qui font éclater des siècles de civilisation. Temples, églises et musées s'embrasent comme de vulgaires morceaux de charbon. Sur les trois cents bombardiers russes engagés, l'armée eunomique ne parvient à prendre le contrôle à distance que de cinq appareils. Un échec pour Hugo Humbert, dont les inventions technologiques supposées révolutionner la guerre font pâle figure face au déluge de métal hurlant.

Des milliers de corps gisent sous les décombres de l'ancienne City, surtout dans les quartiers populaires où l'on n'a guère eu les moyens de fuir. Les usines, les ports, les raffineries sont mitraillés, si bien que le soleil semble refuser de se lever. L'obscurité la plus dense règne au-dessus de Londres, l'air est irrespirable. Soixante-douze jours durant, chaque nuit, par vague de deux cents appareils, le feu tombe du ciel sur l'Angleterre comme une punition divine. On compte 25 000 morts dans la capitale, 60 000 dans tout le pays. Dans la nuit du 14 au 15 novembre, des éclairs incessants réduisent la ville de Coventry à l'état de cendres, causant près de 600 morts. Un premier raid largue des bombes incendiaires, les suivants des charges explosives. La cathédrale n'est plus qu'un amas de décombres.

Les bombardiers lâchèrent leur proie sitôt qu'aucune âme dans Londres sembla encore bouger et, non rassasiés de leur festin de chair, mirent cap vers le sud. Le maître de l'Est a ordonné *le* bombardement que nul ne pensait possible, celui de Paris.

Une tempête de feu embrase la capitale des Lumières sur plusieurs kilomètres carrés. L'incendie, nourri par le toit des églises et par les immeubles aux structures de bois, atteint une telle intensité qu'il engendre ses propres vents, semblables à des tornades qui aspirent vers leur centre les habitants qui tentent de se retenir aux grilles du jardin du Luxembourg. De l'herbe des parcs sur laquelle on venait s'allonger, des marchés, des jeux d'enfants, du parvis de l'Hôtel de Ville, des baisers des amants, des cigarettes fumées avec autorité aux terrasses de café, il ne reste rien, que l'ossature métallique d'un landau brûlé.

Des citoyens tentent d'organiser en hâte le sauvetage des œuvres du Louvre, l'art agonise en même temps que Paris. Une voiture attend Hugo Humbert à l'extérieur de la chancellerie. Il s'immobilise au milieu de l'escalier face à la noire statue d'une cariatide dénudée portant un chandelier. La statue, le palais, l'Occident, tout serait bientôt détruit, il avait échoué. Le toit de la chancellerie, touché par une déflagration, est en proie aux flammes. Les plaques de zinc commencent à fondre et déversent un liquide en fusion mêlé de cendres abondantes. Le chauffeur tente de pénétrer dans le bâtiment, protégeant sa bouche de son ancien brassard aux couleurs de la mandragore, pressant Hugo Humbert de le suivre. « La vie après l'effondrement ne méritera plus d'être vécue », répond-il, plongé dans la contemplation de la statue. Une colonne de marbre traversée par une fissure s'affaisse sur l'escalier, broyant Hugo Humbert dans un fracas de cendres. Il voulait une guerre d'une ère nouvelle, mais la guerre ne change pas. Une seule manière de la faire, le feu, les cris.

Chapitre 13

Les brumes de l'aurore s'attardent sur les pics rocheux des Météores. La chancelière gravit les quelques marches du palais afin d'atteindre le balcon supérieur offrant le plus haut point de vue. D'ici, elle surpasse les nuages qui prétendent masquer le ciel aux mortels.

Que faire lorsque l'on voit le bien à portée de main ? Que l'on assiste, impuissant, à la destruction de ce que la nature a mis des millénaires à bâtir par le vice, la petitesse et l'égoïsme ? Comment rester silencieux face à l'injustice et à la violence, ne pas mettre toute son âme à les combattre, pour en guérir les hommes ? Aurore Henri avait vu les hommes souffrir, à cause de leurs pulsions, de leur folie. Elle avait voulu trier le bon grain de l'ivraie. Pour le bien de l'humanité, elle avait voulu faire enfin triompher le beau, rendre les hommes parfaitement moraux. Donner à la civilisation l'harmonie et la perfection de la nature. Ainsi la culture aurait-elle perduré pour l'éternité. Comment tout cela a-t-il pu arriver ?

Ce 30 avril 2045, l'issue de la guerre ne fait plus aucun doute. À ses pieds, Megala Mandragora, déserte, fait résonner le bruit des tirs lointains. Le théâtre antique s'est effondré en sa partie centrale et le cirque, lézardé de tous côtés, menace de s'écrouler. Elle avait voulu offrir au monde une cité modèle, dans laquelle peintres, sculpteurs, savants, voyageurs exprimeraient leurs idées. Une ville idéale, plus belle que toutes celles qui l'ont précédée. Les citoyens auraient été égaux, ils auraient chanté d'une seule voix la symphonie du beau.

Les soldats russes et alliés se rapprochent. L'immense plaine grecque faisant face à la Turquie est à portée de missiles. Près du bunker construit par l'architecte Sperucci, un groupe de fidèles s'est réfugié. Tous manquent terriblement de sommeil, et le confinement pèse sur les esprits comme sur les corps.

L'attaque finale est prévue pour ce soir, prévient un des derniers officiers radio, avec sur le visage une expression de terreur. L'armée eunomique, durant six années de conflit, a par sa force de conviction et sa ténacité infligé des pertes considérables à la Russie et à ses alliés, décimant dans leurs rangs 16 millions de soldats. Le maître de l'Est, sachant la chancelière acculée, a décidé de les venger. Son nouveau missile nucléaire, le plus puissant jamais conçu, *Satan 2*, est prêt à faire feu. L'ingéniosité des hommes dans la destruction surpasse la somme de leurs aspirations au bien.

Des pas s'approchent lentement. Aurore tressaille. Qu'y a-t-il encore à craindre, quand tout est perdu ? Les pas se font plus présents, comme s'ils voulaient être entendus. Une main se pose sur son épaule, voilà qu'enfin elle ne tremble plus.

Ronan Leroux a pris le dernier convoi spécial pour Megala Mandragora assiégée. Elle l'avait torturé, il avait prétendu l'aimer. Elle l'avait libéré, et pourtant il se trouvait là. Ronan sourit, ce qu'elle est belle, tragique, en cet instant. « Je ne compte pas me laisser prendre vivante », lui dit-elle, comme pour lui faire rebrousser chemin. « Je pars avec toi », répond l'ancien prisonnier.

À 15 h 30, Aurore et Ronan descendent vers le bunker, et ferment la porte de la chambre de la chancelière. Assis sur le divan, se faisant face, se tenant les mains, tous deux croquent une capsule d'acide prussique préparée par le docteur Virt, qu'Aurore conservait toujours avec elle dans une boîte métallique. Le poison a un effet presque immédiat. Aurore regarde Ronan fermer les yeux. Sa main desserre son étreinte et tombe sur sa jambe. Pour la première fois, le sentiment de solitude intrinsèque qui accompagnait Aurore Henri depuis cinquante-six ans s'est envolé. Elle prend son revolver sur la table, place le canon sur sa tempe puis, se ravisant, descend l'arme vers le cœur. Un garde, alerté par la détonation, ouvre la porte blindée, et trouve Aurore Henri, assise sur le côté droit du divan, le buste légèrement penché, la tête inclinée vers l'arrière. Ronan, les yeux fermés, semble dormir à ses côtés.

Chapitre 14

Un bruit sourd, un sifflement. Une épée noire déchire le ciel. Le sol s'ouvre sous la déflagration. Les mégalithes se désagrègent, projetant à des kilomètres des concrétions de pierre transformées en boules de feu semblant cracher toute la colère du monde.

Soudain la pierre de granit recouvrant la rosace du palais de Megala Mandragora s'anime. Tous les cris qu'elle avait réprimés se libèrent dans l'explosion.

Longtemps elle n'avait connu ni le bruit ni la main de l'homme. Immobile dans sa carrière, concentrée sur elle-même, elle ignorait le temps. Puis, coup après coup, le burin l'avait arrachée à son impassibilité. Le métal résonnait à travers elle, faisant jaillir des éclats, jusqu'à ce qu'enfin elle soit décrochée, saillante, nue, scintillant à l'endroit de la césure originelle.

La main de l'homme était désormais sur elle. Tirée sur des rondins de bois, elle avait quitté sa terre première pour devenir un temple. D'autres hommes se prosternaient face à elle pour louer les puissances d'en haut, espérant qu'elles leur donnent paix et prospérité. D'autres hommes étaient arrivés, armés de bronze et d'épées. Le feu, les cris. À nouveau la pioche l'avait entaillée, on lui faisait traverser les mers, la voilà statue représentant un roi chef de guerre. On s'incline devant elle le jour, on crache à ses pieds la nuit tombée. À cheval d'autres hommes arrivent. Le feu, les cris. La tête du roi roule à terre, la voilà statue d'un poète. On vient à ses pieds se bécoter, se conter fleurette. Puis à nouveau, d'autres hommes sont arrivés armés de tanks, de balles brûlantes. Le feu, les cris. La figure du poète explose en mille morceaux. Maintenant caillou, la pierre se faufile dans la chaussure d'un homme, entamant sa chair. L'homme secoue son soulier sur le trottoir. Un garçon la ramasse à la nuit tombée pour la jeter contre la fenêtre de son amoureuse, dont il ne veut pas réveiller le père. D'autres hommes arrivent, pour bâtir une ville nouvelle. La voilà compactée dans le banc trônant au milieu du parc Marienhof de Munich. Les jeunes filles viennent s'y prendre en photo à la sortie du lycée, ne sachant rien de la guerre ni de la misère. Autrefois les hommes lui demandaient paix et prospérité, désormais des ivrognes viennent la nuit uriner à ses pieds. Les saisons avaient passé, la pierre avait fini par retrouver son immobilité première. Quand soudain une femme mena une révolution et brisa le banc. Elle emporta dans son poing la pierre et la jeta au visage d'un dignitaire. La pierre tomba au sol, roula entre les jambes paniquées jusqu'à tomber dans le fleuve qui l'avait emportée jusqu'à la mer. Elle avait échoué, dévalé des montagnes, roulant jusqu'à une carrière de marbre où on l'avait taillée, façonnée, habillée pour la rendre présentable et orner le palais d'une femme qui venait de prendre le pouvoir.

Soudain le sol de marbre tremble sur ses fondations, gerce, craque, se crevasse. Le palais s'effondre sur lui-même, écrasant le bunker qui ne résiste pas à la force des pierres en colère. La rosace s'affaisse sur la chambre de la chancelière, recouvrant son corps endormi, l'emportant dans sa course jusque dans les entrailles de la Terre.

Vous est-il déjà arrivé qu'une idée vous trotte dans la tête sans que vous puissiez l'en chasser ? Sitôt nichée dans votre esprit, elle ronfle, mugit, tourne, tel le lion en cage, se gonfle et se fait plus grosse que vous, finissant par dévorer tout ce qui s'y trouve. Ils ont ouvert la cage et le lion a dévoré les hommes tout entiers. Douze ans de règne, six ans de conflit, soixante millions de morts.

L'explosion souffle toute vie sur son passage, même les puissants et les narrateurs omniscients qui se pensaient hors d'atteinte. Que m'arrive-t-il, je suis touché ! Mes yeux ne voient plus, je dois tenir, être le témoin de la vérité. J'ai peur, je n'y comprends rien. À la marche du monde, à l'absurdité du comportement humain, aux erreurs que l'on répète, à notre incapacité à aller vers ce qui nous fait du bien. Je suis la brindille en pleine forêt, tombée au sol, livrée aux pas de marcheurs en godillots. Des millions d'années pour créer le monde, si peu de temps pour le détruire. Ainsi en va-t-il de la paix et de l'harmonie, comme les ailes d'un papillon. Fragiles et sublimes, elles émerveillent les hommes et les détournent un instant de leurs sombres instincts. Les papillons se sont hélas tous envolés… Je vous en prie, que mon témoignage ne soit pas inutile, souvenez-vous de moi.

23 avril 2045

« À Stefi,

« Ma petite fille,

« Il fait encore frais ce matin, je viens de rejoindre notre chancelière Aurore Henri. J'aurais aimé être auprès de toi durant toutes ces années, et encore celles à venir, mais mon devoir est d'être là où je suis. Je meurs comme j'ai vécu, ce n'est pas lourd, tu sais, mais j'ai une grande fierté, celle d'être ton père. Je t'en prie, fais en sorte de te mettre à l'abri. Le monde est capable de vivre en paix, ma petite fille, je l'ai su en voyant ton visage. Je t'adresse de tendres baisers, que je continuerai à t'envoyer depuis là-haut. Ne me rejoins pas trop vite, rien ne presse. Il y a tellement de choses que je voudrais te dire, ce sont les premiers mots que je t'écris et, hélas, les derniers. Voici ce que je te chantais lorsque tu étais enfant, j'espère que cela t'aidera à t'endormir le soir, et te rappellera que je veille sur toi. Je t'aime, ma fille.

Ronan. »

Mon petit oiseau
A pris sa volée
Mon petit oiseau
A pris sa volée
A pris sa

À la volette
A pris sa volée.

Est allé se mettre
Sur un oranger.
Est allé se mettre
Sur un oranger.
Sur un or
À la volette
A pris sa volée.

La branche était sèche,
Elle s'est cassée.
La branche était sèche,
Elle s'est cassée.
Elle s'est ca
À la volette
A pris sa volée.

Mon petit oiseau
Où es-tu blessé ?
Mon petit oiseau
Où es-tu blessé ?
Où es-tu
À la volette
A pris sa volée.

Me suis cassé l'aile
Et tordu le pied.
Me suis cassé l'aile
Et tordu le pied.
Et tordu
À la volette
A pris sa volée.

Mon petit oiseau,
Veux-tu te soigner ?
Mon petit oiseau,
Veux-tu te soigner ?
Veux-tu te
À la volette
A pris sa volée.

Je veux me soigner
Et me marier.
Je veux me soigner
Et me marier.
Et me ma
À la volette
A pris sa volée.

Me marier bien vite
Sur un oranger.
Me marier bien vite
Sur un oranger.
Sur un or
À la volette

Cet ouvrage a été mis en page par IGS-CP
à L'Isle-d'Espagnac (16)

CET OUVRAGE
A ÉTÉ ACHEVÉ D'IMPRIMER
SUR ROTO-PAGE
PAR L'IMPRIMERIE FLOCH
À MAYENNE EN JANVIER 2020

N° d'édition : L.01ELIN000535.N001. N° d'impression : 95581
Dépôt légal : janvier 2020
Imprimé en France